채용트렌드

2024

KB059434

채용트렌드 2024

초판 1쇄 인쇄 2023년 11월 13일
초판 1쇄 발행 2023년 11월 24일

지은이 윤영돈
펴낸이 이범상
펴낸곳 (주)비전비엔피 · 비전코리아

기획편집 차재호 김승희 박성아 신은정
디자인 최원영 이민선
마케팅 이성호 이병준
전자책 김성화 김희정 안상희
관리 이다정

주소 우)04034 서울시 마포구 잔다리로7길 12 (서교동)
전화 02)338−2411 | **팩스** 02)338−2413
홈페이지 www.visionbp.co.kr
인스타그램 www.instagram.com/visionbnp
포스트 post.naver.com/visioncorea
이메일 visioncorea@naver.com
원고투고 editor@visionbp.co.kr

등록번호 제313−2005−224호

ISBN 978−89−6322−220−2   13320

· 값은 뒤표지에 있습니다.
· 잘못된 책은 구입하신 서점에서 바꿔드립니다.

JOB TREND

채용 브랜딩이 만드는 일하는 문화의 변화

채용트렌드 2024

윤영돈 지음

비전코리아

부서지기 쉬운 불안한 현실, '일하는 문화'가 바뀐다

채용은 조직을 바꾸는 작업이다

채용은 조직 문화의 첫 단추다. 채용은 새로운 구성원을 뽑아서 조직을 바꿀 수 있는 절호의 기회다. '인사의 90%가 채용에 있다'고 해도 지나친 표현이 아니다. 이미 들어온 구성원을 교육으로 바꾸기는 힘들다. 미국의 경영학자 피터 드러커(Peter Drucker)는 "당신이 채용에 5분밖에 시간을 사용하지 않는다면 잘못 채용된 사람으로 인해 5000시간을 사용하게 될 것이다"라고 말했다.

벤처기업이나 중소기업의 경우, 채용은 더욱더 중요하다. 한 사람이 썩은 사과라 해도 대기업은 그 영향을 적게 받지만, 중소기업은 그 한 사람 때문에 기업의 운명이 달라질 수도 있다. 게다가 유유상종(類類相從)은 이 경우에도 통한다. 좋은 인재는 다른 좋은 인재를 끌어온다. 반대의 경우도 마찬가지다. 따라서 리더는 조직에 맞는 인재를 선발하는 데 발 벗고 나서야 한다. 최고가 아닌 최적의 인재를 뽑고 배치해야 한다.

한편, 채용에 있어 구직자와 구인자의 줄다리기가 날로 심해지고 있다. 코로나19 팬데믹 이후 구직자와 구인자의 '미스매치'가 갈수록 악화되고 있는 것이다. 구직자는 더 좋은 환경과 더 높은 연봉을 추구하고, 구인자는 핵심 인재가 들어와 주어진 직무를 잘 수행하고 조직 문화에도 잘 적응해 뛰어난 성과를 내기 바란다. 가장 주목해야 할 현상은 '퇴직 열풍'이다. 이직 주기가 점점 짧아지고 있다. 한 직장에서 근무한 지 2년 이내 이직하는 추세다. 갑작스럽게 퇴사하는 직원들 때문에 인수인계가 제대로 이뤄지지 않고, 동료 직원들에게 악영향을 미치며, 내부 기밀자료가 유출되는 등 여러 가지 문제가 불거지고 있다. 게다가 언택트 특수를 기대하고 뽑았던 인력의 재배치와 구조조정으로 기업들은 진퇴양난의 상황에 빠졌다. 또한 핵심 인재의 '두뇌 유출(Brain Drain)'이 심각한 문제로 대두되고 있다. 인건비는 상승하고 영업이익은 줄어드는 등 불확실한 대외 환경의 변화로 인해 채용 프로세스 자체가 무너져버린 경우도 많다. 갑자기 면접 자체를 취소하거나 합격 통보를 하고도 채용을 취소하는 사태가 발생하는 것이다. 이런 과정에서 채용 브랜딩은 점점 바닥으로 떨어지고 있다.

신입 사원, 1년도 채우지 못하고 퇴사한다

2023년 현장의 인사 담당자들은 1년도 채우지 못하고 퇴사하는 신입 사원이 늘어나고 있다고 지적했다. 2023년 채용 전문 포털 잡코리아가 중소기업 671개 사의 인사 담당자를 대상으로 '신입 사원의 퇴사 현황'을 조사한 결과, 입사한 지 1년 이내 퇴사한 신입 사원의 비율은 평균 17.3%, 주된 퇴사 시기는 '3개월 미만'이 46.5로 가장 많은 것으로 나타났다. 퇴사 이유는 '직무가 적성에 맞지 않아서'라는 답변이 38.2%로 가장 많았다. 이어 '낮은 연봉 수준'(33.0%), '조직 적응의 어려움'(27.6%), '기업 문화 부적응'(15.8%), '과도한 업무량'(15.8%) 순으로 나타났다. 반면 기업 인사 담당자들은 이들의 퇴사 이유를 '낮은 연봉 수준'(37.3%)이라고 지적했다. 이어 '직무가 적성에 맞지 않아서'(34.7%), '조직에 적응하지 못해서'(32.1%) 순으로 나타났다(복수 응답 허용). 인사 담당자들은 연봉 수준, 직무 적합성이 퇴사의 이유라 생각하지만 신입 사원들은 조직 적합성을 퇴사의 이유로 꼽은 것이다.

이제 컬처핏의 시대가 온다

벌써 다섯 번째 채용 트렌드 시리즈를 선보인다. 인사가 만사고, 채용이 조직을 성장시키는 데 큰 역할을 한다는 것은 그 누구도 부인하기 힘들다. 채용 전반을 파악하고 사람을 뽑고 조직에 안착시키는 일에 대한 새로운 통찰이 필요하다. 채용 키워드를 제안하는 사람들이 없던 시기에 채용 트렌드에 대해 집필하기 시작한 것은 바로 이런 이유 때문이었다. 지난 5년 동안 기업 채용 담당자와 취준생들을 만나면서 실제 채용 현장의 목소리를 전달하는 역할을 해왔다고 나름대로 자부한다.

《채용 트렌드 2024》의 부제는 채용 브랜딩이 만드는 '일하는 문화'의 변화다. '컬처핏(culture fit, 문화 적합성)'이란 말 그대로 지원자와 기업의 조직 문화가 부합하는 정도를 뜻한다. 지식은 가르칠 수 있지만 가치관은 쉽게 바뀌지 않는다. 아무리 높은 성과를 내더라도 회사의 가치관에 맞지 않는 사람은 회사로선 골칫덩어리일 뿐이다. 채용 담당자의 판단과 선택이 회사의 앞날을 좌우한다 해도 과언이 아니다. 채용을 통해 직원이 된 사람들이 결국 조직 문화를 만들기 때문이다.

2023년에는 '일하는 방식'의 변화가 중요했다면 2024년에는 '일하는 문화'가 중요해질 전망이다. 직업 가치관의 변화로 일의 의미를 깨달으면서 일하는 태도가 변하고 있다. 《채용 트렌드 2024》에서 제시하는 10가지 키워드는 컬처핏 시대, 챗GPT 자기소개서, MZ세대 면접관, 다이렉트 소싱, 웰니스, 대체 불가능한 인재, 직원 리텐션 전략, DEI(Diversity·Equity·Inclusion, 다양성·형평성·포용성) 채용, 마이크로 코칭 확산, 욜드 세대다. 이들 키워드를 종합해보면 채용 트렌드를 관통하는 흐름은 바로 '컬처핏'이라고 할 수 있다. 직무 적합성보다 조직 적합성을 어떻게 쌓느냐가 중요한 시대가 오고 있다. 조직 문화에 적합한 직원을 뽑는 게 점점 어려워지고 있다. 업무 능력도 중요하지만 이제 지원자가 조직 문화에 얼마나 적합한지 여부가 채용의 관건이 될 전망이다.

컬처핏 인터뷰는 지원자가 지원한 직군의 리더, 경영진, 피플팀이 참여한 가운데 진행된다. 컬처핏 인터뷰에서는 기업의 비전에 얼마나 공감하는지, 일에 재미를 느끼는지 등 기업의 조직 문화와 잘 어우러지는 인재인지 살핀다. 컬처핏 인터뷰를 진행한 이후 지원자의 동의를 받아 레퍼런스 체크가 이뤄질 수도 있다. 기업이 성장하는 과정에서 새로운 구성원의 합류가 늘어나면서 조직 문화의 중요성은 더욱 커지고 있다. 오랫동안 근무해온 구성원과 새롭게 합류한 구성원이 잘 어우러지도록 유도하는 시스템이 필요하다. 스펙이 뛰어난 인재를 모으는 것보다 함께 성장하는 조직을 만드는 게 더 중요해지고 있는 것이다.

채용 과정과 관련해서도 조직 문화는 날로 유연해지고 있다. 채용 전문 포털 사람인이 조사한 바에 따르면, 조사 대상 기업 447개 사 중 84.1%가 조직 문화의 유연화에 동의했다. 이처럼 많은 기업이 구성원의 의식 변화를 따라가기 위해 조직 문화의 유연화에 노력하고 있는데, 그 방안으로는 복장 자율화, 직원 소통 행사, 근무 시간 자율 선택 등이 언급됐다. 일례로, 티몬은 '게이미피케이션 (gamification, 게임화 요소) 레벨 제도'에 따라 직원들의 급여를 지급하고 있다. 직원 개개인의 성과에 따라 급여 구간별 경험치가 쌓이고, 레벨이 오르면 다음 달 월급이 바로 인상되는 형식이다. 기업의 조직 문화가 2030을 주축으로 한 젊은 사원들의 의견을 반영하는 구조로 바뀌고 있는 것이다.

비선형 시대, 채용 시장을 뒤흔든다

코로나 이후 부서지기 쉬운 불안의 시대가 이어지고 있다. 코로나 이전은 'VUCA 시대'였다. 경제 환경이 변동적이고(Volatile) 불확실하고(Uncertain) 복잡하고(Complex) 모호한(Ambiguous) 상태라는 뜻이다. 세상이 급변하면서 미래 생존에 대한 불안감은 더욱더 커지고 있다. 이런 가운데 금융 불안, 신용 긴축, 러시아-우크라이나 전쟁, 중국 경제의 불안에 따른 여파, 대한민국의 지정학적 리스크, 공급망 복원 및 다변화 노력에 따른 비용 증가, 유동성 위기로 인플레이션 지속, 늘어나는 실업률 등으로 중국과 유럽에 이어 미국도 경제 성장률이 둔화되면서 세계 경기 위축에 대한 우려도 함께 커지고 있다.

이제 VUCA 시대가 지나가고 'BANI 시대'가 오고 있다. 자마이스 카시오(Jamais Cascio) 캘리포니아대학 교수가 만든 'BANI'라는 용어는 부서지기 쉬우며(Brittle), 불안하고(Anxious), 비선형적이며(Non-linear), 이해하기 어려운(Incomprehensible) 혼돈 상황을 의미한다. 어느 때보다 취약성이 드러나고 있는 혼돈의 시대이기 때문에 세계적 경쟁력을 확보하는 게 시급해지고 있다.

취약성

코로나는 안정적으로 보이던 시스템의 취약성을 드러냈다. 경쟁자가 갑자기 시장의 논리를 뒤집거나 지구 반대편의 실패가 전 세계에 영향을 미칠 수 있다. 직장은 더 이상 평생 보장되지 않으며 직책은 보호되지 않는다. 오히려 '커리어 체인지(career change)'가 정상인 시대가 되었다. 세계는 상호 연결되어 있어서 한 부분이 파괴되면 그 영향이 널리 파급돼 전 세계적 위기가 초래될 수 있다. 자그마한 부분에 문제가 생기더라도 한국 경제 자체가 흔들릴 위험이 있는 것이다.

불안성

시스템이 취약하다는 확신은 불안감을 더욱더 키운다. 실업, 비정규직, 양육 부담의 증가 등이 불안감을 키우는 주요 원인으로 꼽히고 있다. 게다가 젊은층과 여성, 그리고 저소득층 등 전 연령과 계층에서 정신건강 문제가 심각한 상황이다. 성공과 실패의 차이는 우리가 직면한 약점에 대한 응답 시간에 있을 수도 있다. 응답 속도는 사용자 만족도와 생산성에 직접적인 영향을 미친다. 불안은 우리를 재촉한다.

비선형성

초기의 미세한 변화가 엄청난 결과를 초래한다. 이것이 카오스 이론의 핵심이다. 카오스 이론은 복잡성을 토대로 한다. 복잡성은 비선형적이고 진화적인 과정으로 전개된다. 코로나도 비선형적으로 전개되면서 한국뿐만 아니라 전 세계적인 문제가 되었다. 중국 우한의 기침이 전 세계를 최악의 경제 공황 상태에 빠뜨린 셈이다. 코로나 이후 그 어떤 것도 확실하지 않으며 원인과 결과가 비선형적 경향을 보이고 있다.

불가해성

모든 것이 너무 빨리 진행돼 우리가 이해하기 힘든 세상이 왔다. 과부하는 이해할 수 없게 만든다. 불가해성(不可解性)은 말 그대로 '헤아릴 수 없다'는 뜻이다. 어떻게 이런 일이 일어났을까? 정보와 발생의 복잡성은 우리가 더 이상 전체적인 모습을 파악할 수 없게 만들었다. 개념과 아이디어는 계속 바뀐다. 모든 소통은 다양한 수준에 영향을 미친다. 타인과의 소통이 번번이 차단되는 상황은 삶의 불가해성을 헤집으며 우리를 방황하게 만든다.

코로나 팬데믹 이후 세계 각국의 경쟁은 더욱 치열해지고 있다. BANI 맥락에서 볼 때 모든 것은 예측 불가능하다. 선형적 시대에서의 시간은 시작과 끝이 있고 인과관계가 명확했다. 하지만 비선형 시대에서의 시간은 과거, 현재, 미래가 공존하며 시간이 한쪽 방향으로만 흐르지 않는다. 특정 사건이 순차적으로 발생하지 않고 동시적으로 반복된다. 선형적인 시공간에서 벗어난, 비선형적 시공간의 이야기다.

보통 업무 시간이라고 하면 '나인 투 식스(9 to 6)', 아침 9시에 출근해서 오후 6시까지 근무하는 것을 말한다. 그러나 우리 삶을 뒤흔든 코로나는 이러한 상식마저 뒤바꿔놓았다. 코로나 이후 업무 패턴은 다양해졌다. 이제 업무 시간도 비선형적으로 바뀌고 있다. '비선형 업무 시간(Non-linear working time)'이란 전형적인 '나인 투 식스' 패턴에서 벗어나 자신이 원하는 시간에 근무하는 형태다. 더불어 온라인과 오프라인이 결합한 하이브리드 근무가 흔해지고 있다. 하루 24시간 동안 업무 시간을 분산해 유연하면서도 집중적으로 업무를 수행한다. 덕분에 고정된 근무 시간에 삶을 꿰맞추는 대신 자신의 삶을 중심에 두고 업무 일정을 짤 수 있게 되었다. 가족들과 함께 시간을 보내고 중간중간 휴식을 취하는 등 유연하게 근무하면서도 여전히 생산성을 유지하는 게 가능해진 것이다.

챗GPT, 위기인가 기회인가

챗GPT가 채용 시장을 바꾸고 있다. 챗GPT는 미국의 다국적기업 오픈AI(OpenAI)가 개발한 대화형 인공지능(AI) 서비스로, 2022년 12월 1일 등장했다. 등장한 지 채 2개월이 되기도 전에 이용자 수 1억 명을 돌파했다. 이는 페이스북(Facebook), 인스타그램(Instagram), 틱톡(TikTok) 등 유명 SNS도 이루지 못한 업적이다. 마이크로소프트(Microsoft)는 검색엔진 빙(https://www.bing.com)과 웹브라우저 엣지(Edge)에 AI 기술을 이식했다. 구글(Google)은 이에 대응해 대화형 AI 서비스 바드(https://bard.google.com)를 선보였다. 메타플랫폼스(Meta Platforms, 옛 페이스북)와 바이두(Baidu) 등 글로벌 빅테크 기업들도 앞다퉈 대화형 AI 서비스 개발에 박차를 가하고 있다. 오픈AI의 챗GPT나 구글의 바드가 잘 이해하지 못하는 한국어를 네이버의 클로바X(https://clova-x.naver.com/welcome)는 비교적 잘 알아듣는다. 네이버는 복잡하고 긴 질문도 이해하고 적절한 답변을 제공하는 AI 서비스 '큐:(Cue:)'를 공개했다.

챗GPT로 자기소개서를 쓰고 교정하는 시대가 도래했다. 챗GPT가 보편적으로 사용되면 자기소개서의 변별력이 떨어질 것으로 예상된다. 채용에 있어 자기소개서가 당락을 결정하는 것은 아니지만, 챗GPT의 등장으로 자기소개서의 신뢰도가 훼손되면 채용 방식에 변화가 나타날 수밖에 없다. 기업들은 다음 단계인 인·적성 검사나 면접에 힘을 더 실을 것으로 전망된다. 이와 관련, 삼성전자는 공채 과정에 챗GPT 등 생성형 AI를 사용해 작성한 자기소개서나 모의 면접 답변 등을 판별하는 프로그램을 도입하지 않을 예정이라고 밝혔다. 직무적성검사(GSAT)와 면접 등 채용 절차가 충분히 변별력을 가졌다는 내부 판단이 반영된 결과다. 챗GPT의 발달로 사람이 할 일은 점점 줄어들 것이다. 미래의 일자리에 대한 보장이 취약해진다는 면에서 챗GPT는 직장인을 불안하게 만드는 요소임에 분명하다.

MZ세대 직원을 붙잡는 방법

코로나19 사태 이후 이직과 관련된 가치관에 큰 변화가 일어나고 있다. 일터로의 복귀를 거부하는 '대사직의 시대', 최소한의 일만 하는 '조용한 사직' 현상이 나타나는 가운데 조직은 새로운 일터를 만들기 위해 고민하고 있다. 기업은 특히 MZ세대들의 '퇴준생' 열풍을 막고자 노력하고 있다. 퇴준생은 '퇴사'와 '취업준비생'을 조합한 신조어다. MZ세대는 채용하기보다 유지하기가 더 어렵다는 것을 반영한 용어다.

직원을 계약 상태로 유지해서 안정적이고 생산적인 인력 구조를 구축하는 기업의 역량을 '직원 리텐션(Employee Retention)'이라고 한다. 현 시대의 기업은 채용 단계에서부터 직원의 이탈을 고려해야 한다. 여론조사기관 갤럽(Gallup)은 '자발적 퇴사 직원(voluntarily exiting employees)'의 52%는 관리자나 조직이 직장을 그만두지 않도록 조치를 취할 수 있었다고 지적했다. 직원 유지율이 높은 기업은 비즈니스 목표를 달성하고 신규 인력을 모집하는 데 유리하다. 제대로 확립되고 원활하게 실행되는 직원 리텐션 전략이 핵심적인 차별화 요소다. 특히 경색된 고용 시장에서 직원 리텐션 역량은 직원 퇴사로 인한 업무 중단 없이 조직을 효율적으로 운영하는 데 상당한 영향을 미친다.

퇴사가 보편화되면서 직원 리텐션은 그 중요성이 더욱 커지고 있다. 기업에 적응하기보다 퇴사 결정을 내리는 게 쉬워진 시대다. 직원 리텐션 전략에 회사의 미래가 달려 있다. 이에 따라 기업들의 채용 방식도 달라질 전망이다.

개인화를 넘어 초개인화로 진화하다

최근 채용 트렌드에서는 개인화를 넘어 초개인화로 진화하는 경향이 나타나고 있다. 채용에서의 개인화(Personalization)는 축적된 데이터를 기반으로 지원자의 니즈를 파악하고 소통하는 것이라면, 초개인화(Hyper-Personalization)는 지원자의 미래 행동과 상황을 예측해 개인의 잠재적 욕구를 고려하면서 개별적으로 소통하는 것이다.

요즘 지원자들은 높은 수준의 개인화를 기대하며 각기 독립된 개인으로 존중받기를 원한다. 면접도 여럿이 함께하는 것이 아니라 개인별로 소통하기를 원한다. 그동안의 채용 면접은 주로 그룹 인터뷰로 이뤄져왔다. 그룹 인터뷰는 그룹 내 상호작용을 관찰할 수 있으며, 시간이 덜 걸리고, 비용이 적게 든다는 장점이 있다. 반면 '원 온원 인터뷰(one-on-one Interview)'는 면접관이 지원자를 일대일로 깊이 있게 알아볼 수 있으며, 개인의 솔직한 이야기를 들어볼 수 있다는 장점이 있다. 또한 여러 사람의 일정을 조정해야 하는 그룹 인터뷰에 비해 시간적 제약에서 자유롭고, 면접관이 지원자의 역량을 잘 파악하고 그들의 조직에 맞는 사람인지 알아보기도 쉽다.

코칭에서도 초개인화로의 변화가 나타나고 있다. 기존 코칭은 장시간 동안 무거운 주제로 회의실에서 진행되었다면, 전통적인 코칭의 대안으로 등장한 마이크로 코칭(Micro-coaching)은 더 작고 빈번한 질문, 안내 및 지원으로 구성된다. 예를 들면, 마이크로 코칭은 한 시간 동안 소통하는 대신 며칠에 걸쳐 한 번에 5분간 코치와 고객 간의 음성 메모, 텍스트 기반 질문 및 프롬프트 교환을 포함한다. 2주에 한 번 심도 있는 소통을 하는 것보다 지침을 자주 제공하는 것이 누군가를 계속 추적하는 데 효과적이다. 마이크로 코칭은 급격하게 변화하는 직장과 리더의 진화하는 요구에 맞춰 자신의 관행을 조정하려는 코치가 주로 사용하는 방법이다. 대규모 조직에서 선임 팀원이 후배 팀원을 지원할 때도 사용된다. 조직에서 마이크로 코칭을 받고 싶어 하는 욕구가 결합되면서 마이크로 코칭이 더욱 확산될 것으로 보인다.

앞으로 다가올 5년은 세상을 놀라게 할 급격한 변화로 채워질 전망이다. 2024년 채용 트렌드에선 지원자가 채용 후 입사 과정부터 퇴사 과정까지 조직 문화를 경험하는 여정이 고스란히 기억될 것이다. 'DEI'가 채용에도 확대될 것이다. DEI를 갖춘 조직일수록 직원들의 업무 몰입도가 높아지고 더 높은 재무 성과를 달성한다는 연구 결과들이 나오면서 기업에서 DEI의 가치는 점점 중요해지고 있다. 〈포춘〉 500대 기업의 80% 이상이 DEI를 핵심 기치로 내걸고 다양한 인력을 채용해 일하기 좋은 '다정한 직장'을 만들기 위해 노력하고 있다. 경영 환경이 좋아지기를 기다리지 않고 선제적으로 다양성을 확대하고 형평성 있게 포용하려는 노력을 기울이고 있는 것이다.

이 책《채용 트렌드 2024》는 하루아침에 이루어지지 않았다. 당신이 채용하는 사람이든 채용을 당하는 사람이든 '당신만의 컬처핏'을 찾는 데 조금이나마 도움이 되길 바란다.

채용 전문가·윤코치연구소 소장
윤영돈

part 1

Why

채용이 조직 문화를
변화시킨다

'일하는 방식'이 아니라 '일하는 문화'가 중요해지고 있다

우리의 일터가 완전히 변화했다. 코로나 이후 언택트, 재택근무, 채용 비리, MZ세대, 불매 운동 등 직원들의 경험이 영향을 미치며 기업 문화가 달라졌다. 비정상이 일상화되고 비대면 기술에 익숙해지면서 직접 만나야 일을 할 수 있다는 생각이 무너졌다. 한국 사회에서는 그동안 혈연, 지연, 학연 등 상하 관계가 중요했는데, 인간관계의 중심에 자신을 두면서 사람들은 불필요한 관계를 끊어내고 관계에서 오는 스트레스를 줄이고 자신에게 집중하고 있다. '회사의 발전이 곧 나의 발전'이라고 여기던 조직 공동체 의식이 무너지고 '조직의 성장보다는 나의 성장이 더 중요하다'는 개인주의적 가치관이 부상하면서 퇴직 문화가 자리 잡고 있다.

채용 단계가 잘못되었다면 아무리 기업 문화를 바꾸려고 해봤자 소용없다. 채용은 교육보다 중요하다. 채용 단계에서 조직에 맞는 사람을 뽑아야 기업 문화를 꽃피울 수 있다. 하지만 우리의 현실은 어떠한가. 아꼈던 인재가 조직을 떠나고 조직 문화는 뒤죽박죽되고 있다. 채용 공고를 할 때부터 불합격 메시지를 보내기까지 채용 문화에서 컬처핏을 잘 실현하고 있는가. 정작 채용할 때는 조직 문화에 맞는 사람을 놓쳐버리고는 조직 문화를 정비하려 노력해봤자 소용없다. 조직 문화는 단지 종잇장으로 만들어놓는 상장 같은 것이 아니다. 조직 문화는 어쩌면 채용 단계부터 시작되는지도 모른다. 컬처핏에 맞는 사람을 채용하는 것에서부터 조직 문화는 시작된다. 하나하나 흩어지는 문화가 아니라 하나하나 쌓여가는 문화가 중요하다. 채용 경험을 제대로 관리하면 고객 경험에서 조직의 변화를 이끌어서 직원 경험을 개선할 수 있다. 컬처핏을 어떻게 설정하고 어떤 사람을 뽑느냐가 중요한 시대가 되고 있다.

과거의 채용이 조직에 들어오는 사람을 뽑는 통과의례였다면 최근의 채용은 합격 여부를 떠나 지원자가 조직 문화를 온몸으로 경험하는 장이 되고 있다. 이제 채용을 단순히 구조화된 프로세스로 이해하는 데서 벗어나 잠재 고객과 직원의 경험으로 이해하는 관점이 필요하다. 회사 이름만 보고 지원하는 시대는 지났다. 회사의 이름보다는 채용 브랜딩이 중요하다. 불공정한 채용으로 악명을 떨치는 회사에는 지원하지 않는 Z세대가 늘고 있다. Z세대의 관심사나 취향을 묻거나 조직 문화, 복지 제도 등을 정비해 마음의 문을 열어야 한다.

기업 환경이 급변함에 따라 기업이 원하는 인재상도 달라지고 있다. 기업들은 '최고의 인재(Best Person)'보다 '적합한 인재(Right Person)'를 찾고 있다. 핵심 인재를 확보하고 유지하려는 기업 간의 경쟁은 더욱더 치열해지고 있다. 국내는 물론 전 세계적 차원에서 폭넓은 인재 유치 활동이 이루어지고 있다.

국내의 경우, 그동안 채용을 할 때 직무 적합성(Job Fit), 조직 적합성(Organization Fit)을 활용해왔다. 실무 면접은 현업 팀장, 선임자 등이 참여해 직무 역량을 중심으로 직무 적합성을 확인하고, 임원 면접은 인성과 조직 적합성 여부를 중심적으로 평가했다. 구글, 아마존(Amazon), 넷플릭스(Netflix) 등 세계적 기업의 경향을 살펴보면 직무 적합성, 문화 적합성, 동기부여 적합성(Motivation Fit) 3가지를 활용하고 있다. 채용 과정에서 문화 적합성, 즉 컬처핏이 강조되는 이유는 무엇일까. 어떤 사람을 채용해서 지식과 기술을 가르칠 순 있지만 가치관은 바꾸기 어렵다. 아무리 뛰어난 성과를 내더라도 조직의 가치관에 맞지 않는 사람을 채용하면 두고두고 후회할 수도 있다. 컬처핏에 맞는 사람을 뽑아야 한다.

미국의 경영학자 미첼 쿠지(Mitchell Kusy)에 따르면, 어떤 조직이든 5% 정도 '썩은 사과(Rotten Apple)'가 있다. 상자를 가득 채운 싱싱한 사과들 가운데 썩은 사과들이 존재하는 것이다. 바이마르공화국 2대 대통령 파울 폰 힌덴부르크(Paul von Hindenburg)의 죽음 이후 아돌프 히틀러(Adolf Hitler)가 일개 당원에서 총통이 되기까지의 과정도 썩은 사과를 방치한 결과라고 할 수 있다. 악이 선을 넘어뜨린 것이다. 조직 내 존재하는 '썩은 사과'들은 자신이 썩은 사과라는 것을 인지하고 있으면서도 부족한 실력을 인정하기는커녕 의무보다 권리를 내세우고, 팀의 공익성을 배제하고, 자신의 이익을 탐닉하고, 비전을 제시하기보단 다른 팀원들을 재촉해 성과를 내세우기 급급한 몰염치한 모습을 보인다. 조직 내 썩은 사과는 도려내야 한다. 채용은 순간이지만 그로 인한 영향은 조직에서 오랫동안 지속되기 때문이다.

2023년 채용 트렌드에선 '일하는 방식'이 바뀌었다면 2024년 채용 트렌드에선 '일하는 문화'가 바뀔 전망이다. 그동안에는 일하는 방식이나 기술에 초점을 맞췄다면, 이제 그 기술을 활용해 어떤 문화를 만들 것인가로 전환해야 한다는 것이다. 채용은 기업에 자신의 브랜드 스토리를 알리는 과정이 될 것이며, 지원자에게 개인의 스토리 조각을 맞출 수 있는 기회의 장이 되고 있다. 채용 담당자가 지원자를 선택하는 것이 아니라 지원자가 회사를 선택하는 것이다. 이 같은 리버스(Reverse) 트렌드는 당분간 메가 트렌드로 계속될 전망이다.

《채용 트렌드 2023》에서 제시한 10가지 키워드는 채용 브랜딩, 메타버스 면접, 스토리리빙 시대, 워라블, 리버스 리크루팅, 멀티포텐셜라이트 인재, 커리어 포트폴리오, 워케이션, 러닝 어빌리티, 시니어 케어 등이었다. 자신의 경험이 전부인 양 충고하며 가르치려는 상사들이 전달하는 '스토리텔링'은 더 이상 먹히지 않는다. 단순히 이야기를 전달하는 시대는 끝났다. 이야기 자체가 일상이 되고 이를 공유하는 스토리리빙이 실현되고 있다. 기업들의 조직 문화가 변함에 따라 채용 문화도 변하고 있다. 최근의 채용 트렌드는 MZ세대가 조직에 어떻게 안착할 수 있는지에 관한 깊은 고민을 담고 있다.

Job Trend

01 회사의 이름보다 채용의 경험이 중요한 '채용 브랜딩'

#채용브랜딩 #채용경험 #고용주브랜딩 #EVP #내부적브랜딩 #대외적브랜딩
#임플로이언서 #지원공고 #면접관 #불합격메시지

2023년 채용 트렌드에서 가장 주목받은 키워드는 '채용 브랜딩'이었다. 최근 기업들은 잘 맞는 인재를 뽑는 것도 중요하지만 긍정적 채용 경험을 제공하기 위해서 채용 방식을 바꾸는 데 나서고 있다. 채용 경험은 지원자에게 살아가면서 잊을 수 없는 중요한 기억으로 남는다. '채용 브랜딩'이란 구직자, 직원, 주요 이해관계자들 사이에서 회사의 평판을 관리하고 영향을 끼치는 일련의 과정을 말한다. 엄밀하게 말하면 '고용주 브랜딩(Employer Branding)'으로 더 잘 알려진 개념으로, 적합한 인재를 영입하기 위한 것이다. 훌륭한 브랜드 이미지를 구축하는 것은 지원자 1인당 채용 비용을 줄이는 데도 도움이 된다. 채용 브랜딩은 쉽게 말해 지원자들의 눈에 보이는 회사의 평판이다. 여기에는 고용주가 직원에게 가치를 제안하는 'EVP(Employer Value Proposition)'가 포함된다. 채용 공고 시 EVP를 제시할 때는 회사 중심이 아니라 지원자 중심으로 만들어야 한다.

과거에는 지원자들이 안정적이고 규모가 큰 기업을 선호하는 경향이 두드러졌지만 최근에는 회사 규모가 작더라도 경력에 도움이 되는 기업을 선호하는 모습이 나타나고 있다. 또한 번드르르한 채용 공고에 속지 않기 위해 겉으로 드러난 채용 조건부터 내밀한 조직문화까지 기업을 평가하는 플랫폼이 늘어나고 있다. 잡플래닛이나 블라인드 플랫폼에서 내부 직원들이 말해주는 회사 내부의 실체가 여과 없이 외부로 공개되어 기업들의 평판을 실제로 확인할 수 있게 되면서 채용 브랜딩은 더욱 중요해지고 있다.

기업의 브랜딩은 크게 2가지로 나뉜다. 채용 페이지, SNS, 유튜브 채널 등에서 이뤄지는 '대외적 브랜딩(External Branding)'과 회사 내부의 직원 평판으로 설명되는 '내부적 브랜딩(Internal Branding)'이다. 이 2가지가 통합되어야 직원과 지원자들은 전폭적으로 회사를 신뢰할 수 있게 된다. 직원으로서 기업의 브랜딩에 영향력을 미치는 '임플로이언서(Employee+Influencer)'가 등장한 것도 주목할 만한 사실이다.

채용 경험이 불쾌하면 그 기업에 다시는 지원하지 않게 된다. 불분명한 지원 공고, 불쾌한 면접 경험, 결과 미통보, 배려 없는 불합격 메시지까지 다양한 요소가 지적되면서 지원자를 폭넓게 배려해야 한다는 요구가 거세지고 있다. 기업이 인재를 고르던 시대에서 인재가 기업을 선택하는 시대로 변화하고 있다. 기업들은 자기 기업을 선택하도록 지원자에게 좋은 채용 경험을 제공하기 위해 애쓰고 있다. Z세대에 맞춰 채용 페이지마저 텍스트에서 영상으로 바뀌고 있다.

채용은 낚시가 아니다. 채용은 직원이 기업에 일단 들어오게 한다고 해서 끝나는 게 아니다. 겉치레 브랜딩은 더 이상 통하지 않는다. '채용 브랜딩'을 재설계해야 하는 시대가 왔다. 지원자의 입장에서 채용 경험을 설계하면서 회사의 이름보다 채용 브랜딩이 더욱더 중요해질 전망이다.

Job Trend

02 가상현실에서 면접을 보는 '메타버스 면접'

#메타버스 #메타버스면접 #화상면접 #줌피로 #가상현실 #아바타 #게더타운
#MZ세대 #채용브랜딩 #채용박람회 #직무역량

2023년 채용 트렌드에선 메타버스가 채용설명회, 신입 사원 연수, 채용 면접에 이르기까지 HR(human resources) 전반에 걸쳐 확대되고 있는 모습을 볼 수 있다. '메타버스(Metaverse)'는 가상·초월을 뜻하는 영어 단어 '메타(Meta)'와 우주·세계를 의미하는 '유니버스(Universe)'의 합성어로, 현실 세계와 비슷한 사회·경제·문화 활동이 이뤄지는 3차원 확장 가상세계를 이르는 말이다. 가상현실(VR), 증강현실(AR), 사물인터넷(IoT), 5G 기술 등이 합쳐져 현실과 비현실이 공존하는 디지털 공간, 메타버스가 만들어진다.

메타버스는 채용박람회뿐만 아니라 면접에도 널리 활용되고 있다. 기존의 줌(Zoom) 등 화상회의 도구를 사용하지 않고 군이 메타버스 채용 면접을 하는 이유는 무엇일까? 화상 면접을 할 때는 여러 명의 얼굴을 계속 바라보는 데서 오는 피로감이 상당하다. 메타버스로 면접하면 '진짜 나(True self)'가 아니라 '가상의 나(Virtual self)', 즉 아바타로 참여한다. 그 과정에서 마치 보호막이 생긴 것처럼 편안함이 느껴지고, 게임을 하는 것 같은 재미까지 느낄 수 있다. 이런 이유로 딱딱하고 긴장감이 맴돌던 면접장이 메타버스 면접으로 바뀌고 있다. 메타버스 면접은 소위 '면접 의상'을 준비하는 등 지원자가 시간과 비용을 들여야 하는 부담을 덜어준다는 점에서도 주목받고 있다.

이처럼 메타버스 면접이 확산되는 이유는 소수 인원으로도 진행 및 관리가 편하기 때문이다. 대면 면접에는 다수의 인원이 필요하지만 메타버스 채용은 지원자들이 이미 메타버스 환경에 익숙한 세대이다 보니 진행하는 데 편리성이 높고 가격 대비 효과가 높다. 또한 메타버스 면접은 파워포인트 프레젠테이션이나 포트폴리오 공유가 가능해 직무 역량을 확인할 수 있다는 장점이 있다. 지원자 입장에서도 거주 지역에 따른 물리적 제약에서 자유로워 다양한 기업의 채용에 참여할 수 있다. 빠르게 신기술을 도입하는 과정에서 기업 브랜딩도 긍정적인 이미지로 구축할 수 있다.

이와 관련, CJ그룹은 메타버스상에서 채용설명회를 하고 입사 4~7년 차 MZ세대 실무진이 메타버스 환경에서 비대면으로 1차 면접관을 맡는 등 앞선 행보를 보이고 있다. 보통 부장급 이상 고위 직원들이 일방적으로 질문하고 지원자들이 답변하는 형식에서 벗어나 지원자와 쌍방향으로 소통하는 면접 제도를 적극 도입한 것이다. 이밖에 GS리테일의 GS25는 게더타운에서 영(young)마케터 발대식을 가졌다. 비대면 화상면접을 거쳐 게더타운에서 각자의 아바타로 모인 참가자들과 임명장 수여, ○×퀴즈, 캐치마인드 게임, 그룹미팅, 단체사진 촬영 등의 행사를 진행했다. 다만, '메타버스 면접'이라는 용어를 쓰고 있지만 사용자 친화적으로 인터페이스가 바뀌었을 뿐 메타버스 면접의 탈을 쓴 화상 면접이 진행되고 있는 경우가 많다는 부정적인 의견도 존재한다.

Job Trend

03 소통을 넘어 삶을 공유하는 '스토리리빙 시대'

#AI채용 #채용콘텐츠 #자기소개서 #스토리텔링 #단방향소통 #코드커팅
#스토리리빙 #쌍방향소통 #브랜드스토리 #무결성 #공유 #향유

2023년 채용 시장에선 콘텐츠가 덧붙여져 일방적으로 전달하는 '스토리텔링'이 아닌 쌍방향으로 직접 경험하는 '스토리리빙'으로 전환되는 추세가 나타났다. '스토리리빙(Storyliving)'이란 참여자와 함께 콘텐츠를 만들어가는 것을 말한다. 채용은 이제 기업의 입장에선 자신의 브랜드 스토리를 알리는 과정이고, 지원자의 입장에선 개인의 스토리 조각을 맞출 기회의 장이다. 영화제작사 루카스필름(Lucasfilm)의 감독 비키 돕스 벡(Vicki Dobbs Beck)은 이렇게 말했다. "스토리텔링이 단방향을 벗어나 점차 양방향으로 변화함에 따라 사용자가 기본 스토리 자체의 무결성을 훼손하지 않으면서도 자신의 스토리를 만들어가는 스토리리빙으로 발전하고 있다." 이제 스토리텔링의 시대에서 스토리리빙의 시대로 전환하고 있다. 김진설 SSG닷컴 마케팅담당은 "앞으로는 콘텐츠를 바탕으로 새로운 세계를 만들고 그 안에서 살아가는 '스토리리빙'의 시대가 올 것"이라며 "장기적인 관점에서 최신 기술을 활용해 고객과 더 적극적으로 소통하고, 양방향 소통의 기회를 늘리고자 하는 움직임이 이어질 것"이라고 전망했다.

전통적인 콘텐츠 문법은 일방적인 '스토리텔링'이었다. 옛날처럼 TV 앞에 온 가족이 모여 시간을 보내던 시대는 지나가고 있다. 코드커팅(Cord-cutting)이 가속화되면서 넷플릭스, 유튜브(YouTube) 등을 스트리밍으로 보고 있다. 케이블 방송 등 유료 유선 방송을 해지하고 온라인 스트리밍 플랫폼을 이용하는 사람들이 늘어나고 있다. 또한 여럿이 보는 대중 미디어에서 개인이 찾아보는 개인 미디어로 바뀌고 있다. 이렇게 전통적인 스토리텔링의 종말이 다가오고 있다.

2024년 채용 트렌드 역시 '스토리텔링'을 넘어 '스토리리빙'으로 진화할 것이다. '자기소개서'를 '자소설'로 쓰는 지원자들이 있다. '자소설'은 '자기소개서'와 '소설'의 합성어로, 자신을 돋보이게 쓴 과장된 자기소개서를 의미한다. 허구적으로 지어서 쓴 자기소개서를 소설에 빗대어 이르는 말로, 과장된 자기소개서로 서류 전형에 합격한 사람들을 풍자적으로 이야기하면서 생겨난 말이다. 그러나 AI 채용이 도입되면서 '자소설'은 서류 전형도 통과하기 쉽지 않게 되었다. 자신의 이야기만 일방적으로 스토리텔링하면 안 된다. 문항마다 뼈대는 잡아놓더라도 실제 자기소개서는 지원하는 회사와 연결해 스토리를 풀어내야 한다. 회사가 내세우는 인재상, 사업 분야, 직무 역량은 지원 시기마다 다르다. 같은 경험이라도 회사 맞춤식으로 얼개를 잡아 풀어내야 한다. 살아 있는 스토리는 배경과 인물, 사건과 사실, 조직 문화와 직무 역량 등 씨줄과 날줄을 잘 엮어야 한다. 이제는 일방적인 전달이 아니라 아무것도 정해지지 않은 비선형 내러티브 안에서 살아가면서 콘텐츠를 향유할 전망이다. 경험의 지각 변동이 이루어지는 '스토리리빙'의 시대가 왔다.

04 일과 삶이 뒤섞이는 '워라블 전성시대'

#워라밸 #워라블 #홈피스 #M세대 #Z세대 #워라하 #워라인 #직장인스트레스
#만성피로 #번아웃 #덕업일치 #워라블일터 #블렌딩

이제 '워라밸'을 넘어 '워라블'의 시대다. '워라밸'은 '워크 라이프 밸런스(Work-Life Balance)'의 준말로, 개인의 업무와 사생활 간의 균형을 중요시하는 용어로 널리 사용되었다. 워라블은 '워크 라이프 블렌딩(work-life blending)'의 준말로, 일과 삶을 적절히 섞는다는 뜻이다. 코로나19 이후 기업들의 재택근무가 보편화되면서 업무를 처리하는 사무실 공간과 개인 생활을 보내는 집의 개념이 모호해지자 집(home)과 사무실(office)을 합친 '홈피스'라는 말이 등장하는 등 일과 삶의 개념이 모호해지는 경우가 늘어나고 있다. 워라밸의 본질은 저녁 없는 삶, 주말 없는 삶에서 벗어나 '인간다운 삶'을 추구하는 데 있다. 물리적 시간이 아니라 일과 삶이 추구하는 방향성이 얼마나 일치하는가가 기준점이 되는 것이다. 일과 삶이 조화를 이루는 '워라하(Work-Life Harmony)', 일과 삶을 통합하는 '워라인(Work-Life Integration)', 일과 삶이 섞이는 '워라블(Work-Life Blending)' 등 일과 생활이 어우러지는 삶을 추구하는 것을 나타내는 신조어들이 잇달아 생겨나고 있다. 최근에는 삶이 일을 더 풍성하게 만들어준다는 '워라엔(Work-Life Enrichment)'까지 등장했다.

정시 퇴근을 보장받는 '워라밸'을 선호하는 밀레니얼 세대와 달리 Z세대는 일과 삶이 섞이는 '워라블'을 추구하는 이들이 많다. 밀레니얼 세대가 퇴근 후 업무에서 벗어나 가사나 육아에 에너지를 쏟았다면, Z세대는 퇴근 후 자신을 위해 다른 일에 에너지를 쏟는다. 또한 Z세대는 일을 단순한 경제활동 수단으로 여기기보다는 끊임없는 자기계발과 이를 통한 가치 실현 및 성장의 계기로 여기고 있다.

마치 칵테일처럼 일과 삶이 적절히 블렌딩이 되고 있다. 처음에는 좋아서 일을 했는데, 직장 생활을 하다 보면 돈을 받은 만큼만 일하게 되기 쉽다. 스스로 일과 관련해서 자신의 한계를 설정하게 되는 것이다. 자신의 목표를 달성하려면 초집중의 시간이 필요한데 워라밸은 오히려 몰입을 방해한다. 반면 워라블은 일과 삶을 적절히 조화시킴으로써 좋아하는 일을 통해 자아실현의 기쁨을 추구하는 것이다.

코로나 팬데믹으로 일과 삶의 균형이 무너지면서 우리는 사상 유례없는 일들을 경험하고 있다. 일반적으로 M세대는 퇴근 시간에 맞춰 퇴근하는 야박한 칼퇴근자가 아니라 '나인 투 식스'를 보장받는 워라밸을 선호하는 반면, Z세대는 일을 단순히 경제활동의 수단으로 여기기보다 자아를 실현하고 지적 성장을 도모할 수 있는 계기로 여기고 있다. 일과 삶이 섞이는 워라블이 보편화되고 있다.

Job Trend 05 지원자가 회사를 역채용하는 '리버스 리크루팅'

#채용문화 #리버스리크루팅 #리버스인터뷰 #리버스멘토링 #역채용 #스톡옵션
#하이브리드채용 #대퇴사시대 #조용한퇴직 #리크루팅조직 #사이닝보너스

이제 기업이 지원자를 기다리는 시대는 끝났다. 기업이 먼저 인재를 찾아서 적극적으로 영입 제안을 하고 지원자가 회사를 선택하는 '리버스 리크루팅' 시대가 왔다. '리버스 리크루팅(Reverse Recruiting)'이란 채용 담당자가 지원자를 선택하는 게 아니라 지원자가 회사를 선택하는 것이다. '역채용(逆採用)'은 기업이 후보자를 지원하도록 해서 뽑는 기존 채용 모델과 정반대 채용 프로세스다. 이런 추세에 적응하기 위해서는 채용 방식만 바꿀 게 아니라, 기업 문화 자체를 바꿔야 한다. 스티브 잡스(Steve Jobs)는 이렇게 말했다. "스마트한 사람들을 고용하고 그들에게 무엇을 하라고 말하는 것은 이치에 맞지 않다. 우리는 스마트한 사람들을 고용해 그들이 우리에게 무엇을 해야 하는지 알려줘야 한다."

아날로그와 디지털을 합친 '하이브리드 채용(Hybrid Hiring)'이 새로운 흐름으로 등장했다. 가장 두드러진 부분은 비대면 채용 문화의 정착이다.

게다가 코로나 이후 '자발적 퇴직자'가 늘어나면서 기업들은 인력 부족에 시달리고 있다. 이와 관련, '대퇴사 시대', '조용한 퇴직' 같은 키워드가 주목받고 있다. 최근 퇴사한 미국인들에게 그 이유를 조사한 결과, '하루 중 대부분의 시간을 직장에서 보내는데, 그 대부분의 시간이 행복하지 않아서'라는 의견이 대다수였다. 코로나 이후 직장인들의 우선순위가 바뀌었다는 점도 큰 이유다. 그동안 일을 단순히 생계 유지 수단으로 보던 직장인들이 과거와 달리 일 속에서 나름의 의미를 찾고 있다.

이런 분위기 속에서 카카오, 네오위즈, SK 등 기업 인사팀이 변화하고 있다. 네오위즈의 경우, 2021년 인재영입팀을 신설해 과거의 수동적인 채용 기능에 머무르지 않고 사업 성과를 만들어내는 조직의 리크루팅 역할을 맡겼다. 기업들이 채용의 본질, 그리고 채용의 가치와 사업적 성과에 초점을 맞춰 사업 목표를 달성하는 데 최적화된 리크루터 조직을 만들고 있다. 과거의 수동적 채용에서 벗어나 적극적으로 나서는 리크루팅을 하고 있다. 개발자 구인난이 가중되면서 스톡옵션은 기본이고 사이닝 보너스(signing bonus, 입사 시 제공하는 일회성 인센티브)를 제공하는 스타트업도 많아지고 있다. 인재가 지원할

채용 트렌드 2024

때까지 기다리지 않는 채용 시장의 추세를 보여준다.

작은 기업이 대기업의 복리후생을 따라가기는 어려운 게 사실이다. 이를 보완하기 위해서는 세심한 주의가 필요하다. 채용 프로세스가 변화하기 위해서는 채용 담당자들의 태도가 어떠한지 첫 대면부터 살펴봐야 한다. 지원자들의 마음을 끌 수 있는 매력이 있는지 전체적인 점검이 필요하다. 다수를 위한 기업 홍보 기사나 광고에만 신경 쓰지 말고 자신의 기업에 지원한 후보자들에게 신경을 써야 한다. '리버스 리크루팅' 시대다. 채용 담당자가 지원자를 선택하는 것이 아니라 지원자가 회사를 선택하는 시대인 것이다.

06 잠재적인 호기심을 통한 '멀티포텐셜라이트 인재'

#멀티포텐셜라이트 #잠재성 #잠재력 #관심사 #재미있는삶 #팔방미인 #N잡러
#융합인재 #덕업일치 #다재다능인 #스페셜리스트 #멀티스페셜리스트

2023년, 멀티포텐셜라이트 인재가 떴다. 이제 한 우물만 파던 시대는 지나갔다. '멀티포텐셜라이트(Multipotentialite)'란 여러 가지 잠재성을 가진 사람, 또는 관심사가 다양하고 재미있는 삶을 추구하는 사람을 말한다. 커리어 코치 에밀리 와프닉(Emilie Wapnick)은 2010년 '멀티포텐셜라이트'라는 용어를 만들었다. '멀티포텐셜라이트'란 인생에서 다양한 관심사와 창의성을 추구하는 사람을 말한다. 이들은 창의적인 활동을 하며 여러 방면에 능통한 사람으로 '팔방미인'이라고 부른다.

분야의 경계를 넘나드는 사람은 한 분야의 기본 지식을 다른 분야에 적용하려고 노력한다. 철학 교수이자 피아니스트로서 쌓은 기술과 경험을 살려 경영컨설팅 업체를 운영하는 앤디 터크(Andy Tuck), 의류 디자인에 수학을 접목한 제인 반스(Jhane Barnes) 등이 경계를 넘나드는 시각을 가진 대표적인 인물들이다. 이분법적인 문제 해결 방식에서 탈피해 새로운 아이디어와 효율성을 찾아야 한다.

하나의 분야에서 전문가인 것만으로는 살아남기 힘든 시대다. 하나의 본업 말고 다양한 분야에서 활동하는 '다재다능인(多才多能人)'이 늘어나면서 소위 'N잡러'의 시대가 도래했다. 'N잡러'란 2개 이상 복수를 뜻하는 'N'과 직업을 뜻하는 'Job', 사람을 뜻하는 접미사 '-er'이 더해진 신조어다.

'덕업일치'라는 말도 많이 쓰이고 있다. '덕질'하는 것과 직업이 일치한다는 뜻이다. '덕질'은 '덕후 질'의 줄임말로, '덕후'는 일본어 '오타쿠(御宅)'에서 비롯된 말이다. 오타쿠는 만화, 게임 등 특정 분야에 심취한 사람들을 가리킨다. 이 단어가 한국에 유입되면서 '오'가 빠지고 '덕후'라는, 다소 한글화된 표현으로 사용되고 있다. '덕후'는 업무적으로 남다른 미덕을 지닌다. 취미의 범위가 넓고 다른 사람보다 심도도 깊다. 자기가 열성적으로 좋아하고 전문적인 지식을 가진 분야가 직업이 되면 당연히 성과가 좋을 수밖에 없다.

멀티포텐셜라이트는 새로운 무언가를 만들 때 엄청난 잠재력을 발휘한다. 호기심이 많은 사람일수록 행복하다. 그들은 탐색하는 점이 많고, 그 점들을 연결하다 보면 엄청난 시너지가 일어난다. 멀티포텐셜라이트형 인재들은 몸과 마음을 잘 관리해야 한다. 체력이 받쳐줘야 다양한 일을 잘할 수 있는 법이다. 중간에 포기하지 않고 다양한 경험을 쌓다 보면 결국 새로운 일과 연결된다. 특정 분야에 경도된 전문가가 아니라 다양한 스펙트럼을 겸비한 멀티스페셜리스트의 마음가짐을 가져야 한다.

07 포트폴리오로 당락이 결정되는 '커리어 포트폴리오'

#커리어포트폴리오 #이력서 #직무경험 #직무포트폴리오 #역량 #사무능력
#태도 #그라폴리오 #노트폴리오 #디자인 #사진 #일러스트 #작업물

이력서 한 장으로 평가하는 시대는 끝났다. 코로나 이후 커리어 패러다임이 완전히 달라졌다. 과거에는 어느 회사에 근무했는가 하는 경험이 중요했다. 하지만 이제는 '커리어 포트폴리오'에 따라 모든 게 달라지는 시대다. '커리어 포트폴리오(Career Portfolio)'란 현재까지의 이력이나 경력, 학력, 실력과 역량, 경험, 지식, 경험, 교육 사항, 자격 사항, 수행해온 프로젝트 등을 종합적으로 제시할 수 있도록 정리한 자료다.

포트폴리오는 원래 문화예술 분야에서 많이 사용되는 개념이었다. 그러나 이제는 다양한 분야에서 포트폴리오를 요구하고 있다. 이런 시대의 흐름에 발맞추기 위해서는 역량 개발 기초 단계에서 다양한 분야에 대한 폭넓은 시야를 가져야 한다. 경력 개발을 염두에 두고 타 분야의 다양한 지식을 습득하다 보면 점차 전문 분야에 대한 심도 깊고 특수한 사례를 접하게 되고 사고방식이 문제해결형으로 전환되면서 다른 분야의 지식과 결합된 융복합적 지식의 창조로 이어지게 마련이다.

국내 기업의 채용 방식이 달라지고 있다. 수시채용 비중을 늘리고 서류 전형을 폐지하는 한편 경력직은 물론 신입 직원을 채용할 때도 이력서와 자기소개서 외에 직무 경험과 역량, 사무 능력, 태도 등을 검증하기 위해 직무 포트폴리오를 요구하는 기업이 늘고 있다. 게다가 수시채용이 부각되면서 우수한 인재를 확보하기 위해 포트폴리오를 요구하는 기업이 많아지고 있다. SK그룹은 지원자에게 자신의 개성을 드러낼 수 있는 포트폴리오를 첨부하라고 요청하고 있다. 단순히 디자이너나 프로그래머에게만 요구하던 포트폴리오를 점차 지원 분야에 상관없이 요구하고 있는 것이다. 포트폴리오는 구구절절 설명하지 않아도 자신의 능력치를 드러낼 수 있다는 장점이 있다. 이를 기반으로 면접장에서 깊이 있는 질문을 주고받으며 기업과 지원자 모두 서로에 대한 이해도를 높일 수 있다.

직무 포트폴리오란 지원자가 지원한 직무를 수행하기 위해 자격증, 대외 활동, 직무 경험 등에서 어떠한 준비를 했고 기업에 얼마나 기여할 수 있는지를 보여주는 자료다. 포트폴리오 작성과 관련, 성과를 객관적으로 설명하지 않고 대충 넘어가는 실수를 저지르기 쉽다. 자신이 담당한 프로젝트가 어떤 결과를 냈는지 수치화한 객관적인 자료로 인증해야 한다. 포트폴리오의 생명은 시각화다. 표지부터 색깔이나 이미지로 가시성(visibility)을 높여야 한다.

옛날에는 학벌이나 자격증만 있으면 충분했지만 이제는 '커리어 포트폴리오'가 필요한 시대다. 한마디로 자신의 전문성을 지속적으로 개선, 개발, 혁신함으로써 부가가치를 창출해야 한다. 포트폴리오를 잘 만드는 사람이 인정받는 시대다.

#워케이션 #리모트워크 #원격근무 #에어비앤비 #한달살기 #28박 #장기숙박
#일하는 공간 #디지털노마드 #메가트렌드 #풍경

일하는 장소를 선택하는 시대가 온다. 코로나 팬데믹 이후 리모트 워크가 활성화되면서 더 이상 어디서 일하는지는 중요하지 않다. 어떻게 일하는지가 중요한 시대다. 이는 임직원의 근무 만족도를 끌어올리는 데도 도움이 된다. 이런 흐름에 발맞춰 '워케이션'이 부상하고 있다. '워케이션(Workcation)'은 '일(Work)'과 '휴가(Vacation)'의 합성어로, 휴가지에서 일도 하고 휴식도 즐기는 새로운 근무 형태를 말한다.

최근 네이버는 일본 도쿄와 춘천 등 국내외 거점 도시에서 워케이션 프로그램을 운영하기로 했다. 네이버는 직원이 근무 형태를 자유롭게 선택할 수 있는 '커넥티드 워크(Connected Work)'를 도입했다. 반기에 한 번씩 자신과 조직, 진행 중인 프로젝트 상황 등을 고려해 주 3일 이상 사무실 출근을 기반으로 하는 '타이프 O(Type Office-based Work)', 원격근무를 기반으로 하는 '타이프 R(Type Remote-based

Work)' 중 근무 형태를 선택할 수 있다. 시총 10위 내 기업 중 엔데믹 분위기 속에서도 원격근무를 허용하고 워케이션까지 공식적으로 지원하는 곳은 네이버가 유일하다.

실제로 워케이션을 도입한 라인플러스는 2021년보다 입사 지원자가 30%나 늘어나 워케이션 효과를 톡톡히 누리고 있다. 야놀자 직원들은 강원도 평창에 이어 동해와 전남 여수에서도 쉬면서 일을 할 수 있다. 평창에서 진행한 워케이션에는 60여 명이 참여했다. 이를 위해 야놀자는 직원들에게 일주일간 호텔, 식사, 법인차량 등을 지원했다. 또한 동해와 여수를 워케이션 대상으로 삼고 120명의 직원을 선정해 호텔, 식사, 사무용품 등을 제공했다. 워케이션은 지역 경제를 활성화한다는 부가 효과까지 있다. 배달의민족은 내년부터 모든 직원의 괌, 몰디브 원격근무를 허용키로 했다. 당근마켓도 3명 이상의 팀원들을 대상으로 국내 함께 일하기 제도를 운영 중이다. 회사는 숙박비와 교통비, 식비를 지원한다. 롯데멤버스는 추첨을 통해 월요일부터 목요일까지 제주, 부산, 속초 등지에서 근무할 수 있도록 하고 있다. CJ ENM은 제주, 한화생명은 강원 양양에서 워케이션을 허용하고 있다.

과거에 여행을 떠날 때는 1박 2일 혹은 2박 3일이 기본이었다. 그런데 요즘 여행 패턴은 달라지고 있다. 우리가 쉽게 부르는 '한 달 살기' 형태의 여행이 늘어났다. 일과 여행이 혼합된 워케이션 형태의 장기 출장이 증가하고 있음을 수치상으로도 확인할 수 있는 것이다. 이제 사람들은 더 이상 자신의 삶과 일하는 공간을 따로 떼어놓지 않는다. 재택근무를 넘어 일과 휴가를 결합한 워케이션이 새로운 근무 트렌드로 부상하고 있다. 이와 관련, 세계적 관광지들이 경쟁적으로 디지털 유목민들을 유혹하고 있다.

09 학습을 일상화하는 '러닝 어빌리티' 시대

#디지털트랜스포메이션 #러닝어빌리티 #학습자 #상호작용 #학습만족도
#학습능력 #리스킬 #업스킬 #갓생살기 #언러닝 #리러닝

2023년, 학습의 일상화가 더욱더 확산되었다. 코로나19로 인한 비대면 상황에서 교수 및 학습자 상호작용, 자기주도적 학습능력, 학습 참여도 등 조직 학습이 변화하고 있다. '러닝 어빌리티(learning ability)'란 후천적으로 일정한 지식, 기술, 인식, 행동 등을 배워 익히는 능력을 말한다. '러닝 어빌리티'는 업무 효율, 생산성과 즉결된다. 또한 새로운 기술을 배우는 '리스킬(Reskill, 재교육)'이 기업 교육의 화두로 부각되고 있다. 글로벌 온라인 교육 플랫폼 무크(Massive Open Online Course, MOOC), 유데미(Udemy.com), 코세라(Coursera.org), 듀오링고(duolingo.com), 코스 히어로(CourseHero.com), 퀴즈렛(Quizlet.com), 길드에듀케이션(GuildEducation.com), 에이지오브러닝(Ageoflearning.com), 유다시티(Udacity.com), 에드엑스(edX.org), 그로우 위드 구글(Grow.Google) 등 에듀테크 시장이 커지고 있다. 이전부터 온라인으로 교육하는 방식을 이러닝(E-Learning)이라고 불렀는데, 이는 에듀테크와 결이 조금 다르다. 이러닝은 기존 오프라인 강의를 그대로 온라인으로 가지고 온 인터넷 강의를 가리키는 단어다. 반면에 에듀테크는 기술을 통해 학습자가 최대 효율을 낼 수 있도록 하는 것이 목표로 사물인터넷, AI, 빅데이터 등을 이용하는 것이 다르다.

전 세계적인 경제 불황 속에서도 디지털 트랜스포메이션(Digital transformation) 분야 투자를 늘리는 기업이 많아지고 있다. 전사적인 디지털 체질 변화를 추구할 뿐만 아니라 '리스킬링' 수요가 늘어나고 있기 때문이다. 리스킬링은 디지털 시대, 중요도가 낮아지는 직군에서 일하던 직원을 수요가 높은 직무에 재배치하면서 핵심 인재로 양성시키기 위해 시행된다. 디지털 트랜스포메이션은 불확실한 비즈니스 환경을 극복하고 기업의 미래 먹거리를 좌우할 것으로 여겨지는 전략이다. 따라서 기업들도 조직 내 관련 예산을 집중시키는 모양새다.

디지털 전환이 가속화되면서 성인 교육 시장이 급성장하고 있다. 산업통상자원부에 따르면 국내 인터넷 교육(이러닝 산업) 시장 규모는 2016년 3조 4875억 원에서 2020년 4조 6301억 원으로 4년 새 32.7% 성장했다. 변화의 시대에 경쟁력을 갖추기 위해서는 언러닝(Unlearning)과 리러닝(Relearning)이 필수다. 지식의 반감기가 점차 가속화되고 있다. 기존 방식을 고집하지 말고 새로운 기술과 변화를 학습해야 한다. 기업들도 직원들의 생산성을 높이기 위해 업스킬링과 리스킬링 투자를 확대하고 있으며, 인재난을 해소하기 위해 러닝 어빌리티를 성장시키고 있다.

10 젊은이보다 주목받는 '시니어 케어' 시장

##시니어케어 #초고령사회 #노노케어 #실버케어 #라이프스타일 #개인취향
#65세이상 #건강관리 #요양서비스 #노후생활 #국가적어젠다

2023년에는 '시니어 케어(senior care)' 트렌드가 더욱더 확산되었다. '시니어 케어'는 신체적·정신적으로 불편한 시니어들을 보살피는 것으로, 단순한 일상을 관리하는 일에서부터 건강 상태의 유지관리 및 새로운 노후 생활을 함께하는 등 광범위한 영역을 아우른다. 시니어 케어 산업은 시니어를 대상으로 하는 요양 서비스로, 고령자를 위한 용구나 용품, 의료기기 사업을 통칭한다. 시니어 케어는 초고령 사회의 도래로 국가적 어젠다로 부각되고 있다.

더 이상 '노노케어'라는 말이 낯설지 않은 시대다. '노노케어(老老 care)'란 좀 더 젊은 노인이 좀 더 나이 든 노인을 돌본다는 의미다. 50대, 60대 요양보호사가 왕성히 활동하고 있는 데서 이런 흐름을 엿볼 수 있다. 노노케어는 100세 시대 초고령화로 인한 문제를 해결하는 한 축을 담당하고 있다.

특정 국가에서 65세 이상 인구 수가 20% 이상일 경우 초고령 사회라고 한다. 초고령 사회가 눈앞으로 다가온 지금, 인구 수가 많고 높은 구매력을 갖춘 시니어 세대가 새로운 소비 주체로 떠오르고 있다. 통계청의 가계 금융 복지 조사 결과에 따르면, 시니어 고객들의 은행 예금 자산은 130조 원(2019년 기준)으로 추정된다. 인구 수가 많은 데다 자금력까지 갖춘 이들을 공략하기 위해 자연스레 시니어 케어 시장도 높은 성장세를 보이고 있다.

현재의 시니어 세대는 과거의 실버 세대와 가치관이나 소비 패턴이 완전히 다르므로 기존 고정관념을 버려야 한다. 인생 후반전을 살아가는 이들 시니어 세대의 라이프스타일과 취향이 변화함에 따라 의식주 등에 관련된 필수 소비지출이 아닌 쇼핑이나 외식, 오락, 문화 활동에 대한 소비지출이 크게 늘어나고 있다. 특히 기업들은 액티브 시니어(active senior)를 새로운 소비 주체로 주목하고 있다. 액티브 시니어는 넉넉한 자산과 시간적 여유를 바탕으로 자신에 대한 투자에 돈을 아끼지 않고, 자기 발전을 위해 끊임없이 노력하는 50~60대를 말한다.

시니어의 경험이 결국 시장을 만든다. 코로나19 이후 스스로 건강 관리와 돌봄에 집중하는 '셀프-헬프(Self-help)'에 대한 관심이 높아지며 개인 건강 돌봄 서비스를 제공하는 스타트업들이 덩달아 주목을 받고 있다. 이들은 장기간 '집콕'으로 지친 이들을 위해 편의성과 가성비로 뭉친 개인 맞춤형 돌봄 서비스를 제공하고 있다. '시니어 케어'에 주목할 필요가 있다.

2024 채용 트렌드 10대 키워드

제2장에서는 2024년 '일하는 문화'의 변화에 따른 10가지 채용 트렌드 키워드를 다룰 것이다. 《채용 트렌드 2023》에서 다루었던 것은 배제하고, 2024년 채용 트렌드를 관통하는 10대 키워드를 뽑았다. 인사 담당자, 취업교육 전문가, 커리어 코치, 헤드헌터, 전직 전문가, HR 전문가 등 다양한 사람들로 구성된 커리어포럼 회원들

연도별 10대 채용 트렌드 키워드

2020년	2021년	2022년	2023년	2024년
① 수시채용	① 상시 채용	① 딥택트 채용	① 채용 브랜딩 시대	① 컬처핏 시대
② 블라인드 채용	② 비대면 채용	② 메타버스 박람회	② 메타버스 면접	② 챗GPT 자기소개서
③ AI 면접	③ 화상면접	③ 소셜 리크루팅	③ 스토리리빙	③ MZ세대 면접관
④ 디지털 전환	④ 랜선 박람회	④ 리버스 인터뷰	④ 리버스 리크루팅	④ 다이렉트 소싱
⑤ 워라하	⑤ 워라인	⑤ 워라밸	⑤ 워라블	⑤ 웰니스
⑥ 긱 워커 급증	⑥ 멀티커리어리즘	⑥ 폴리매스형 인재	⑥ 멀티포텐셜라이트 인재	⑥ 대체 불가능한 인재
⑦ 밀레니얼 세대	⑦ Z세대 채용 전략	⑦ 커리어 모자이크	⑦ 커리어 포트폴리오	⑦ 직원 리텐션 전략
⑧ 애자일 확산	⑧ 헬릭스 경영 전략	⑧ ESG 경영과 채용	⑧ 워케이션 확산	⑧ DEI 채용
⑨ 젠더 감수성	⑨ 프라이빗 이코노미	⑨ 직원 경험 시대	⑨ 러닝 어빌리티 시대	⑨ 마이크로코칭 확산
⑩ 앙코르 시니어	⑩ 시니어 노마드	⑩ 시니어 시프트	⑩ 시니어 케어	⑩ 올드 세대

에게 설문조사를 했고, 별도로 채용 트렌드 회의를 통해서 10개의 키워드를 뽑았다.

부서지기 쉬운 BANI 시대의 채용 트렌드는?

2023년은 '챗GPT의 해'라고 불릴 만큼 챗GPT 열풍이 거셌고, 그에 따라 지각 변동도 일어났다. 챗GPT는 메타버스를 밀어내고 당분간 산업계에서 대세를 이룰 전망이다.

챗GPT 등 거대 언어모델에 기반한 생성형 AI 서비스들이 속속 등장하고 있다. 검색 시장에서도 기존 검색 방식과 달리 문장형 검색이 가능하며 자연어 처리를 통해 필요한 정보를 요약 제시하는 생성형 AI 검색이 큰 반향을 일으키고 있다.

2023년 1월 챗GPT는 1억 MAU(월간 활성 사용자 수)를 기록했다. 인터넷이 등장한 이후 20년 동안 이렇게 빠른 성장률은 처음이다. 스타트업 오픈AI가 챗GPT를 출시한 지 2개월 만에 세운 기록이다. 2022년 기준 세계인이 가장 많이 쓰는 앱 '틱톡'이 1억 명을 모으는 데 9개월 걸린 것을 감안하면 상당히 빠른 속도다. 미국에서는 부동산 중개업자들도 매물을 소개하는 서류를 작성하는 데 챗GPT를 쓰고 있다. 교육·광고·법조계 등에서도 다양한 시도가 이뤄지고 있으며, 기업들은 챗GPT를 접목한 사업 기회를 모색하기 위해 경쟁적으로 나서고 있다.

AI로 수익을 낼 수 있는 유료화 모델도 나타나기 시작했다. 오픈AI는 유료 버전인 '챗GPT 플러스'를 내놓았다. 월 정액제로 이용료는 20달러(약 2만 5000원)다. 업계는 챗GPT 이용자의 유료 전환율을 5% 이상으로 전망했다. 1억 명으로 계산하면 월 1억 달러(약 1270억원) 이상의 매출을 올릴 것이라는 계산이다. 물론 한국에서도 이용 가능하다. 이젠 평범한 사람들도 비용을 내면 AI를 비서처럼 쓸 수 있는 시대가 된 것이다.

마이크로소프트는 대화형 AI 인터페이스인 '코파일럿(Copilot)'을 내놓았다. 검색 서비스를 강화한 '플러그인(plugin)'도 확대 전망이다. 구글은 AI 챗봇 바드(Bard)를 도입하면서 추천 검색 결과와 정보가 한 화면에 같이 표시되는 방향으로 변화하고 있다. 페이스북을 운영하는 메타플랫폼스는 SNS 서비스인 인스타그램, 왓츠앱(WhatsApp), 페이스북 메신저에 AI 챗봇을 도입해 사용자 경험을 향상시키고 있다.

챗GPT는 PC, 인터넷, 스마트폰에 이은 '제4의 혁명'이라고 불린다. 아이폰을 뒤이을 '게임 체인저(game changer)'로서 생성형 AI인 챗GPT가 주목받고 있다. GPT는 '제너러티브 프리-트레인드 트랜스포머(Generative Pre-trained Transformer)'의 약자로, 머신러닝(Machine Learning)으로 방대한 데이터를 '미리 학습(Pre-trained)'해 이를 문장으로 '생성(Generative)'하는 생성형 AI다. 사용자가 채팅하듯 질문을 입력하면 챗GPT는 학습한 데이터를 기반으로 '사람처럼' 문장으로 답한다. 마치 사람과 대화하는 것처럼 자연스럽게 질문과 답변을 주고받는 것이다. 단순한 정보 짜깁기를 넘어 에세이·소설·시 등 다양한 창작물을 만들고, 어느 정도 철학적인 대화도 가능하며, 프로그래밍 코드까지 생성해 주목받고 있다. 또한 파이선(Python)에 바로 사용할 수 있는 코드를 생성해주는 등 코딩 작업을 돕기도 한다.

챗GPT가 답하는 문장이 무척 자연스럽고 정보도 믿음직해 사용자가 점점 늘어나면서 여러 분야에 활용되고 있다. 그러나 한편으로는 챗GPT가 MBA, 변호사, 의사 자격 등 고난도 자격시험을 모두 통과하는 등 점점 더 유능해지면서 학생들이 과제와 시험에 챗GPT를 활용해 논란이 일고 있는 등 역설적으로 여러 문제가 불거지고 있는 것도 사실이다.

생성형 AI는 대형 언어모델과 이미지 생성 모델을 활용해 사용자의 요구에 맞춰 콘텐츠와 이미지 등을 만들어준다. 이렇듯 다양한 형태의 콘텐츠를 빠르게 생성하면서 산업과 생활의 양상을 바꿀 원동력이 될 것으로 보인다. 챗GPT의 등장은 특정 분야에 제한되지 않고 여러 분야에서 활용할 수 있는 '범용 AI'의 시발점이 될 것으로 기대된다.

2023년 채용업계에선 다양한 검증 수단이 나타날 것으로 보인다. 취업정보회사 인크루트는 지원자 검증과 관련, 메타 검사를 선보였다. 2022년 11월 정식 출시된 메타 검사는 지원자의 다차원 지능을 진단할 수 있는 문제 해결 능력 게임(Problem Solving Game, PSG)과 기업별 인재상과 핵심 가치 등에 맞게 진단 항목을 최적화하는 'AI PnA(Personality and Adaptability)'로 구성됐다. 채용 검증 도구에 게임적 요소를 접목해 지원자의 지능과 역량을 검증하는 데 활용한 것이다.

신입 직원을 채용할 경우, 이력서와 자기소개서가 경력 직원을 채용할 때보다 더 중요하게 여겨지는 게 사실이다. 주목받는 자기소개서를 쓰기 위해 챗GPT를 이용할 경우 주의해야 한다. 대학교에서는 담당 교수에 따라 챗GPT로 작성한 레포트는 받지 않는 경우도 있고, 어떤 회사는 챗GPT로 쓴 지원서를 걸러내는 프로그램을 사용하기도 한다. 쏟아지는 정보의 홍수 속에서 혼란은 가중되고, 채용에 대비해 어떤 준비를 해야 할지 고민이 커지고 있다. 챗GPT가 널리 활용되면서 자기소개서의 중요성이 낮아지면, 기업들은 다음 단계인 인·적성 검사나 면접에 힘을 더 실을 수도 있다. 추가 검증이 필요해지기 때문이다.

어떤 인재를 뽑느냐가 기업의 미래를 좌우한다는 것은 어느 시대에나 변함없는 사실이다. 그것은 부서지기 쉬운 BANI 시대에도 마찬가지다. 2024년 경기 전망은 여전히 어둡고 기업들의 채용도 줄어들 것으로 예상된다. 이러한 상황에서 채용 담당자들의 역할은 다소 달라질 것으로 보인다. 인재 전쟁 속에서 인원을 충원하기 급급했던 지난해와 달리 자신의 기업에 잘 맞는 인재를 검증해 채용하는 질적 채용으로의 전환이 이뤄질 것으로 전망된다.

2023년 채용 시장에선 '일하는 방식(Working Method)'의 변화가 중요했다면 2024년에는 '일하는 문화(Working Culture)'가 부각될 전망이다. 코로나 때의 언택트 채용이 빠르게 '일하는 방식'을 바꿨다면, 엔데믹 상황에서 대면과 비대면이 합쳐지면서 기업들은 '어떻게 일하는 것이 가장 좋은 것인가?'를 고민하고 있다. 또한 MZ세대가 채용 시장의 전면에 나서면서 기존 채용 문화가 변화하고 있다. 기업들은 '일하는 방식'을 넘어 '일하는 문화'에 대한 질문을 던지고 있다. 이에 따라 조직 문화 적합성이 높은 지원자가 합격할 가능성이 높아지고 있다.

더 이상 일만 잘하는 사람은 필요 없다. 다른 조직 구성원들과 원활하게 협업하고 조직 문화에 잘 적응하는 사람이 필요하다. 조직 문화에 따라 기업들의 채용 방식도 달라질 것이다. 기업이 지켜야 할 핵심 인재는 유출되고 잉여 인력은 어떻게든 버티려는 상황에서 인력의 재배치와 구조조정이 본격적으로 이뤄지고 있다. 핵심 인재를 뽑고 어떻게 배치하느냐는 대한민국의 미래와도 관련된 중요한 문제다.

2024년 10대 채용 트렌드 키워드

1. 컬처핏 시대: 직무 적합성보다 문화 적합성으로 인재를 뽑는다

'컬처핏'이란 말 그대로 지원자와 기업의 조직 문화가 부합하는 정도를 뜻한다. 지식은 가르칠 수 있지만 가치관은 쉽게 바뀌지 않는다. '컬처핏 인터뷰(Culture-fit Interview)'는 지원자가 기업의 조직 문화와 얼마나 잘 맞는지 알아보기 위한 것으로, 기업이 추구하는 방향성과 채용 대상자의 적합성을 살피는 방식으로 진행된다. 채용이 조직 문화를 만든다. 당신의 조직 문화는 어떠한가?

2. 챗GPT 자기소개서: 챗GPT로 자기소개서를 쓰고 교정한다

챗GPT 열풍이라 할 정도로 대학교나 기업에서 보고서, 기획서, 글쓰기를 하는 데 챗GPT가 많이 활용되고 있다. 그런데 챗GPT를 활용해서 자기소개서를 쓰는 경우가 많아지면 역설적으로 자기소개서의 중요성은 낮아질 수밖에 없다. 이런 경우, 기업들은 다음 단계인 인·적성 검사나 면접에 힘을 더 실을 것으로 전망된다.

3. MZ세대 면접관: '팀장 이상 면접관'에서 'MZ세대 면접관'으로

팀장 이상이 아니라 실무자가 직접 현장에서 함께 일하고 싶은 인재를 뽑기 위해 'MZ세대 면접관'이 등장하고 있다. 간부급 면접자는 지원자와 세대 차이가 많이 나서 신입 채용과 관련해 잘못된 판단을 할 가능성이 높다. 이런 이유로 현장에서 함께 일할 실무자가 자신과 나이 차이가 적은 후배를 판단하는 것이 효율적이라는 주장이 힘을 얻고 있다. 기업들이 20~30대 면접관을 채용 면접에 투입하는 것은 직원을 채용하는 데 있어서 더 이상 과거의 잣대로는 인재를 평가하기 어렵다는 사실을 보여준다.

4. 다이렉트 소싱: 헤드헌터 대신 인재를 직접 찾고 채용한다

기업이 자기 회사에 맞는 인재를 공개 모집하는 것이 아니라 적극적인 자세로 인재를 직접 찾아 채용하는 '다이렉트 소싱(Direct Sourcing)'이 주목받고 있다. 다이렉트 소싱은 시간이 지남에 따라 채용 담당자가 최고의 인재와 관계를 구축할 수 있도록 지원자와 직접 커뮤니케이션하는 방법으로 이뤄진다.

5. 웰니스: '육체'와 '정신적 건강'의 조화를 통해 직원 만족도를 높인다

'웰니스(Wellness)'는 '웰빙(Well-being)'과 '행복(Happiness)', '건강(Fitness)'의 합성어로, 육체적, 정신적 건강을 조화시키고 주변의 환경적 요소까지 함께 관리해 최종적으로 삶의 만족도를 높이는 건강한 삶을 뜻한다. 팬데믹의 불확실성으로 인해 많은 이들이 신체적, 정신적 건강에 타격을 입었다. 이런 상황에서 임직원을 '일하는 기계'가 아닌 '사람으로서 존중'하는 조직 문화가 주목 받고 있다. 아울러 일과 휴식의 균형을 추구하는 동시에 개인의 웰니스 활동을 실현하는 근무 방식으로 '웰니스 워케이션'이 떠오르고 있다.

6. 대체 불가능한 인재상: 다른 사람으로 '대체 불가능한 인재'가 뜬다

'대체 불가능한 인재(Irreplaceable people)'는 다른 사람보다 탁월하고 훌륭한 사람으로, 대체할 만한 인물이 없다는 뜻이다. 평균 수준의 인재보다는 탁월한 핵심 인재에 주목하는 시대상을 반영한 것이다. 조직 문화의 수준을 다른 차원으로 끌어올릴 인재 중의 인재가 되어야 한다. 이런 인재는 대체 불가능하다. 이런 인재가 사라지면 조직은 큰 아픔이 겪을 수도 있다. 모두 각자의 분야에서 누구도 대

체할 수 없는 인재, 없어서는 안 되는 인재가 될 수 있다. 단지 독단적인 인물이 아니라 더불어 갈 수 있는 인재가 되어야 한다. 기업은 인재 관련 리스크를 줄이기 위해 직원이 자신의 경력을 향상시킬 수 있도록 노력해야 한다.

7. 직원 리텐션 전략: 퇴사가 보편화되면서 직원 유지가 중요해졌다

'직원 리텐션'은 직원을 계약 상태로 유지해 안정적이고 생산적인 인력 상황을 구축하는 조직의 능력이다. 대퇴직의 시대에 직원 유지 전략을 어떻게 운영하느냐에 회사의 미래가 달려 있다. 직원 이직률을 줄이기 위한 정책과 프로그램을 마련해 퇴사자를 붙잡고 핵심 인재를 유지해야 한다. 높은 직원 유지율을 달성하는 데 성공한 회사는 비즈니스 목표 달성과 신규 채용 모두에서 유리하다. 직원 리텐션 전략은 채용 시장에서 인재를 유지하는 능력을 판단하는 데 중대한 영향을 미치기 때문이다.

8. DEI 채용: 다양성, 형평성, 포용성을 채용에도 확대한다

채용 시장에서도 다양성은 중요한 이슈다. 'DEI'란 'Diversity, Equity, Inclusion'의 앞글자를 딴 용어로, '다양성, 형평성, 포용성'을 의미한다. 구체적으로 이야기하면, '다양성, 형평성, 포용성'을 핵심 가치로 삼아 조직 문화를 개선하는 것을 의미한다. 〈포춘〉 500대 기업의 80% 이상이 '다양성, 형평성, 포용성'을 기치로 내걸고, 다양한 인력을 채용하고 일하기 좋은 직장을 만들기 위해 노력하고 있다. 경영 환경이 좋아질 때를 기다리지 않고 선제적으로 다양성을 확대하고 포용하려는 노력을 기울이고 있는 것이다.

9. 마이크로 코칭 확산: 세밀하고 유연한 '마이크로 코칭'이 확산된다

'마이크로 코칭'은 전통적인 코칭의 대안으로 작고 빈번한 질문, 지원, 피드백 등으로 정의된다. 예를 들면, 전통적인 코칭은 한 시간을 기본으로 한다면 마이크로 코칭은 5분간 대화, 채팅, 음성 메모, 텍스트 기반 질문 등을 기본으로 한다. 참고로, '마이크로 티칭(Micro-teaching)'은 수업 내용, 학생, 수업 시간 등을 소규모로 축소해 관찰자가 교사의 수업 내용을 관찰하고 분석해 교사의 수업 방식을 개선하는 데 도움을 주는 것을 말한다. 미세한 관찰, 사소한 질문, 미묘한 피드백 등 마이크로 트렌드는 지속될 전망이다.

10. 욜드 세대: 젊고 주체적인 삶을 지향하는 시니어들이 등장한다

'욜드(YOLD)'란 '영(Young)'과 '올드(Old)'를 합친 말로, 은퇴 후에도 자신이 하고 싶은 일을 능동적으로 찾아 도전하며 삶의 질을 높이기 위해 노력하는 50~70대를 일컫는다. 경제적 여유를 기반으로 가족을 위해 희생하기보다는 자신에게 투자할 줄 알고, 나이에 연연하기보다는 삶을 주체적으로 살아가려는 가치관을 가졌다. 이들은 젊은 이들처럼 디지털 환경에 익숙하며 다방면에서 활발히 활동하면서 사회·경제적으로 영향력을 끼치고 있다. 청춘의 열정과 어른의 지혜를 아우를 혜안이 필요하다.

part **2**

What

일하는 문화의 변화,
채용 트렌드 10대 키워드

01

컬처핏 시대

#컬처핏 #조직문화 #잡핏 #모티브핏 #조직적합성
#MBTI #문화적합성 #컬처핏인터뷰 #당근마켓

뛰어난 조직 문화의 비법은 개방적이고 솔직한 피드백이다.

– 지나 라우(Gina Lau)

01 컬처핏 시대

조직 문화에 맞는 인재를 선호하는 '컬처핏'의 시대가 온다

요즘 MZ세대들은 자기 경력을 자기가 만든다고 생각한다. 결코 회사가 자신을 키워줄 것이라고 믿지 않는다. 코로나 이후 채용에서 '컬처핏'이 중요해지고 있다. '컬처핏'이란 말 그대로 지원자와 기업의 조직 문화가 부합하는 정도를 뜻한다. 조직 문화와 잘 맞는 사람을 고용하는 것은 그 조직을 이끌고 장기적인 영향력을 유지하는 데 큰 영향을 미친다. 컬처핏을 따진다는 것은 지원자의 평소 성격이나 일하는 방식, 커뮤니케이션 방식이 기업이 가진 조직 문화에 잘 맞는지 본다는 뜻이다.

채용은 조직을 바꾸는 작업이다

채용은 새로운 구성원을 뽑아서 조직을 바꿀 수 있는 절호의 기회다. '인사의 90%가 채용에 있다'고 해도 지나친 표현이 아니다. 이미 들어온 구성원을 교육으로 바꾸기는 힘들다. 그래서 미국의 경제학자 피터 드러커는 "당신이 채용에 5분밖에 시간을 사용하지 않는다면 잘못 채용된 사람으로 인해 5000시간을 사용하게 될 것이다"라고 말했다. 그런데 우리나라의 채용 현장은 어떠한가? 잡코리아에 따르면, 면접 1회당 소요되는 평균 시간은 30분 정도가 43.8%로 가장 많았으며, 한 시간 정도 진행하는 기업도 37.3%로 많았다.

기업은 채용을 통해 새로운 구성원을 고를 수 있다. 채용의 질적 수준을 강조하는 것은 단지 채용에 시간을 많이 들이라는 의미가 아니다. 면접에 오래 붙잡아놓고 결정을 질질 끄는 것은 옳지 않다. 채용 과정은 저울로 잴 수 있을 만큼 정확하고 투명해야 한다.

리더는 조직에 맞는 인재를 선발하기 위해 발 벗고 나서야 한다. 아무리 TO(Table of Organization, 구성원의 정원)를 채우는 게 중요하더라도 채용의 질적 수준을 양보할 수는 없다. 대기업 채용이 공채에서 수시채용으로 바뀌는 추세 속에서 속도보다는 질적 수준을 우선해야 한다는 말이다. 최고가 아닌 최적의 인재를 뽑고 배치해야 한다. 결국 채용은 기업에 있어 그 무엇보다 중요한 조직 문화를 바꾸는 작업이다.

최고의 인재가 아니라 최적의 인재를 뽑아라!

조직에 맞는 인재를 뽑기 위해선 무엇을 해야 할까? 실제 현장에서 채용 담당자가 생각하는 기업의 인재상과 대표이사가 생각하는 기업의 인재상이 다르면 그 채용은 실패할 수밖에 없다. 실무 부서에서 요구하는 인재 선발 조건과 채용 현장에서 적용되는 면접관의 선발 조건이 다르면 채용에 대한 불만이 쏟아져 나오는 것은 당연한 결과다. 회사 홈페이지에 인재상이 명시되어 있더라도 경영 환경이 바뀌면 기업의 인재상은 달라지기 마련이다. 그래서 잘나가는 기업일수록 개선된 조직 문화에 따라 매년 인재상을 업데이트한다. 어제의 핵심 인재는 오늘의 핵심 인재가 아니다. 기업의 조직 문화에 맞는 인재상에 대한 기준을 명확히 하고 전 사원에게 교육시켜야 한

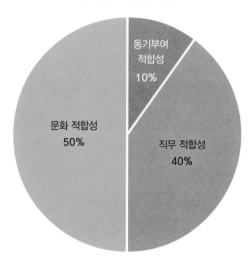

루 아들러의 채용 기준

문화 적합성
50%

동기부여
적합성
10%

직무 적합성
40%

다. 이를 바탕으로 채용별 직무에 따른 역량을 평가할 수 있는 기준이 정의되어야 한다.

'직무기술서(Job Description, JD)'는 특정 직무에 대한 역할, 책임, 권한, 기대 결과물 등을 상세하게 기술한 문서다. 지원자는 JD를 통해 해당 직무를 수행하기 위해 필요한 핵심 역량과 업무 범위, 그리고 성과 평가 기준 등을 알 수 있다. JD는 지원자뿐만 아니라 기업에도 중요한 도구다. 기업은 이를 통해 직무 적합성을 정의하고 채용 여부를 결정해왔다.

성과 기반 채용의 창시자 루 아들러(Lou Adler)는 채용과 관련해서 고려해야 할 기준을 문화 적합성 50%, 직무 적합성 40%, 동기부여 적합성 10% 등으로 정리했다. 여기서 하나 더 고려해야 할 것이 있다면 동기부여 적합성을 확인할 때 외재적 동기뿐만 아니라 내재적 동기까지 살펴야 한다는 것이다. 지원자는 조직에 맞는 특질, 성격 특성, 의사소통 스타일, 직업윤리, 직장 태도 등을 갖춰야 한다. 문화 적합성, 즉 컬처핏은 다른 적합성보다 우선시돼야 한다. 에이미 크리스토프(Amy Kristof)는 개인-환경 적합성에 관한 연구를 개인-조직 적합성(Person-Organization Fit), 개인-직무 적합성(Person-Job Fit), 개인-집단 적합성(Person-Group Fit), 개인-직업 적합성(Person-Vocation Fit), 개인-상사 적합성(Person-Supervisor Fit)으로 분류했다. 그런데 개개의 적합성은 그 개념이 혼재되어 있어 명확한 분류가 불가능하다. 컬처핏은 개인-문화 적합성(Person-Culture Fit)을 의미한다고 볼 수 있다.

섣부른 채용은 기업에 독이 된다. 기업의 문화에 맞지 않는 지원자를 채용하는 것은 흔히 벌어지는 일이다. 그런데 이런 이를 채용해봤자 결국 튕겨 나갈 가능성이 높다. 기업들이 장기적인 시각에서 신입 직원을 채용해 기업이 필요로 하는 인재로 육성하기보다는 당장 성과를 낼 수 있는 경력직을 선호하는 것도 엄연한 사실이다. 그런데 경력직 채용은 컬처핏에 맞는 인재를 기업에 이식하는 것이라고 할 수 있다. 급성장하는 회사에서 많은 인재를 채용하더라도 그들이 회사의 발전 속도에 적응하지 못한다면 채용은 실패로 돌아간다. 일을 잘하는 사람을 뽑는 것도 중요하지만 조직에 적합한 인재를 뽑는 것이 더 중요한 이유다.

02 컬처핏 시대 – 세계 동향

코로나19 팬데믹 이후 직장인이 자발적으로 퇴사하는 '대퇴사(The Great Resignation)' 현상, 받은 임금만큼 일하고 최소한의 업무만 수행하는 '조용한 사직(Quiet quitting)', 쉽게 사표를 던지지 않는 '대잔류(Big Stay)' 시대가 올 전망이다. 이직과 퇴사를 결정할 때 직장인들은 회사의 복지도 중요하지만 업무와 직장에 대한 전반적인 인식이 변화하면서 문화 적합성, 직무 적합성 등 다른 요인을 더 중요하게 생각하고 있다. 실제로 MZ세대 직장인을 중심으로 회사의 성장보다는 개인의 성장을 중요시하는 풍토가 만연하고 있다.

'대사직' 열풍을 타고 이직했다가 후회하는 경우도 많다. 미국의 아웃소싱 전문 기업 페이첵스(Paychex)가 팬데믹 기간에 퇴사한 825명을 대상으로 설문조사한 결과, 응답자의 80%가 이직을 후회한다고 답했다. 특히 Z세대의 경우 후회하는 비율이 89%로 높았다. 새 직장을 찾는데 7개월 이상 걸린 경우가 39%에 달했고, 새 일터의 연봉에 만족하는 경우는 11%에 그쳤다.

회사의 문화나 인재상과 잘 맞는 '컬처핏 인터뷰'가 뜨고 있다

기업들은 직원들의 퇴사를 막기 위해 다양한 방법을 활용하고 있다. 채용 시 조직 문화에 잘 적응할 만한 인재를 뽑기 위해 안간힘을 쓰는 것도 이와 관련 있다. 간단히 말해, 컬처핏은 지원자가 기업의 문화, 인재상과 잘 맞는지 '궁합을 맞춰보는' 단계다. 컬처핏은 면접관의 개인적인 생각에서 벗어나 회사 안에서 합의된 일하는 방식이나 조직 문화에 얼마나 부합하느냐를 기준으로 판단한다. 직무 역량이 아무리 뛰어나도 컬처핏에 어긋나면 채용을 보류해야 한다. 개성이 두드러진 유니콘 기업(기업가치가 10억 달러 이상인 비상장 스타트업)이나 인기 있는 스타트업, 규모가 작은 중소기업 등에서 다양한 이유로 인성 면접 대신 '컬처핏 인터뷰'를 진행하는 것은 이런 이유에서다.

최고재무책임자보다 최고인재책임자의 역할이 커지고 있다

최근 세계적 기업에서는 최고재무책임자(Chief Financial Officer, CFO)보다 최고인재책임자(Chief Talent Officer, CTO)가 중요해지고 있다. CTO는 조직 인사 관리에 머물지 말고 직원들의 재능을 발견하고 성장시키는 업무를 총괄하라는 취지에서 넷플릭스 창업자 리드 헤이스팅스(Reed Hastings)가 새롭게 만든 명칭이다. 보통 기업 내 인적 자원(Human Resource) 관리를 담당하는 임원은 CHRO(Chief Human Resource Officer)로 통한다. CTO는 기업의 운명을 좌우하는 참모다. 넷플릭스에서 14년 동안 CTO로 일한 패티 맥코드(Patty McCord)는 헤이스팅스와 함께 넷플릭스 인재 관리 지침을 구축한 인물로, 넷플릭스 컬처덱의 세부 내용을 정리한 사람이기도 하다.

넷플릭스가 시작한 '컬처덱(Culture Deck)'은 '컬처(문화, Culture)'와 '덱(카드 더미, Deck)'의 합성어로, 쉽게 말해 기업 문화를 소개하는 자료라고 할 수 있다. 넷플릭스는 컬처덱에서 직원들 각자의 자유로운 활동을 보장해 높은 성과를 지향하고 여기에 맞춰 업계 최고 대우와 승진 및 자기계발 기회를 제공한다고 소개했다. 넷플릭스는 컬처덱

| 세계적 기업의 컬처핏 인터뷰 사례

	전형 절차	컬처핏 인터뷰	면접 진행 설명
사우스웨스트 항공	모든 채용 절차는 원서 접수, 전화 인터뷰, 그룹 인터뷰, 실무자 인터뷰, 컬처핏 인터뷰, 의견 일치, 투표 순으로 진행.	**문화위원회(Culture Committee)** 동료에 대한 관심, 유머 감각, 팀워크 등 조직에 긍정적으로 기여할 수 있는 '유전인자'를 중점적으로 봄.	사우스웨스트항공은 '채용(selection)'이란 말보다 가족으로 '입양(adoption)'한다는 표현을 선호함.
넷플릭스	모든 채용 절차는 서류 전형, 실무자 면접, 임원 면접, 최종 합격 순으로 진행.	**컬처덱** 드림팀을 위한 인재, 유아독존형 인재 거부, 협업 중시, 타인에 대한 배려, 철저한 자기 관리 등.	모든 절차에서 넷플릭스의 문화와 관련된 질문을 상세하게 진행.
아마존	모든 채용 절차는 채용 담당자와 통화, 간단한 이력 설명, 부서 매니저와 인터뷰, 세부 사항 질문, 다른 매니저와 인터뷰, 모의 PT 진행, 동료가 될 사람들과 인터뷰, 협업과 직무 적합성 평가 순으로 진행.	**바 레이저 시스템** 바 레이저가 주관하는 채용 회의에 면접관이 참여하여 올바른 채용 의사 결정이 이루어지도록 함.	5~7명의 면접관과 일대일 대면 인터뷰를 5~7시간 진행, 엄격한 기준과 시스템으로 운영.

을 발표한 이후 지원자가 많이 늘었다고 밝힌 바 있다. 회사의 비전과 가치, 조직 문화를 이처럼 확실하게 소개해서 효과를 본 경우는 처음이다. 전 페이스북 최고운영책임자(Chief Operating Officer, COO) 셰릴 샌드버그(Sheryl Sandberg)는 컬처덱을 "실리콘밸리에서 가장 중요한 자료"라고 평가했다.

6개월에 한 번씩 '키퍼 테스트'

- 다른 회사와 똑같이 우리도 채용을 잘하려고 애쓴다.
- 다른 회사와 다르게 우리는 다음과 같은 원칙을 지킨다. 적당한 성과를 내는 직원은 두둑한 퇴직금을 주고 내보낸다.
- 이제 그런 사람들은 두둑한 퇴직금을 받고 나갔다. 우리에겐 새로운

스타를 맞이할 자리가 생겼다. 매니저는 다음 키퍼 테스트를 활용하라. 부하 직원이 다른 회사에 가서 비슷한 일을 하겠다고 한다면, 어떻게 해서 그를 붙잡겠는가?

위는 넷플릭스의 컬처덱이다. 넷플릭스는 메이저리그 명문 야구단처럼 A급 직원만 선발하는 것으로 유명하다. 인재를 채용한 뒤 평가하고 관리하는 방식도 록스타 원칙에 바탕한다. 넷플릭스는 6개월에 한 번씩 '키퍼 테스트(keeper Test)'라는 직원 평가를 한다. 각 팀의 관리자는 다른 회사에서 자신의 팀원들에게 스카우트 제안을 했다고 가정한 뒤, 누구를 붙잡고 누구를 붙잡지 않을 것인지 생각해본다.

넷플릭스의 채용 절차는 서류 전형, 실무자 면접, 임원 면접, 최종 합격 순으로 진행된다. 컬처덱 드림팀을 위한 인재, 유아독존형 인재 거부, 협업 중시, 타인에 대한 배려, 철저한 자기 관리 등 모든 절차에서 넷플릭스의 문화와 관련된 질문을 상세하게 던진다. 전체 면접 시간 중 절반 이상을 컬처핏을 맞춰보는 데 할애하는 것이다. 핵심 가치에 적합한지 알아내기 위해 총 7시간의 면접 중 4시간 정도 컬처핏을 맞춰보며 판단한다. 예를 들어, 개발자에게 시간을 맞추거나 단축하라는 요구는 제품의 품질을 낮추거나 기능을 다르게 하는 것 중 하나를 선택해야 하는 결과로 이어진다. 넷플릭스는 이런 상황에서 요구 조건을 맞추기 위해 어떻게 소통할 것인지 그 2가지 중 어떤 것을 선택할 것인지 등 다양한 질문을 던지며 인재를 선발한다.

채용 원칙의 '바 레이저'

아마존은 조직 문화에 맞게 깐깐하게 인재를 채용하고 있다. 보통 빠르게 성장하는 기업은 인력을 충원하기 위해 채용 기준을 낮추는 경향이 있는데, 아마존은 다르다. 아마존은 '바 레이저(bar-raiser)'라는 채용 정책을 도입해 지금껏 유지하고 있다. 이 정책은 아마존만의 독특한 채용 면접 절차로, 사내에서 면접관을 선발해 이들에게 채용의 전권을 맡기는 방식으로 진행된다.

바 레이저는 회사의 능력 기준치(bar)를 높이는 사람들을 뜻한다. 100명으로 구성되는 바 레이저는 선발 절차부터 까다롭다. 최소 100회 이상 팀원 인터뷰 경험이 있어야 하고, 매년 적격 심사를 받아야 한다. 이렇게 선발된 바 레이저들이 면접관이 돼서 지원자가 아마존의 문화와 맞는지, 적절한 능력을 갖췄는지 검증한다. 지원자들이 가장 힘들어하는 면접 과정이기도 하다. 바 레이저는 지원자가 아마존 직원들의 기준치를 떨어트린다고 판단되면 '채용 거부권'을 쓸 수 있다. 이는 인사 담당 임원도 기각할 수 없다. 이 같은 바 레이저 제도로 인해 아마존의 클라우드 서비스(AWS) 관련 부서는 사업이 확장되면서 급하게 인력이 필요했지만 6개월 동안 사람을 뽑지 못하기도 했다.

아마존은 함께 일할 당사자가 모든 인터뷰 과정에 참여해 면접자의 컬처핏을 살핀다. 이는 직원과 면접자 모두에게 컬처핏을 심어주는 중요한 수단이기도 하다. 아마존의 채용 절차는 채용 담당자와의 통화, 간단한 이력 설명, 부서 매니저와의 인터뷰, 세부 사항 질문, 다른 매니저와의 인터뷰, 모의 PT 진행, 동료가 될 사람들과의 인터뷰, 협업과 직무 적합성 평가 순으로 진행된다. 또한 바 레이저가 주관하는 채용 회의에 면접관이 참여해 채용에 관한 올바른 의사결정이 이루어지도록 한다.

거대한 조직임에도 불구하고 아마존이 경쟁력 있는 또 하나의 이유는 내부의 작은 팀들이 민첩하게 움직이기 때문이다. '피자 두 판의 법칙'이라는 게 있다. 피자 두 판은 16조각이다. 한 사람이 대개 2조각씩 먹는다는 전제하에 한 팀의 인원이 8명을 넘어서는 안 된다는 것이다. 팀이 작으면 사람을 더 가려서 뽑게 되고 개인의 역할도 커져 동기부여가 된다고 보는 것이다. 이런 원칙은 실패를 감수하고 도전하는 아마존의 기업 문화와도 닿아 있다.

'채용'이 아니라 '입양'하라!

미국 저가 항공사 사우스웨스트항공(Southwest Airlines)은 '채용(selection)'이란 말보다는 '입양(adoption)'한다는 표현을 선호한다. 고용자 입장에서 피고용자를 채용하는 경제적 관계보다는 가족 같은 온기를 느낄 수 있는 공동체의 일원으로 받아들인다는 뜻을 담고 있다. 사우스웨스트항공은 리더의 역할을 명확히 요구한다. 리더는 직원들을 칭찬하고 그들이 훌륭한 성과를 낼 수 있도록 항상 머리를 짜야 한다. 또한 항상 긍정적이고 유머 넘치는 태도로 직원들을 이끌어가야 한다. 사우스웨스트항공은 조직이 커지면서 이런 경영 철학과 기업 문화가 약화될 것을 염려해 1992년 '문화위원회(Culture Committee)'를 구성했다. 조직 내 사랑과 배려, 일하는 재미가 넘쳐나는지 항상 확인하고 이를 더욱 확산시키기 위한 조직이다. 이와 관런, 사우스웨스트항공의 창업자 허브 켈러허(Herb Kelleher)는 기술은 가르칠 수 있으나 태도는 가르칠 수 없다고 강조했다. 이런 정신 아래 사우스웨스트항공은 직원을 선발할 때 기술보다는 태도, 인성, 가치를 중요하게 보고 있다.

03 컬처핏 시대 – 국내 동향

채용 기준에서 잡핏보다 컬처핏이 중요해진다

최근 기업들이 채용 절차에 '컬처핏 인터뷰'를 넣는 것이 트렌드로 떠오르고 있다. AI 면접, 코딩 면접, 프리 면접, 직무핏 면접, 컬처핏 면접 등등 최근 기업의 채용 과정에서 굉장히 다양한 면접 유형이 나타나고 있다. 그중에서도 지원자의 컬처핏에 대한 중요성이 점점 커지고 있다. 기업 문화에 맞는 인재를 채용하는 것이 중요해짐에 따라 컬처핏을 하나의 채용 기준으로 정하는 기업들도 많아졌다. '컬처핏 인터뷰'라는 이름으로 별도의 채용 프로세스를 만들어서 채용을 진행하는 기업도 있다. 특히 상대적으로 소수의 인원으로 운영되는 스타트업에선 컬처핏에 맞는 직원을 채용하는 것이 매우 중요하다.

컬처핏 인터뷰, 서로의 가치관을 확인한다

최근 컬처핏 인터뷰를 진행한 국내 대기업으로는 CJ제일제당이 있다. 대기업은 조직이 이미 체계적으로 구성되어 있어서 입사 후

▮ 국내 컬처핏 인터뷰 사례

	전형 절차	컬처핏 인터뷰	면접 진행 설명
CJ제일제당	모든 채용 절차는 지원서 접수, 테스트 전형, 1차 면접, 인턴십 전형, 2차 면접, 최종 합격 등 총 6단계로 진행된다.	대화형 면접 제도인 컬처핏 인터뷰를 도입해 푸드 세일즈, 이커머스 세일즈 등 일부 직무 채용에 시범 적용한다.	해당 제도는 해당 직무의 입사 4~7년 차 MZ세대 실무진과 함께 자유롭게 대화하는 방식으로 진행된다.
당근마켓	모든 채용 절차는 서류 전형, 화상 면접, 직무 면접(과제 포함), 컬처핏 인터뷰, 최종 합격 순으로 진행된다.	컬처핏 인터뷰는 단순히 회사에서 사람을 뽑는 것이 아닌 서로의 가치관과 생각을 공유하는 면접이다.	최대한 자율성을 부여하여 구성원 스스로 업무를 수행하는 근무 분위기를 만들어간다. 무제한 휴가와 수평적 조직을 들 수 있다.
네이버웹툰	모든 채용 절차는 서류 전형, 프리 인터뷰, 실무 인터뷰, 컬처핏, 인터뷰 순으로 진행된다.	컬처핏 인터뷰에는 기업 문화 적합도 검사가 포함된다.	컬처핏 인터뷰까지 합격한 개발자는 CTO 또는 개발조직 리드와 부서 결정 미팅이 이뤄진다.

맡겨지는 역할이 분명하다. 계열사끼리 협업이 잦고 외주업체들과 소통해야 하는 일이 많다 보니 업무 관계자들 사이에서는 자신이 속한 조직의 이해를 위해 원활한 소통 능력을 중시하는 경향도 있다. CJ제일제당은 4~7년 차로 구성된 이른바 MZ 실무진을 투입해 대화형 면접 제도를 도입했다. 쌍방형 소통으로 면접관과 지원자가 서로 질문과 답변을 주고받는 시간을 마련한 것이다. 또한 소통형 면접 제도인 컬처핏 인터뷰를 푸드 세일즈나 이커머스 세일즈 등 일부 직무 채용 시 시범 도입했다. 기업과 함께 성장해 나간다는 보람을 느낄 수 있는 성향을 가진 지원자라면 컬처핏 인터뷰를 수행하는 면접관에게 높은 점수를 받을 수밖에 없다.

당근마켓은 3년 동안 연평균 채용 규모가 2.7배씩 증가하고 있다. 당근마켓은 이용자 수가 많은 지역은 2Km 이내, 보통 4~6Km

이내의 가까운 곳에 있는 이웃과 거래할 수 있도록 되어 있다. 2022년 8월 3조 원의 기업가치를 인정받고 1800억 원의 투자를 유치하면서 매출도 상승세를 보이고 있다.

당근마켓의 채용 홈페이지를 보면, 당근마켓이 어떤 문화를 추구하고, 어떤 인재를 원하고, 직원들이 어떻게 일하고 있는지 잘 설명돼 있다. 당근마켓의 채용 절차는 지원서 검토, 직무 인터뷰, 컬처핏 인터뷰 등의 순으로 이루어진다. 당근마켓의 컬처핏 인터뷰는 당근마켓 경영진, 피플팀과 함께 1시간 30분 동안 진행되며 서로의 가치관을 확인하는 절차다. 지원자가 지원한 직군의 리더, 경영진, 피플팀 구성원들이 참여한 가운데 진행되는 컬처핏 인터뷰에서는 당근마켓의 비전에 공감하는지, 일에 재미를 느끼는지 등 당근마켓의 조직 문화와 잘 어우러질 인재를 파악하는 데 중점을 둔다. 컬처핏 인터뷰 이후 지원자의 동의를 받아 레퍼런스 체크가 진행되기도 한다.

한편, 당근마켓에는 우수한 기술 인재들도 많이 몰리고 있다. 이러한 선순환 구조가 만들어진 기반에는 '나보다 뛰어난 사람을 채용한다'는 당근마켓의 확고한 신념이 자리한다. 실제로 구성원들에게 당근마켓에 근무하면서 가장 좋은 점을 물으면 '함께 일하는 동료가 가장 도움이 된다'는 답변이 절대다수다. 함께 성장하고 배울 수 있는 동료를 중시하는 것이다.

당근마켓은 창립 초기부터 구성원 모두가 자율과 책임을 기반으로 동료들과 함께 성장하며 즐겁게 일하는 문화를 조성하기 위해 심혈을 기울여왔다. 구성원 모두가 회사의 문화를 주도적으로 만들어가는 '메이커'로서 각자의 분야에서 권한과 책임을 갖고 임한다. 당근마켓은 빠르게 문제를 발견하고 가설을 검증하는 끊임없는 시행착오 과정을 통해 성장을 지향한다. 채용 공고에서도 활발한 소통을 독려하는 바텀업(Bottom-up) 문화가 두드러지게 나타난다. 당근마켓은 수평적인 소통을 위해 직급의 최소화, 영어 이름 사용, 업무 정보에 대한 투명한 공유 등 다양한 방법을 시도하고 있다. 또한 매월 마지막 주 수요일 조직 문화에 대해 모든 임직원이 함께 고민하고 치열하게 토론하는 '문화 회의(Culture Meeting)'를 진행한다. '문화 회의'는 일하는 방식부터 전사 차원의 기업 문화 등 다양한 주제로 전 구성원의 참여 속에 이루어진다.

네이버도 컬처핏에 앞장서는 모습이다. 네이버는 메타버스 서비스 '제페토'를 이용해 기업 문화를 소개하는 '코드데이'라는 특별한 컬처덱을 운영 중이다. 신입 직원들이 가상 공간에서 아바타로 만나 다양한 온라인 워크숍에 참여하는 것이다. 네이버웹툰 역시 신입 개발자를 공개 채용할 때 컬처핏 인터뷰를 진행한다. 백엔드(Back-End) 개발, iOS 앱 개발, 안드로이드 앱 개발, 빅데이터 플랫폼 등 다양한 직무 분야의 직원을 채용하는 데 있어 서류 전형, 프리 인터뷰, 실무 인터뷰, 컬처핏 인터뷰 순으로 진행한다. 면접은 모두 온라인 화상 시스템으로 진행된다. 글로벌 톱 서비스 기업 네이버웹툰은 개발자로서의 역량을 아낌없이 펼칠 수 있는 곳으로, 자유로운 기업 문화를 누리며 글로벌 엔터테인먼트 산업을 함께 이끌어 나갈 우수한 개발 인재들을 채용하기 위해 다각도로 노력하고 있다.

이처럼 국내에서도 컬처덱을 도입하는 스타트업들이 늘고 있다.

스타트업들이 컬처덱을 만드는 데 공을 들이는 이유는 인재 확보와 직결되기 때문이다. 사내 컬처팀이 입사자에게 이를 나눠주고 멘토처럼 배정된 직원들이 기업 문화를 알려준다. 기업이 어떤 문화를 갖고 있으며 이를 위해 어떤 노력을 하고 무엇을 중요하게 생각하는지 담아 지원자들이 회사를 고를 때 판단하도록 돕는 것이다. 특히 경력 지원자들은 컬처덱을 통해 회사를 파악하고 자신의 성장 여부를 가늠해 이직을 결정할 수 있다. 그만큼 컬처덱은 각 기업의 특성을 살려 다양하게 진행되고 있다.

그렇다면 기업에서 지원자와 기업 간의 컬처핏을 파악하려는 이유는 무엇일까? 컬처핏을 알면 업무 퍼포먼스를 향상시키는 것은 물론 직원 이탈을 사전에 방지할 수 있기 때문이다. 아무리 역량이 뛰어나도 조직 문화와 맞지 않으면 업무 성과를 내기 어렵다. 무조건 해외 채용 사례를 따라 해서는 안 되는 것은 바로 이 때문이다. 고용 유연성이 떨어지는 우리나라의 경우, 업무에 적합하지 않은 사람을 채용하면 회사나 직원에게 부담이 될 수도 있다. 국내 상황에 맞는 채용 면접을 개발해야 한다.

Job Trend

04 컬처핏에 맞는 인재 채용 시 유의해야 할 5가지 사항

조직의 입장에서는 스펙이 뛰어난 인재보다 조직에 잘 적응하는 인재가 필요하다. 왜냐하면 조직에 잘 적응한 인재들은 자신의 직무에 만족하고, 회사에 더 헌신하고, 우수한 성과를 내고, 회사에 오래 근무한다. 기업이 성장하면 새로운 구성원의 합류가 늘어나면서 조직 문화가 중요해질 수밖에 없다. 이런 면에서 직원을 채용하는 데 있어 컬처핏의 중요성은 날로 커지고 있다.

1. 기업 문화를 재정의하는 컬처덱을 만들어라

회사 홈페이지에 인재상을 올린다고 해서 기업 문화를 알 수 있는 것은 아니다. '컬처덱'은 기업의 조직 문화를 문서로 표현한 것이다. 기업의 문화가 무엇인지 먼저 정의해놓지 않으면 지원자가 스스로 조직 문화에 적합한지 알아내기 어렵다. 고용주의 입장에서 기업 문화를 재정의해야 한다. 조직 문화는 빙산 같다. 눈에 보이는 것보다 눈에 보이지 않는 부분이 더 크다. 눈에 보이는 것에는 기업 사명 선언문, 채용 절차, 복지 정책 등이 포함된다. 조직 문화에서 눈에 보이지 않는 부분은 그것을 어떻게 정의하느냐에 따라 달라진다. 공유된 가정, 문화적 규범, 비공식적 불문율 등 무형의 기업 문화를 정의하는 과정에서 조직의 고유성은 더욱 높아진다.

2. '맥주 한잔하며 어울리고 싶은 사람'보다 '훌륭한 사람'과 일하라!

사람들은 흔히 맥주 한잔하며 어울리고 싶은 사람을 선호한다. 그러나 성격이 맞는다고 해서 좋은 성과를 내는 것은 아니다. 컬처핏은 단순히 성격의 적합성을 의미하는 것이 아니기 때문에 MBTI 유형을 채용에 사용할 경우 주의할 필요가 있다. 국내 모기업에서

MBTI를 채용 과정에 집어넣어 문제가 된 적 있다. 'INFP, INTP 등 일부 유형은 지원 불가'라고 내건 구인 공고가 나오자 취준생들은 기업이 원하는 MBTI를 예상하고 그에 맞춰 면접을 준비했다. 이밖에도 기업들이 잇달아 MBTI 검사 결과를 채용에 도입한다고 발표하자 취준생들 사이에선 어떤 MBTI 유형이 취업에 유리한지를 놓고 눈치작전이 벌어지고 있다. '이젠 성격도 스펙이냐'는 취준생들의 볼멘소리가 여기저기서 터져 나오고 있다. 그런데 잊지 말아야 할 것 하나! 성격이 맞는 사람보다는 자신보다 훌륭한 사람과 일을 해야 한다.

3. 빌드 관점에서 바이 관점으로 변하고 있다

오랫동안 근속한 구성원과 새롭게 합류한 구성원이 잘 어우러지기 위한 소통의 장이 필요하다. 급변하는 트렌드와 미래의 불확실성에 따라 신입 사원을 바라보는 관점이 바뀌고 있다. 예전에는 신입 사원을 교육해 육성하겠다는 '빌드(Build)' 관점이었다면, 최근에는 준비된 사원을 업무에 즉시 투입해 사용하는 '바이(Buy)' 관점으로 변화하고 있다. 오죽하면 '경력직 같은 신입'이라는 말이 등장했겠는가. 바로 투입할 수 있는 '바이' 관점에서 조직 문화에 맞게 경력직을 이식할 때는 특별히 주의해야 한다. 잘못하면 비용만 날릴 수 있기 때문이다. 좀 더 장기적인 관점에서 바라봐야 한다.

4. 컬처핏 인터뷰 과정에서 예상 질문지를 만들어라

컬처핏 인터뷰에 대비하기 위한 예상 질문지를 뽑기는 쉽지 않다. 직무 면접은 예상 질문을 뽑기 쉬운데, 컬처핏 면접은 예상 질문에 대한 답변을 뽑아내는 것조차 쉽지 않다. 컬처핏 인터뷰 과정에서는 대개 투명성, 성과, 신뢰 등 문화적 요소를 강조한다. 조직 문화에서 중요시하는 것이 무엇인지 예상 질문지를 만들어보는 것만으로도 컬처핏 인터뷰에 대비할 수 있다.

5. 사적인 질문을 던지거나 쓸데없는 조언을 하지 마라

현장 면접에서 사적인 질문을 던지고 쓸데없는 조언을 건네는 임원들은 여전히 존재한다. 말로는 '수평적 조직'이라고 하면서도 실제로 하는 행동은 다르다면 결국 핵심 인재가 회사를 떠나게 된다. 그 결과, 급하게 채용하게 되고, 그 과정에서 채용 기준이 자연스럽게 낮아지면서 장기적으로 인재 밀도가 낮아지는 악순환이 반복된다. 적절한 컬처핏 인터뷰를 통해 인재 밀도를 높이는 선순환을 이뤄낼 수 있다.

참고문헌

· 김리안·오현우, 〈무제한 휴가·집 제공까지…역대급 구인난에 '진귀한 풍경'〉, 한국경제, 2022.5.27.

· 김윤철, 〈대(大)퇴사·조용한 사직의 시대…최근 3년간 이직 퇴사 언급량 2배 이상 증가〉, 아웃소싱타임스, 2023.1.19.

· 안중현, 〈빅테크 칼바람 보고 사표 접었다, '대사직 시대'가 가고 '대잔류 시대'가 왔다〉, 조선일보, 2023.6.22.

· 장규호, 〈사우스웨스트항공, 종업원 채용을 '입양'으로 표현〉, 한국경제, 2008.1.1.

· 최승진, 〈'귀한 몸' 된 20대, 대기업 떠난다〉, 매일경제, 2023.8.2.

· 최연진, 〈"요즘 이거 없으면 안 돼" 컬처덱에 빠진 스타트업들〉, 한국일보, 2022.9.15.

· 루 아들러, 이병철 옮김, 《100% 성공하는 채용과 면접의 기술》, 진성북스, 2016.

· 리드 헤이스팅스·에린 마이어, 이경남 옮김, 《규칙 없음》, 알에이치코리아, 2020.

· 요한나 암브로시오, 〈인재가 모이는 기업은 다르다, IT 전문가를 확보하는 색다른 해법〉, CIO, 2022.11.30.

https://www.itworld.co.kr/news/266931#csidxf199779e8a625eeb0f3b790f2148733

https://www.newlinassociates.com/themethod

02

챗GPT 자기소개서

#챗GPT #프롬프트 #직무분석 #직무역량 #자기소개서 #면접
#저작권 #채용시장 #AI채용 #취업코칭 #채용플랫폼

미래를 기다려서는 안 된다. 우리 스스로 만들어야 한다.

– 시몬 베유(Simone Weil)

01 챗GPT 자기소개서

챗GPT가 채용 시장을 뒤바꾼다

줌 화상 면접, 메타버스 채용 박람회, 메타버스 면접, 챗GPT 자기소개서 등 《채용 트렌드》 시리즈에서 지속적으로 주목하는 테크 키워드다. 2024년 채용 시장에서는 챗GPT가 직무 역량 탐색, 자기소개서, 면접에 이르기까지 널리 확대되고 있다. 2022년 12월 챗GPT가 공개되면서 대학교나 기업에서도 보고서, 기획서, 글쓰기를 하는 데 많이 활용되고 있다. 챗GPT를 활용해 자기소개서를 쓰는 경우가 많아지면서 채용 전형에서 자기소개서의 중요성이 낮아지고 채용 전형의 다음 단계인 인·적성 검사나 면접에 힘이 더 실릴 것으로 예상된다.

챗GPT는 어떻게 이용하는 걸까? 오픈AI닷컴(https://chat.openai.com)에 회원 가입을 하고 채팅하듯 쓰면 된다. 챗GPT는 말 그대로 챗(Chat), 즉 대화를 나눌 수 있는 AI라는 뜻이다. GPT는 오픈AI가 개발한 언어모델이다. 언어모델은 하나의 단어 다음에 어떤 단어가 오는 게 좋을지 적절한 단어를 통계적·확률적으로 예측하는 모델을 말한다. 예컨대 '홍길동'이라는 단어가 주어졌을 때, 그 뒤에 어떤 단어가 오는 게 적절할지 통계적·확률적으로 예측하는 것이다. 주어진 데이터에 따라 답변이 달라질 수 있는데, 빅데이터가 많을수록 답변은 더욱 그럴싸해진다.

GPT를 글자 그대로 풀면 '사전 훈련된 생성 변환기(Generative Pre-trained Transformer)'라는 뜻이다. '생성(Generative)'은 답변을 생성한다는 의미에서 붙었다. '사전 훈련된(Pre-trained)'은 조금 기술적인 표현인데, GPT의 핵심 언어모델이 미리 학습을 끝낸 뒤 필요한 작업에 맞춰 약간의 수정을 가한 답변을 만든다는 의미다. GPT 이전의 언어모델은 작업별로 별도의 모델을 처음부터 학습했다. GPT는 사전에 학습을 통해 성능을 높인 것이다. 'LLM'은 '대형 언어모델(Large Language Model)'의 약자다. 빅데이터를 사용할수록 언어모델의 정확도나 활용도가 높아지기 때문에 그냥 언어모델이 아니라 '대규모 언어모델'을 사용하게 된다. GPT-3의 경우, 파라미터(매개변수)를 1750억 개 썼다고 한다. 파라미터는 AI가 사용자의 의도를 이해하는 데 필요한 데이터라고 생각하면 된다. LLM에서는 데이터가 많을수록 성능이 좋다고 했으니, 이 파라미터의 숫자가 곧 성능을 의미한다. 2018년 처음 나온 GPT-1은 파라미터가 1700만 개, GPT-2(2019년)는 15억 개, GPT-3(2022년)은 1750억 개로 100배나 커졌다. 성능이 얼마나 급격히 개선됐는지 미루어 짐작할 수 있을 것이다. 최근 등장한 GPT-4는 파라미터가 100조 개까지 늘어났다고 한다. 앞으로도 더욱 큰 폭의 증가가 있을 것으로 예상된다.

　AI는 인간이 아니기 때문에 자연어를 처리하기 위해서는 별도의 과정을 거쳐야 한다. 어떻게 보면 컴퓨터 환경에서 AI가 인간의 언어를 이해하게 하는 것이 AI 기술의 전부라고 할 수도 있다. '트랜스포머(Transformer)'는 자연어를 이해하고 활용하는 데 큰 강점을 보이며 단숨에 대세로 자리잡았다. 트랜스포머를 이용한 챗GPT가 그동안 나온 AI 챗봇 가운데 가장 사람에 가까운 대화가 가능한 것도 이

트랜스포머(Transformer)
구글이 개발한 자연어 처리 모델로 기존 RNN 구조의 단점을 극복하며 여러 모델 파생(ELMo, BERT, GPT의 기반)
"언어모델의 혁신적 돌파구 마련"

AI 반도체 전성시대
GPU가 AI 반도체의 중심으로 부상
Nvidia 글로벌 10위 진입

DALL-E
Text to image
생성 모델의 서막을 알린 달리
"멀티모달 모델의 서막"

합성곱 신경망(CNN)
2012년 이미지넷 챌린지에서 CNN 기반 딥러닝 알고리즘 AlexNet이 우승을 차지하며 딥러닝 부흥의 계기
"이미지 처리 딥러닝 본격화"

텐서플로(Tensor Flow)
구글이 AI 개발을 위한 프레임워크를 오픈소스로 공개
"오픈소스 문화에 기여"

아실로마 AI 원칙
(Asilomar AI principles)
윤리 원칙 등이 포함된 AI 원칙 선언
"윤리에 대한 인식 확산"

GPT-2 언어모델
BERT 언어모델
언어모델의 새로운 표준 역할
"기술 성숙의 시대"

2012 2014 2015 2016 2017 2018 2019 2020 2021 2022

적대적 생성 신경망(GAN)
생성자와 식별자가 서로 대립하며 데이터를 생성하는 모델 (기존 생성형 AI 대비 성능 우수)
(DGGAN, starGAN 등 파생)
"생성형 AI 분야의 새로운 혁신"

알파고(AlphaGo)
구글 딥마인드가 개발한 AI 바둑 프로그램
"AI 대중화"

자기지도학습 부각(Self-supervised Learning)
비지도학습의 한 방법으로 얀 르쿤 교수가 중요성 강조
"기술 성숙의 시대"

GPT-3
초대규모 언어모델의 시작 (1750억 개 매개변수)
"초대규모 AI 모델의 범용성 부각"

알파폴드(AlpahFold)2
단백질의 구조 예측 분야에서 뛰어난 성과 달성
"난제 해결을 위해 AI 활용 본격화"

DALL-E2
미드저니
Stable diffusion
Pati
Imagen
Make A Movie
"멀티모달의 전성시대"

런 맥락에서 이해하면 된다. 트랜스포머는 사람의 질문에 답하기, 번역하기, 긴 문장 요약하기 등에 강점을 가지고 있다. 물론 지금은 텍스트 기반뿐만 아니라 다양한 방식으로 응용돼서 사용되고 있다. 이와 관련, 오픈AI는 달리2(DALL·E 2)로 텍스트 투 이미지(Text-To-Image) AI 모델의 붐을 일으키고 있다.

챗GPT에 100억 달러(약 12조 5000억 원)를 투자한 마이크로소프트는 검색 엔진 '빙(Bing)'에 챗GPT와 유사한 AI 챗봇을 추가할 방침이다. 새로운 빙 엔진에서는 기존 검색 결과 외에 챗GPT처럼 대화형으로 검색 내용에 답하고 추가 질문을 하는 등 대화를 이어갈 수 있다.

챗GPT의 등장으로 IT업계는 더욱 분주해진 모습이다. 가장 먼저 비상등을 켠 곳은 구글이다. 세계 최대 검색 엔진인 구글의 위상

에 챗GPT가 위협으로 떠오르고 있기 때문이다. 구글의 최고경영자 (CEO) 순다르 피차이(Sundar Pichai)는 최근 홈페이지를 통해 AI '바드 (Bard)'를 발표했다. 바드는 초거대 언어모델인 '람다(Language Model for Dialogue Applications, LaMDA)'를 기반으로 한다. 람다는 1370억 개에 달하는 매개변수로 학습한 AI로, 30억 개의 문서와 11억 개의 대화를 익혔다. 이렇듯 언어모델을 바탕으로 하는 챗GPT가 우리 일상에 커다란 변화를 일으키고 있다.

최근 출시된 바드는 사용자가 생성형 AI를 활용할 수 있도록 돕는다. 창의성이나 상상력을 발휘하고, 중요한 의사결정을 내릴 때 장단점을 살펴보거나, 복잡한 주제를 간단하게 이해할 때 도움이 된다. 아직 실험 버전이지만 바드는 특정 웹페이지에서 장문의 글을 인용할 때 해당 페이지를 출처로 표시하고, 이미지 섬네일이 포함된 대답의 경우 사용자가 이미지를 확인하고 클릭하면 해당 이미지 출처로 이동할 수 있다. 특히 챗GPT는 시, 코드, 대본, 음악 작품, 이메일, 편지 같은 창의성 있는 문장을 생성하는 데 유용하다. 바드는 질문에 대한 답변, 언어 번역, 다양한 콘텐츠 작성, 사용자의 지시를 따르고 그 요청에 따라 신중하게 결정할 때 도움을 준다. 또한 자기소개서 작성 시 맞춤법이나 문법적 오류를 확인하고 일관성과 적합성, 효과성을 확인하는 등 완성도를 높이는 데 효과적이다.

챗GPT라는 거대한 기술을 많은 사람들이 능숙하게 활용하게 된다면 자기소개서, 면접 기술 등이 상향 평준화될 것으로 예상된다. 기업이 원하는 적합한 인재를 뽑기 위해서는 더욱 고도화한 검증 시스템이 필요해진 것이다.

02 챗GPT 자기소개서 – 세계 동향

챗GPT, 과연 특이점에 도래했는가?

AI가 모든 인류보다 똑똑해지는 시점을 '기술적 특이점 (Technological Singularity)'이라고 한다. '특이점(特異點)'이란 미래학에서 문명 발전의 가상 지점을 가리키는 용어로, 미래 기술 변화가 급속히 이뤄짐에 따라 그 영향이 넓어져 인간의 생활이 되돌릴 수 없을 정도로 바뀌는 기점을 의미한다. 특이점과 관련, 컴퓨터 공학자이자 SF 소설가인 버너 빈지(Vernor Vinge)는 특이점의 도래를 2005년으로 추산했으나 20세기에 비해 21세기의 기술적 진보가 크게 떨어져 기술적 특이점이 도래하지 않았다. AI 과학자 레이 커즈와일(Ray Kurzweil)은 현재의 발전 속도를 고려할 때 2040년경 AI가 특이점에 도달할 것이며, 이후 인류는 AI에 의해 멸종하거나 혹은 AI 나노 로봇의 도움으로 영생을 누리게 될 것이라고 예측했다. 최근 챗GPT 관련 서적 중에 특이점이 도래했다고 주장하는 것들도 있는데, 좀 더 지켜보는 여유가 필요하다.

채용 시장의 움직임과 관련해서도 AI의 발전은 주목할 만하다. AI는 채용 시장의 흐름을 통째로 바꾸고 있다. 글로벌 시장조사기관 리서치앤마켓(Research and Markets)에 따르면, 2022년 세계 AI HR 시장 규모는 38억 9000만 달러(약 5조 원) 수준이며, 2027년에는 176억 1000만 달러(약 22조 7000억 원)에 달할 것으로 전망된다. HR업계는 상대적으로 보수적인 분야로 꼽혔으나 코로나19 이후 디지털 전환이 빨라지면서 혁신 기술이 도입되는 추세다. 기업들의 개발 경쟁이 달아오르면서 기술 수준 또한 상당히 고도화되고 있다. HR업계는 관련 시장이 꾸준히 성장할 것으로 보고, AI 기술 도입을 적극 확대해 나갈 가능성이 크다.

한편, 챗GPT로 자기소개서를 작성하는 사람들이 빠른 속도로 늘어나고 있다. 그 수준 또한 생각보다 높아 놀랄 정도다. 자기소개서에 들어갈 스펙과 지원 동기를 간략하게 쓰고 나서 첨삭해달라고 요청하면 5초 만에 완성된 자기소개서를 받아볼 수 있다. 챗GPT가 작성한 자기소개서를 그대로 받아 쓰는 취준생들의 행태를 보며 "이제 자기소개서의 종말이 온 게 아니냐"는 말도 나오고 있다. 최근의 채용 전형은 AI 면접, 실무진 면접, 임원 면접 등으로 다양하게 이뤄지고 있는데, 챗GPT로 쓴 자기소개서로 서류 전형은 통과할지 몰라도 그 내용을 기반으로 심층 진행되는 다른 전형까지 통과해 최종 합격하기는 어려울 것이라는 게 대다수의 의견이다. 따라서 챗GPT 사용을 부정적인 시각에서만 볼 것은 아니라는 시각도 존재한다.

미국 구인 플랫폼 레주메 빌더(resume.io)는 챗GPT를 사용하면 취직할 가능성이 높다고 밝혔다. 최근 설문조사에 참여한 2153명의 구직자 가운데 거의 절반이 이력서, 자기소개서 또는 둘 다를 작성하는 데 챗GPT를 이용했으며, 대부분 원하는 곳에 취업한 것으로 나타났다. 챗GPT를 사용했다고 밝힌 응답자의 4분의 3(72%) 정도가 챗GPT로 자기소개서를 작성했으며, 절반 이상(51%)이 이력서를 쓰는 데 챗GPT를 활용했다고 답했다. 10명 중 7명(69%)이 챗GPT로 작성한 지원서를 냈을 때 기업의 응답률이 더 높았다고 답

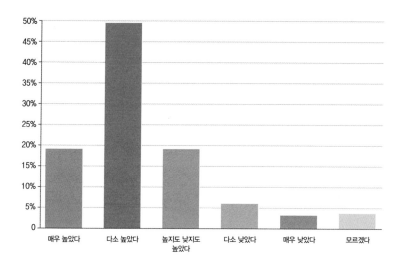

챗GPT에서 생성한 지원서를 사용했을 때 기업의 응답률이 높았는가 낮았는가?

해 챗봇이 기업들의 관심을 끄는 데 효과적인 것으로 보인다.

이밖에 78%는 챗GPT가 작성한 입사 지원서를 바탕으로 면접을 봤다고 답했으며, 59%는 오픈AI의 챗봇 기술로 작성된 자료로 지원해 채용됐다고 답했다. 이와 관련, 채용 담당자들은 자기소개서나 이력서를 작성하는 데 챗GPT를 이용한 구직자는 전문 이력서 작성 서비스 또는 쉽게 구할 수 있는 템플릿 및 온라인 도구를 이용한 구직자와 다를 바 없다며, 채용 관리자 역시 이러한 문서를 검토할 때 이 사실을 알고 있다고 답했다. 물론 이력서를 작성하는 데 챗GPT를 활용한 구직자는 구직 활동에 더 전념할 수 있다는 장점이 있다. 최근 AI 생성 모델을 기반으로 하는 외부 플랫폼이 이력서 작성에 점점 더 많이 사용되는 것도 같은 맥락에서 이해할 수 있다.

취업 시장에서 치열하게 경쟁하는 지원자들은 경쟁 우위를 확보하기 위해 이력서와 자기소개서를 작성하는 데 생성형 AI를 활용하고 있다. 수많은 지원자가 AI 기술을 이용하면 채용 담당자가 챗GPT를 사용해 작성된 이력서인지 아닌지 구분하는 게 불가능하다. 이와 관련, 채용 담당자는 특별한 문제가 없다면 굳이 찾아내려고 하지 않는다고 밝혔다.

레주메 빌더의 보고서에 따르면, 지원자들이 챗GPT를 사용하는 주요 동기는 '시간 절약'이었다. 대부분의 지원자는 이러한 이점이 위험을 능가한다고 설명했다. 또한 전체 조사 대상자의 압도적인 다수(88%)가 앞으로 입사 지원서를 작성할 때 챗GPT를 쓸 가능성이 크다고 답했다. 10명 중 4명은 면접관이 챗GPT를 사용했는지 알지 못했다고 덧붙였다. 하지만 챗GPT의 도움을 받았다는 것을 알게 된 면접관의 반응은 항상 긍정적이지 않았다. 면접관이 챗GPT를 사용해 지원서를 작성했다는 사실을 알게 됐다고 밝힌 응답자 40% 가운데 35%는 이 때문에 취직하지 못한 것으로 생각된다고 답했다.

레주메 빌더의 대변인은 챗GPT가 구직자의 면접 또는 취업 가능성을 높인다고 결론 내릴 순 없지만 "생각하는 것과 달리 챗GPT 사용이 구직자의 기회를 해치지 않을 수도 있다"라고 말했다. 이어 "일각에서는 챗GPT 사용이 사기 또는 부정 행위라고 이야기하지만 이 기술을 사용하면 구직자의 시간을 확실히 절약할 수 있다. 아울러 대부분의 응답자는 단점을 경험하지 않았다고 말했다. 단 11%만이 챗GPT를 사용했기 때문에 취직하지 못했다고 답했을 뿐이다"라고 덧붙였다.

챗GPT 시대, '자기소개서의 종말'을 가져올 것인가?

한편, 설문조사에 참여한 4명 중 3명은 챗GPT가 작성한 자료의 품질이 높거나 매우 높다고 답했으며, 28%는 챗GPT가 쓴 이력서와 자기소개서를 '조금' 수정했거나 아니면 '전혀' 수정할 필요가 없었다고 밝혔다.

오픈AI의 챗GPT를 뒷받침하는 기술인 파운데이션 모델(foundation model)은 이미 수년 동안 사용되어왔다. 이미 자연어 처리(NLP) 챗봇에서 많이 쓰이고 있다. 하지만 글로벌 IT 리서치 기업 가트너(Gartner)가 최근 발표한 보고서(Gartner 2023 Recruiting Innovations Bullseye, www.gartner.com)에 따르면 챗봇 사용은 여전히 실험 단계며, 향후 몇 년 동안은 대부분의 기업에서 전략적 채용 도구로 사용되지 않을 것으로 예상된다.

챗GPT는 일반 사람이 지능적으로 보이는 AI와 직접 상호작용하고, 질문을 이해하며, 특정 작업을 수행하는 데 도움을 주기 때문에 계속해서 이목을 사로잡고 있다. 이렇듯 채용 시장에서 사용되는 빈도가 늘어나고 있으나, 이 기술이 대규모로 잘못된 정보를 생성하는 데 활용될 수 있다는 광범위한 우려 역시 상존한다. 이 기술이 생성하는 콘텐츠는 때때로 정확하지 않을 수 있으며, 프롬프트, 작업 또는 도메인, 교육 데이터의 품질 및 양에 따라 위험과 오용으로 이어질 수 있다. 유명한 인물의 평판을 왜곡할 수도 있고 사람이 창작하지 않은 작품을 사람이 창작한 작품으로 오해하게 만들 수도 있다. 게다가 AI가 생성한 '하이퍼리얼리즘(Hyperrealism)'은 쉬운 사용 방법과 결합돼 잘못된 정보가 빠르게 퍼질 수 있다는 단점도 있다. 결

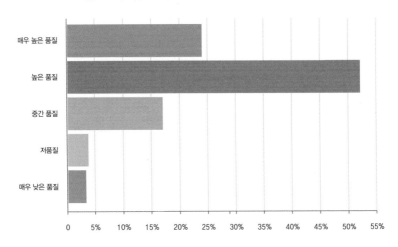

챗GPT가 작성한 자료의 품질을 어떻게 평가하는가?

국 사용자와 기업 모두 생성형 AI를 사용할 때는 주의해야 한다. 잘 못하면 법적 또는 평판 문제가 초래될 수도 있고, 제3자에게 커다란 오해를 불러일으킬 수도 있기 때문이다.

Job Trend
03 챗GPT 자기소개서 – 국내 동향

자기소개서에 이어 면접까지 챗GPT가 빠르게 확산되고 있다

대한민국은 특이하게 취업 분야와 관련, 자기소개서 시장이 활성화돼 있다. 비즈폼이나 예스폼 등 문서 서식 사이트가 다른 나라보다 유독 발달했고, 자기소개서 예시나 면접 족보 등이 유료로 판매되기도 한다. 대학교 취업센터, 일자리센터에 취업 컨설턴트가 배치되어 자기소개서 작성을 도와주거나 면접 코칭을 통해 취업 과정을 지원한다.

이와 관련, 최근 채용 플랫폼업계가 챗GPT 도입에 속도를 내는 것은 주목할 만한 현상이다. 사람인, 인크루트, 잡코리아, 원티드랩, 뤼튼 등에서 최근 자기소개서 작성, 면접 질문 등에 챗GPT를 적극 활용하면서 변별력 문제가 새로운 이슈로 떠오르고 있다. 이밖에도 많은 기업들이 챗GPT를 활용한 자기소개서 코칭 서비스와 함께 구직자 검증 서비스를 출시하기 위해 열을 올리고 있다.

국내 토종 스타트업 뤼튼테크놀로지스가 운영하는 AI 콘텐츠 생성 플랫폼 뤼튼은 완성도 높은 한국어 지원을 무기로 10만 명이 넘는 이용자를 끌어모았다. 뤼튼의 장점은 무엇보다 특화된 서비스다. 이용자가 작성하려는 글의 종류에 맞춰 문서를 작성해준다. 서비스 대상은 자기소개서뿐 아니라, 보도자료, 유튜브 시나리오, 심지어 SNS 광고 문구까지 다양하다.

사람인은 자기소개서 작성부터 표절 여부까지 코칭해주는 'AI 자기소개서 코칭' 서비스를 선보였다. 챗GPT를 기반으로 만든 이 서비스는 자기소개서 문항과 지원 직무를 기입한 뒤 그에 맞는 경험과 이력을 키워드로 넣으면 AI가 문장 초안을 작성해준다. 생성된 자기소개서 내용은 문단 바꾸기, 소제목 변경 등의 편집 기능을 통해 개인화된 내용으로 수정 가능하다. 아울러 사람인 자기소개서 데이터를 기반으로 표절 검사를 거쳐 그 결과를 보여준다. 이를 기존 'AI 면접 코칭' 기능과 연동해 사용할 수도 있다. 자기소개서 결과물의 맞춤법 확인과 문장 교정, 오탈자 점검 등을 거친 뒤 면접 예상 질문을 뽑아 미리 답변까지 작성할 수 있도록 도와준다. 이미 자기소개서를 작성한 경력자도 사람인에 파일로 등록하면 텍스트를 추출해 같은 기능을 이용할 수 있다.

인크루트는 챗GPT 기반 자기소개서 서비스인 '잘쓸랩'을 정식 출시했다. 잘쓸랩은 '자기소개서 잘 쓰는 법을 개발하는 연구소(lab)'라는 뜻이다. 서비스를 기획할 당시의 TF(태스크포스)팀 이름이 정식 서비스명으로 정해졌다. 인크루트 홈페이지의 잘쓸랩 카테고리에서 자기소개서 연습장을 누르면 '새 자기소개서 작성'과 '채용 일정 확인'이 나온다. 여기서 '새 자기소개서 작성'을 누르면 채용을 원하는 기업들이 마감이 임박한 순서대로 노출된다. 원하는 직무나 회사를 검색해볼 수도 있다. '채용 일정 확인'을 누르면 캘린더 형식으로 확인할 수도 있다. 그다음 원하는 기업을 선택하고 '자기소개서 쓰기'를 누르면 본격적으로 자기소개서를 작성할 수 있다. 이 서비스는 챗GPT를 기반으로 자기소개서 예문을 뽑아주는 게 특징이다. 예문은 사용자 이력 정보와 기업별 자기소개서 문항을 조합해 자동 구성된다. 기업별 자기소개서 문항 확인, 작성 팁, 합격 자기소개서 샘플 열람, 문항별 예문 제시, 맞춤법 검사까지 모든 것이 한 페이지에서 가능하다. 구직자들이 자기소개서를 쓰기 위해 여러 개의 창을 띄워놓고 왔다 갔다 하는 불편함을 덜어주기 위한 시도다.

이 밖에 채용 전형 강화를 원하는 기업에 지원자 검증을 위한 '메타 검사'도 실시하고 있다. 2022년 11월에 정식 출시한 메타 검사는 지원자의 다차원 지능을 진단할 수 있는 문제 해결 능력 게임(PSG), 기업별 인재상과 핵심 가치 등에 맞게 진단 항목을 최적화하는 'AI PnA'로 구성돼 있다. 채용 검증 도구에 게임적 요소를 접목해 지원자의 지능과 역량을 검증하는 데 활용한 것이다.

잡코리아는 AI 업체 무하유와 손잡고 기업 회원이 이용할 수 있는 '자기소개서 AI 분석' 서비스를 선보였다. 기업 회원이 구직자의 자기소개서를 검토할 때 AI 분석을 통해 표절률과 표절 문장을 알려주는 서비스다.

원티드랩은 챗GPT를 활용한 'AI 면접 코칭 서비스'를 운영하고 있다. AI가 예상 면접 질문을 제시하고 사용자가 답변을 입력하면 답변상의 오류를 찾아 보완 방향을 제시해준다. 구직자가 AI 코치를 통해 면접 과외를 받는 것이다. 피드백에 따라 답변을 수정하는 과정을 거쳐 구직자는 모의 면접을 반복하는 효과를 얻을 수 있다. 원티드랩이 운영하는 '원티드 채용공고' 링크를 입력하고 '채용공고 분석하기' 버튼을 누르면 실시간으로 예상 면접 질문이 나온다. 주요 업무와 자격 요건에 대한 질문과 커뮤니케이션 역량, 리더십 등 소프트 스킬에 대한 질문도 제공된다. 면접 답변에 대한 피드백은 '답변 제출하기'를 누르면 바로 확인할 수 있다. 답변상 오류를 찾아주는 것은 물론 구체적 보완 가이드도 제시된다.

이처럼 업계가 잇따라 챗GPT 활용에 나서는 것은 AI 기술이 구직 활동 시간을 줄이고 합격 가능성을 높이는 데 도움이 되기 때문이다. 구인 기업 입장에서도 수시채용이 활성화됨에 따라 늘어난 인사 담당자의 업무 강도를 낮출 수 있다는 평가다.

이데일리가 인크루트에 의뢰해 인사 담당자 351명을 대상으로 설문조사한 결과, 78.3%가 '최근 챗GPT의 등장으로 기업의 채용에 많은 변화가 있을 것으로 예상된다'고 답했다. 이력서나 자기소개서, 에세이뿐 아니라 면접까지 챗GPT의 영향을 받을 수 있는 만큼 회사에 적합한 인재를 골라내는 방법도 달라질 것으로 보인다. 챗GPT가 서류 전형이나 면접 등에 미칠 영향에 대해서는 긍정과 부정이 명확히 나뉘었다. 응답자 중 49.8%는 '긍정적'(매우 긍정 10.5%, 약간 긍정 39.3%)이라고 답했으며 50.2%는 '부정적'(매우 부정적 6.6%, 약간 부정적 43.6%)이라고 답했다. '긍정적'이라고 답한 이유로는 '지원자가 부각시키려는 포인트를 파악하기 쉽다'(47.3%)는 응답이 가장 많았다. 이어 '서류 전형에 대한 지원자의 부담을 덜어줘 지원율이 상승하는 효과가 기대된다'(37%), '일목요연하고 가독성 있게 정리된 서류가 많아질 것이다'(37%), '합격 자기소개서 등 족보에서 벗어나 독창적인 자기소개서가 더 많이 나올 것이다'(12.5%) 등의 답변이 나왔다. 반면 부정적으로 보는 사유로는 '서류 전형의 변별력이 떨어진다'(62.5%)는 의견이 가장 많았다. 이어 '지원자의 개성·특징을 파악하기 힘들어질 것이다'(60.9%), '지원자가 챗GPT만 믿고 서류 검수와 검열을 하지 않을 것 같다'(33.2%), '자기소개서를 AI로 판별하는 프로그램을 도입하는 등 비용이 추가될 것이다'(18.5%) 등의 의견이 뒤를 이었다(복수 응답 허용).

챗GPT로 자기소개서를 작성하는 데 장점만 있는 것은 아니다. 인사 담당자들은 다만 아직 적극적인 대응에는 나서지 않는 것으로 조사됐다. 'AI 자기소개서나 면접 코칭 서비스 같은 챗GPT에 대응하기 위한 방안을 세우고 있느냐'는 질문에 65.8%가 '특별한 방안을 마련할 계획은 없다'고 답했다. 이어 '방안을 마련 중이다'(24.8%), '방안을 마련해 도입하기 위해 준비 중이다'(8%), '대응 방안을 도입했다'(1.4%) 순으로 답했다. '향후 특정 전형을 강화하거나 새로운 전형을 추가할 계획이 있느냐'는 질문에는 절반에 가까운 49.3%가 '없다'고 답했다. 일단 기존 전형을 유지하면서 자기소개서 검증 시스템만 추가 마련하는 쪽으로 방향을 잡은 셈이다. 면접, 인·적성 검사 등 다른 전형을 강화하겠다는 응답은 28.2%, 아예 새로운 전형을 추가하겠다는 응답은 22.5%로 집계됐다.

기업의 채용 문화도 달라지고 있다. 요즘 인사 담당자는 서류 전형은 AI에 맡겨놓고 정시 퇴근한다. 지원자들의 자기소개서뿐만 아니라 50억 건의 빅데이터와도 비교 검사해서 인터넷에 떠도는 합격 자기소개서를 표절한 자기소개서, 상투적인 자기소개서, 성의 없는 자기소개서를 걸러내고 독창적인 인재를 찾아낸다. 표절 검사 솔루션 카피킬러(hr.copykiller.com)는 단순한 스펙 비교에서 벗어나 지원자의 직무 적합성 평가를 효과적으로 수행하고 있다.

합격 자기소개서를 보고 베끼는 것만으로는 채용 시장에서 좋은 결과를 얻기 어렵다. 합격 자기소개서는 단지 참고 자료로 삼아야 한다. '표절 의심'으로 분류된 자기소개서가 무조건 다 '불합격' 처리되는 것은 아니지만, 안전하게 합격하기 위해 서류를 접수하기 전 지원자들은 자기소개서를 작성한 뒤 맞춤법 검사를 하는 것은 물론, 서류 전형에서 불합격 판정을 받을까 봐 자기소개서 유사도를 검사해보기도 한다.

04 챗GPT를 활용하는 10가지 방법

챗GPT 프롬프트는 내용과 형식으로 이루어진다. 챗GPT와 대화해본 사람이라면 누구나 질문의 중요성을 깨닫게 된다. AI에 얼마나 명확하고 상세한 질문을 던지느냐에 따라 답변의 신뢰도나 내용이 달라지기 때문이다. 이처럼 AI에 특정한 결과물을 생성하라고 지시하는 것이 바로 '프롬프트'로, 이는 질문하는 법과 연결되어 있다. 컴퓨터는 우리가 쓴 명령어를 통해 의도를 이해하고 지시 사항을 수행한다. 챗GPT 홈페이지에서 챗봇과 대화를 나눌 때 우리가 사용하는 채팅창은 그 자체로 이미 프롬프트다. 챗GPT가 인기를 끄는 이유 중 하나는 사람이 일상적인 구어체로 명령해도 AI가 곧잘 이해할 만큼 GPT 계열 모델의 자연어 처리 능력이 탁월하기 때문이다. 원하는 결과를 얻기 위해서는 숙지해야 할 명령어가 필요하다. 또한 원하는 결과물을 구체화하기 위해서는 그릇, 즉 형식이 필요하다. 예를 들면, "500자 이내로 써줘", "제시한 수치를 표로 만들어줘"처럼 형식을 지정해야 한다. 텍스트, 리스트, 표, CSV, HTML, 자바스크립트 등의 형식이 있다. 아래 제시한 챗GPT 활용법 10가지만 알아도 AI의 답변이 크게 달라질 것이다.

1. 복합 질문보다 비교법을 사용한다

복잡하고 어려운 언어는 챗GPT가 이해하기 어려워 오류가 발생하기 쉽다. 그보다는 비교법을 사용하는 것이 좋다. 예를 들어, "유행은 무엇이고, 트렌드가 뭐지? 유행과 트렌드의 관계를 알려줘"라고 하는 대신 "유행과 트렌드의 차이를 설명해줘"라는 명령어를 활용하면 더 좋은 답변을 얻을 수 있다.

2. 수행할 작업의 조건을 수치로 명시한다

작업의 조건을 구체적으로 명시하면 더 정확한 응답을 얻을 수 있다. 예를 들어, "최근 뜨는 기업을 추천해줘" 대신 "대학생이 좋아하는 기업 상위 10개 사를 추천해줘"라는 지시문을 사용할 수 있다.

3. 추상적인 질문보다 육하원칙으로 질문한다

5W1H, 즉 언제(When), 어디에서(Where), 누가(Who), 무엇을(What), 왜(Why), 어떻게(How) 같은 기본 요소를 묻는 것이 좋다. 포괄적인 질문보다는 육하원칙으로 문장을 구성해 챗GPT가 생성할 수 있는 응답의 범위를 구체화한다. 예를 들어, '어떻게' 대신 '어떤 방법으로'라는 지시문을 사용할 수 있다.

4. 원하는 프레임워크를 이용한다

'프레임워크(Framework)'란 대상을 해석하는 사고의 틀을 의미한다. 원하는 목표나 처한 상황에 따라 적절한 SWOT, OKR, 3C, 4P 등 프레임워크를 사용해서 질문해본다. 예를 들어, "삼성전자 마케팅 매니저의 OKR은 무엇인가"라고 물어볼 수 있다.

5. 지시의 맥락을 함께 제공한다

챗GPT에 질문할 때 질문의 배경과 맥락을 설명해준다. 맥락을 없애면 답변이 두루뭉술해지고, 맥락을 추가할수록 답변이 명확해진다. 구체적 분야를 정해 질문한다. 예를 들어, '디자인 → 게임 디자인 → 캐릭터 디자인'으로 분야를 좁히는 것이 좋다.

6. 작문에 대한 영감 얻는다

챗GPT 프롬프트는 작문에 대한 영감의 원천으로도 이용할 수 있다. 예를 들어, 영화 대본이나 시나리오 초고를 챗GPT에 물어보면 전혀 예상하지 못한 줄거리에 대한 단서를 얻을 수도 있다. 창의적인 글쓰기 또는 학문적 목적을 위해 프롬프트를 기반으로 응답을 생성함으로써 사용자는 다양한 아이디어와 관점을 탐구하고 그 과정에서 작문 기술을 개발할 수 있다. 특히, 영작문은 매우 매끄러울 뿐만 아니라 영어 특유의 문체를 구현해내 뛰어난 결과물을 얻을 수있다.

7. 역할을 부여한다

챗GPT에 역할을 부여하면 주제별로 구체적인 대화를 이어 나갈 수 있다. 예를 들어, 챗GPT에 AI 스타트업 인사 담당자 역할을 맡기면 자기소개서에 대한 피드백을 받을 수 있다.

8. 적절하게 요청한다

구체적이고 명확한 주제를 선택하고, 이와 관련된 주요 질문을 작성하고, 주제에 대한 다양한 관점을 제시하는 프롬프트를 만든다. 대화의 목표를 명확히 설정하고, 사용자의 입력을 기반으로 적절한 질문을 제공한다. 예를 들어, 단순하게 "써줘"라고 하기보다는 "설명해줘"라고 질문하면 더 정확한 대답을 얻을 수 있다. 챗GPT와 상호작용할 때 유용한 몇 가지 일반적인 문구를 소개한다.

- "설명해줘" - 챗GPT에 개념 설명이나 추가 정보를 요청한다.
- "정의해줘" - 챗GPT에 단어나 용어의 정의를 요청한다.
- "요약해줘" - 챗GPT에 긴 문장의 요약을 요청한다.
- "브레인스토밍해줘" - 제약 없이 창의적인 아이디어를 요청한다.
- "번역해줘" - 챗GPT에 단어나 구문을 다른 언어로 번역해달라고 요청한다.

이러한 명령어들은 챗GPT와 자연어 상호작용을 할 때 일반적으로 사용되며, 사용자가 필요한 정보나 지원을 얻을 수 있도록 도와준다.

9. 맞춤법 피드백을 받는다

챗GPT로 맞춤법에 대한 피드백을 받을 수 있다. 영어는 비교적 유용한 편인데, 한글은 아직 미진한 편이다.

10. 멈췄을 땐 계속 프롬프트를 입력한다

챗GPT를 사용하다 보면 답변하다가 중간에 끊기는 경우가 있다. 특히 답변이 길 경우, 그런 상황이 자주 발생한다. 이럴 때는 '내가 유료 요금제를 사용하지 않아서 그런가' 하며 당황하지 말고, 'continue', 'Keep going' 등의 프롬프트를 입력해 계속 진행할 수 있다.

챗GPT 활용 프롬프트에 하지 말아야 할 질문 5가지

1. 윤리적으로 문제가 될 질문은 하지 않는다

윤리적·도덕적으로 문제가 되는 대화, 사회적 편견을 드러내는 대화는 계정이 차단되거나 일시 사용 중단되는 경우가 종종 있다. 윤리적으로 문제가 되는 질문은 하지 말아야 한다.

2. 개인정보를 유출하지 않는다

채팅을 하다 보면 보안 의식의 필요성을 절감하게 된다. 개인적으로 작성한 프롬프트의 내용이 외부에 알려지지는 않겠지만 보안에 대한 잠재적 리스크는 존재한다. 보안이 필요한 민감한 정보를 입력해야 하는 질문은 조심하는 게 좋다.

3. 정보를 맹신하지 않는다

챗GPT를 사용하다 보면 그 똑똑함에 감탄하게 된다. 하지만 무작정 감탄하기에 앞서 '정보가 어디까지 진실인지' 판단해야 한다. 챗GPT는 거짓말을 그럴싸하게 잘한다. 챗GPT가 제공하는 응답은 참고용으로만 사용하고, 그 내용이 맞는지 검증하는 과정을 별도로 거쳐야 한다.

4. 편향을 유도할 수 있는 질문은 피한다

챗GPT의 응답을 편향시킬 수 있는 유도 질문은 피한다. 그보다는 다양한 답변을 허용하는 개방형 질문을 하는 것이 좋다.

5. 최신 정보나 미래에 대한 예측은 묻지 않는다

챗GPT는 2021년까지의 정보만 알고 있다. 따라서 최신 정보나 미래에 대한 예측을 요구하는 질문에는 적합하지 않다. 2021년 이후 존재하는 것에 관한 질문에 대답했다면 챗GPT가 그럴싸한 거짓말을 했을 가능성이 높다.

참고문헌

· 김경은, 〈챗GPT가 자기소개서·면접 봐준다…채용업계, AI 도입 '속도'〉, ZDNET Korea, 2023.5.12.

· 안희정, 〈챗GPT, 채용 시장까지 뒤흔든다…어떤 변화 불러올까〉, ZDNET Korea, 2023.3.2.

· 이진호·이은세, 〈자기소개서 시대의 종말?: 챗GPT 등장 이후의 채용 환경 ③ 챗GPT로 자기소개서 썼더니…"서류 합격했다"〉, 한경잡앤조이, 2023.4.18.

· 함지현, 〈'챗GPT가 쓴 자기소개서 어떻게?'…인사 담당자들 "취업 시장 큰 변화"〉, 이데일리, 2023.4.17.

· 김태원, 〈ChatGPT 활용 사례 및 전망〉, 《IT & Future Strategy 보고서》, NIA 한국지능정보사회진흥원, 2023.

· 송준용, 《챗GPT 사용설명서》, 여의도책방, 2023.

· 이수현·전상홍, 《ChatGPT 현황과 저작권 이슈》, 저작권위원회, 2023.

· 이시한, 《GPT 제너레이션》, 북모먼트, 2023.

· 루카스 메리언, 〈챗GPT로 자기소개서 써보니…"78%, 서류 합격했다"〉, Computerworld, 2023.2.24.

03

MZ세대 면접관

#MZ세대 #면접관 #팀장 #신입사원 #채용면접 #면접
#부장 #대리 #세대차이 #환승이직 #잡호핑

> 그대의 영혼 속에 깃들어 있는 영웅을 절대 버리지 않기를,
> 그대가 희망하는 삶의 최고봉을 계속 거룩한 곳으로 여기며
> 똑바로 응시하기를.
> – 프리드리히 니체(Friedrich Nietzsche)

01 MZ세대 면접관

'꼰대 면접관'은 사라지고 'MZ세대' 면접관이 온다

코로나19로 일의 방식이 바뀌었다. 가트너는 2023년 말까지 전세계 지식 근로자의 39%가 하이브리드 형태로 근무할 것이라는 전망을 내놓았다. 2022년의 37%보다 소폭 증가한 수치다. '하이브리드 워크(Hybrid work)'란 원격근무와 사무실 출근을 혼합한 방식으로, 시공간의 제약 없이 근무 장소를 자유롭게 선택해 탄력적으로 일하는 것을 말한다.

재택근무, 자율 출퇴근제, 비대면 방식에 익숙해지면서 일하는 방식이 변화하고 있다. 젊은 인구가 줄어들고 평생직장이 무너지고 이직이 보편화되고 있다. 직장을 여러 번 옮기는 '잡호핑족(族)'을 쉽게 볼 수 있다. '잡호핑(Job-hopping)'이란 직업을 의미하는 '잡(Job)'과 뛰는 모습을 표현한 '호핑(hopping)'이 결합된 단어로, 경력을 쌓아 여러 번 이직하는 사람을 가리킨다. 잡호핑족의 등장과 함께 채용 시장이 재편되고 있다. 연봉이 높고 적음뿐만 아니라 업무 환경에 따라 선호가 달라지고 '환승이직'이 늘어나고 있다. '환승이직'은 직장을 그만두지 않은 채 구직 활동을 하고 새 직장이 정해지면 바로 이직하는 세태를 묘사한 신조어다. 또한 직장인 커뮤니티를 통해 MZ세대의 문화가 급속도로 확산되고 있다.

부장님 면접관이 대리 면접관으로 바뀐다

최근 채용 문화가 달라지면서 젊은 세대 면접관이 등장하고 있다. 옛날에는 나이 지긋한 중년 면접관들이 앉아 있던 면접장에 요즘은 새파랗게 젊은 면접관들이 앉아 같은 세대에게 질문을 던지는 모습을 보게 된다. 1980년대 초에서 2000년대 초 출생한 젊은 직장인들이 소위 'MZ세대 면접관'으로 실무 면접에 참여하고 있는 것이다. 기존 팀장, 부장 이상이 아니라 실무자인 20~30대 직원이 직접 면접관으로 참여해 지원자와 대화를 나누고 함께 일할 구성원을 뽑는다. 간부급이 면접하면 세대 차이가 많이 나기 때문에 지원자에 대해 잘못 판단하는 오류가 생길 수 있는데, 이를 미연에 방지하려는 것이다.

기업들이 20~30대 면접관을 투입하는 이유는 기존 잣대로는 더 이상 인재를 제대로 평가하기 어렵고, 함께 일할 실무자가 나이 차이가 적은 후배를 뽑는 것이 효율적이라는 판단에 따른 것이다. 지원자들의 감성과 취향을 잘 알고 있는 MZ세대 면접관은 세대차이가 나는 간부급 면접관에 비해 지원자를 객관적으로 평가할 수 있다. 또한 실제로 입사한 뒤 이들과 가장 많이 소통하고 함께 일해야 하는 것은 이들 MZ세대 실무진인 만큼 업무 연결성 면에서도 이들을 면접관으로 활용하는 것은 꽤 의미 있어 보인다. 이밖에도 MZ세대를 이해하기 위해 이들을 조직 문화에 적극 참여시키기 위한 방법들이 널리 확산될 전망이다.

02 MZ세대 면접관 – 세계 동향

해외에서는 이미 '피어 인터뷰'가 보편화되어 있다

구글, 아마존, IBM 등 세계 최대 기업에서는 '피어 인터뷰'가 이미 보편화되어 있다. 구글은 '우수한 인재를 놓치는 것'보다 '뽑아서 후회할 사람을 잘못 뽑는 것'이 더 중요하다고 본다. 구글은 5~6회에 걸쳐 진행할 만큼 인터뷰 과정이 매우 철저한 것으로도 유명하다. 또한 다른 기업들처럼 임원이나 팀장급이 면접관으로 참석하는 것이 아니라 지원한 직무의 팀원들이 직접 면접관으로 들어오는 이른바 피어 인터뷰 방식을 채택하고 있다.

피어 인터뷰(Peer Interview)란 채용 과정에 동료가 함께 일하고 싶은 지원자의 면접을 보는 것이다. 다른 사람과 어울려 일하는 것을 중시하는 구글은 이 같은 인터뷰 방식을 매우 효과적이라고 생각하고 있다. 한국에서 보통 직급이 높은 면접관이 인터뷰하는 것이 익숙하지만 외국에서는 동료 면접관이 인터뷰를 하는 게 흔한 모습이다. 오히려 동료로서 던지는 질문이 더 날카로울 수도 있다. 한국에서는 실무 면접이 끝나고 인성 면접을 하는데 외국에서는 교차기능팀 인터뷰를 한다. '교차기능팀 인터뷰(Cross Functional Team Interview)'는 서로 다른 기술과 경험을 가진 사람들이 공동의 목표를 이루기 위해 어떻게 협업했는지 질문하는 면접을 말한다. 예를 들면 기획, 디자인, 마케팅, 영업, 회계 등 다른 사람과 협력하면서 발생하는 갈등을 어떻게 처리했는지, 이전 업무 경험에서 어떻게 협력 문화를 조성했는지에 대해 질문하는 것이다. 같은 직무에서 일하는 사람이 아니라 다른 직무에서 일하는 사람이 함께 일할 때 협업할 수 있는 사람인가 검증한다는 의미에서 매우 중요한 인터뷰다. 교차기능팀 인터뷰는 효과적인 의사소통, 적응성과 유연성, 다양한 관점과 전문지식을 강조하는 방식으로 이뤄진다.

MZ세대 면접관이 MZ세대에게 되묻는다

MZ세대 면접관 제도는 MZ세대 동료가 면접 과정에 직접 참여해 함께 일하고 싶은 동료를 보다 객관적인 시각에서 뽑겠다는 의미가 담겨 있다. 서로를 알 수 있는 시간을 미리 갖는 것이다. MZ세대는 입사 후 1~2년 내 이직률이 가장 높다. 회사로선 좋은 직원을 채용하는 것도 중요하지만 유지하는 것도 그 이상 중요하다. 본인의 가치를 높은 연봉으로 인정받고 싶어 하는 것도 MZ세대의 특징이다. 이들은 또한 소득원을 다양화해 여러 가지 일을 하기도 한다. 세계적인 기업에서 잇달아 피어 인터뷰를 추가하는 것은 지원자에게 훨씬 더 나은 경험을 제공하는 좋은 방법이 될 수 있음을 시사한다.

피어 인터뷰는 신입 사원의 컬처핏이 중요한 소규모 팀 기반의 조직에서 인기가 있다. 이는 또한 회사의 평판을 강화하는 데도 도움이 된다. 채용 및 선발 과정에 많은 가치를 더해 기업이 지원자에 대한 포괄적인 시각을 얻는 데도 유용할 것으로 보인다.

자신보다 더 나은 사람을 채용하라

"잘못된 사람을 뽑을 바엔 차라리 50명을 인터뷰하고도 아무도 뽑지 않을 것이다." 글로벌 기업 아마존의 창업자 제프 베이조스(Jeff Bezos)의 말이다. 전통적인 채용 방식에서 자신이 채용 과정에서 어떤 역할을 해야 하는지 확실하게 모르는 면접관은 여러 가지 오류에 빠질 소지가 다분하다. 유능한 면접관조차 목적 없는 질문을 던져 지원자의 미래 성과를 전혀 파악할 수 없는 답변을 얻는 경우가 허다하다. 명확하지 않고 의도치 않은 편향에 사로잡힌 면접관의 피드백은 여러 팀원에게 전달되며 조직에 더욱 큰 악영향을 미친다. 지원자의 자질 중 성과 창출 가능성을 확실하게 알려주지 못하는 자질에 집중하면, 면접관은 왜곡된 의사결정을 내릴 수밖에 없다. 비구조화된 채용 결정 회의는 '집단사고(Group-think)'와 '확증 편향(confirmation bias)' 등 당시에는 옳다고 생각하지만 결국에는 잘못된 결정을 하게 되는 여러 가지 '인지적 함정(Cognitive Trap)'에 빠지게 한다. 잘못된 채용 결정에는 대가가 따르게 마련이다. 새로 뽑은 사람이 '적합한 자'가 아닐 때 최상의 결과는 그가 바로 그만두는 것이다. 아마존은 어떻게 채용을 하고 있을까?

1. 존경할 만한 사람인가?

베이조스가 손꼽은 첫 번째 채용 철학은, 채용 여부를 고려하는 직원이 존경할 만한 사람인가 살피는 것이다. 직원 수가 많지 않았던 사업 초기에는 베이조스가 직접 채용 과정에 참여했다. 그는 자신이 존경할 수 있는 인물만 채용했다. 특히 진실성과 리더십을 중요시한 베이조스는 이를 파악하기 위해 면접에서 어려운 상황에 대처하는 방식을 질문했다.

2. 조직의 평균 효율성을 높여줄 사람인가?

베이조스는 조직 성과와 이어지는 특별한 채용 철학을 갖고 있다. 아마존의 두 번째 채용 철학은 채용 기준을 계속해서 높인다는 것이다. 기존 직원들이 새로 들어오는 신입 사원들을 보며, '기준이 너무 높아졌어. 일찍 입사한 게 다행이야'라고 생각할 만큼, 조직 구성원들의 사기를 북돋아줄 만한 사람을 채용해야 조직의 평균 효율성을 끌어올릴 수 있다.

3. 회사에서 슈퍼스타가 될 자질을 가진 사람인가?

베이조스는 신입 사원들이 회사를 재밌고 흥미로운 일터로 만들어주기를 바란다. 이런 이유로 직무와 관련 없더라도 독특한 경력이나 취미를 가진 지원자에게 관심을 보였다. 역동적이고 혁신적으로 분위기를 살리는 사람일수록 채용 확률은 높아졌다.

세계적인 기업의 조직 문화를 살펴보면 나이 서열에 따른 하향전달식 소통은 더 이상 먹히지 않는다는 것을 알 수 있다. MZ세대는 수직적 문화를 싫어하고 수평적 문화를 선호한다. 중년 면접관은 일방적이고 강압적으로 나이나 서열을 중심으로 생각하는 경향이 있는데 지원자들과 같은 세대인 MZ세대 면접관은 젊은 세대의 목소리를 들어주고 배려해주는 경향이 있다. 이들은 매일 업무를 수행해야 하는 사람의 눈으로 지원자를 본다. 이는 채용 과정에서 매우 귀중한 관점이다. 피어 인터뷰는 앞으로도 면접 현장에서 많이 쓰일 전망이다.

03 MZ세대 면접관 – 국내 동향

일방적으로 질문하는 면접이 아니라 쌍방향 소통하는 면접으로 바뀐다

최근 국내 채용 과정에서 눈에 띄는 부분은 '젊은 면접관'의 등장이다. 이전에는 실무 10년 차 이상의 간부급 사원들이 면접관으로 참여했다면 2022년부터는 실무 3~5년 차 MZ세대 사원들이 면접을 진행하는 모습을 볼 수 있다. 또래 세대의 시각에서 업계에 대한 이해와 열정을 지닌 '함께 일하고 싶은 동료'를 선발하겠다는 취지다. 또한 면접 전형에서 모든 지원자가 동일한 주제에 대해 발표했던 '프레젠테이션(PT) 면접' 대신 평소 지원자가 가진 업계에 대한 관심과 직무 적합성을 심층적으로 파악할 수 있는 '직무 면접'을 도입하고 있다. 각 기업의 사례를 구체적으로 살펴보자.

롯데백화점은 신입 직원 채용 과정을 전면 개편해 채용 연계형 인턴을 뽑는 '포텐셜(Potential) 전형'과 저연차 경력직을 선발하는 '커리어(Career) 전형'을 진행하고 있다. 지금까지 '면접관'이라고 하면 40~50대 중역이라는 이미지가 강했다. 그러나 이젠 달라졌다. 이전에는 부하 직원을 뽑았다면 이제는 동료 직원을 뽑는 면접을 진행하고 있다. 중간관리자들이 부하 직원을 뽑는 것이 아니라 실무자들이 현업에서 함께하고 싶은 인재를 뽑는 것이다. 이런 변화는 MZ세대의 눈높이에 맞춰 트렌드에 밝은 인재를 발굴하기 위한 선택의 결과다. MZ세대가 주요 소비층으로 부상한 만큼 MZ세대 직원들을 적극 활용하는 추세는 계속될 전망이다.

CJ도 공채 과정에 MZ세대 직원이 면접관으로 참여하고 있다. CJ제일제당은 입사 4~7년 차 직원이 1차 면접에 참여하고, CJ대한통운과 CJ E&M는 MZ세대 직원이 주니어 면접관으로 면접을 진행한다. CJ는 2021년 하반기 공채부터 이 같은 면접 방식을 도입했다. 면접 방식도 '쌍방향 소통'으로 면접관이 질문하고 지원자가 답변하는 방식이 아니라 면접관과 지원자가 서로 자유롭게 대화하는 방식으로 진행된다.

코오롱인더스트리 FnC부문은 신입 사원 공개 채용에 MZ세대 면접관 27명을 투입했다. 면접관 직급도 기존 팀장급 이상에서 파트리더(PL)급으로 낮췄다. MZ세대의 수평적인 소통 방식을 면접에도 적용하려는 시도다. 면접 공간도 카페나 캠핑장 콘셉트로 꾸미고 지원자들이 간단한 다과를 즐길 수 있도록 하는 등 MZ세대에게 다가서기 위해 다각도로 노력하고 있다.

GS리테일은 신입 사원 채용에 입사 4~7년 차 직원 10명을 면접관으로 배치했다. 이와 관련, 지원자들은 부장급 이상이 참여하는 면접보다 분위기가 훨씬 부드럽고 소통이 잘됐다는 반응을 보였다. 이 같은 결과에 부응해 GS리테일은 향후 채용에서도 MZ세대 면접관을 전면 배치할 전망이다.

중소기업도 이런 흐름에서 예외는 아니다. 2001년 창업한 패스트패션(SPA) 브랜드 몬테밀라노는 저연차 실무 사원이 채용 면접에 참여하는 인사 제도를 창업 초기부터 지금까지 20년 이상 유지하고 있다. 오서희 몬테밀라노 대표는 "회사 간부가 면접을 하면 자신의 위치에서 신입 사원을 판단하는 오류가 생길 수도 있다"며 "함께할 바로 위 선배 직원이 후배를 뽑는 것이 회사를 효율적이고 유기적으로 끌어가는 데 도움이 된다고 판단했다"고 말했다. 몬테밀라노는 직원 급여 인상에 대한 권한도 팀장이 갖고 있다.

기업들이 20~30대 면접관을 투입하는 이유는 더 이상 기존 잣대로는 인재를 평가하기 어렵다고 판단했기 때문이다. 인재를 보는 시각이 간부급과 차이가 있음을 인정한 것이다. MZ세대 면접관은 취준생과 비슷한 나이대라 그들의 취향과 감성을 잘 알고 있는 만큼 간부가 파악할 수 없는 잠재성을 발견해낼 수도 있다. 채용 후 함께 일하며 가장 많이 소통하게 되는 것도 결국 MZ세대 실무진인 만큼, 채용에 있어서 이들의 시각을 반영하는 것은 중요해 보인다.

MZ세대에 맞게 인사 제도를 바꿔 조직 문화를 개선한다

최근 새로운 가치관과 소비 행태로 트렌드를 이끄는 MZ세대가 핵심 소비층으로 부상하면서 기업에 변화의 바람이 불고 있다. MZ세대만을 위한 멤버십 출시, 제품 개발, 마케팅 전략 구축, MZ세대로 구성된 팀 구성 및 프로젝트 운영 등 MZ세대의 기업 내 활동 반경을 넓히고 있는 것. MZ세대를 위한 상품 출시 및 프로젝트 운영 외에 트렌드에 민감한 유통업계를 선두로 채용에도 변화를 꾀하고 있다.

MZ세대 인재를 영입하기 위해 기업들이 잇달아 'MZ면접관 제도'를 도입하고 있다. 기존 면접에 팀장과 임원 등 최소 실무 10년 차 이상 직원들이 투입됐던 것과는 달리 주요 소비층이자 인력으로 부상한 MZ세대의 눈높이에 맞추고 트렌드에 밝은 인재를 발굴하기 위해 변화를 시도하고 있는 것이다. 지원자들의 입장에서도 MZ세대 면접관은 반가운 존재다. 인크루트가 조사한 바에 따르면, 조사 대상자 1021명 중 71.9%가 MZ세대 면접관을 긍정적으로 받아들였다. 이유로는 '세대별 의견의 반영으로 공정한 채용이 가능하다'(81.1%), '팀원간 유대와 조직력이 강화된다'(45.1%)라고 답했다. MZ세대 면접관을 부정적으로 생각하는 이유로는 '경력이나 경험 부족으로 평가 기준이 모호하다'(43.2%)를 가장 많이 꼽았다. 'MZ세대 면접관은 면접 연습을 따로 해야 할 것 같아서'(30.9%)도 높은 비율을 차지했다(복수 응답 허용).

한편, MZ세대 직원들이 기업에서 주요 프로젝트를 맡는 사례도 늘고 있다. 단순히 업무에 의견을 반영하는 수준을 넘어 아예 실무 결정권을 갖게 하는 것이다. CJ제일제당은 2022년 4월 MZ세대 직원 6명이 운영하는 사내 독립기업(CIC) '푸드 업사이클링'의 전문 브랜드 '익사이클'을 론칭하고 스낵 제품을 선보인 바 있다.

현대백화점은 평균 나이 29.8세로 꾸려진 미래사업팀을 통해 신규 투자처를 발굴하고 있다. 이를 통해 2021년 편의점 형태의 의류 매장을 운영하는 유통 스타트업에 30억 원의 지분 투자를 결정하기도 했다. 이는 현대백화점이 스타트업에 투자한 첫 사례이기도

하다.

홈플러스도 최근 MZ세대 직원들을 주축으로 하는 조직 문화 개선 담당 TF를 출범시켰다. 재직 기간 3년 이하, 평균 나이 27세 직원 13명으로 구성됐는데, 2030세대 직원들의 눈높이에서 조직 혁신 방안을 모색하고 실질적인 해결법을 전파한다는 방침이다.

티몬은 직원들의 급여를 '게이미피케이션 레벨 제도'에 따라 지급할 계획이라고 밝혔다. 직원 개개인의 성과에 따라 급여 구간별 경험치가 쌓이고 레벨이 오르면 다음 달 월급이 바로 인상되는 형식이다.

LG유플러스는 임원들이 MZ세대 신입 사원들에게 MZ세대 트렌드를 배우는 '리버스 멘토링'을 진행하고 있다. 평균 나이 25세의 신입 사원들이 멘토로서 유플러스 임원들에게 가르침을 주는 것이다. 유통업계 인사 관계자는 "조직 문화에서 젊은 사원들의 의견을 반영하는 구조는 필수적"이라며 "각 기업이 2030을 주축으로 젊은 감각에 맞게 조직 문화 혁신에 나서는 것이 실질적인 효과를 거두고 있으며 이런 흐름은 지속될 것"이라고 내다봤다.

Job Trend

04 MZ세대 면접관의 장점 5가지

면접관은 훌륭한 지원자를 발견해내는 파트너다. 특히 MZ세대 면접관은 같은 세대 지원자를 배려하고 동지애를 형성할 수 있다는 장점이 있다. 직원들에게 채용 결정에 참여하도록 권한을 주면 오너

십이 만들어지는 효과도 기대된다. 오너십을 가지고 회사 문화를 지지하고 따르는 직원들을 인터뷰에 참여하도록 하면 직원들의 조직 몰입을 유지하는 데도 유리하다. 게다가 채용 경험과 관련해서 업무 유형, 복리후생, 채용 담당자와의 소통보다는 면접관들과의 대화가 더 중요한 것으로 나타났다. 구글은 이 점을 면접관들에게 알려주고 그들의 역할이 인터뷰 과정 자체와 회사 문화에 매우 중요하다는 점을 강조하고 있다.

1. MZ세대 면접관은 열린 마음으로 지원자를 환대한다

과거에는 중년 직원들의 '압박 면접'이 대세였다. 그러나 지금은 MZ세대 면접관의 '환대 면접' 시대다. MZ세대 면접관은 지원자들과 같은 세대인 만큼 지원자와 친밀감을 형성하고 다양한 관점에서 이들을 평가한다. 이런 면접 경험은 지원자에게 좋은 기억으로 남게 된다.

2. MZ세대 면접관은 기존 면접관보다 공정하게 평가한다

예전에는 채용 비리로 처벌을 받는 사례가 비일비재했다. MZ세대 면접관을 활용하면 팀원, 팀장 등 세대별 의견이 골고루 반영돼 객관적이면서 공정한 채용이 될 가능성이 크다.

3. MZ세대 면접관은 현장에서 팀워크의 중요성을 잘 알고 있다

MZ세대 면접관은 '팀플'이 중요하다는 것을 그 누구보다 잘 안다. 이들은 면접 과정에서 회사의 일원으로서 과거의 성공담과 실패담을 이야기하며 지원자와 정보를 공유한다. 현장에서 직접 뛰는 MZ세대 면접관은 업무 수행 능력을 재빠르게 파악해낼 뿐만 아니라 회사 특유의 조직 문화에 적합한 사람을 골라내는 데 뛰어난 모습을 보인다.

4. MZ세대가 채용 면접 과정을 직접 경험하면서 직원들의 유대감이 강화된다

MZ세대 면접관이 MZ세대 직원을 채용하면서 직원들의 유대감이 강화되고 있다. 지원자로선 MZ세대 직원 중심의 조직 문화 개선 담당 TF 출범, 연봉, 복지 등 회사에 대해 궁금했던 것을 잘 알려주는 면접관을 좋아할 수밖에 없다.

5. MZ세대가 채용에 참여하면 딱딱해지기 쉬운 면접이 참신해진다

면접관의 태도는 입사를 결정하는 데 큰 영향을 미친다. MZ세대 면접관은 일종의 퍼포먼스처럼 보일 수도 있으나, 지원자의 눈높이에서 접근하는 질문과 피드백으로 면접장의 경직된 분위기를 완화할 뿐만 아니라 기성 세대에게서는 볼 수 없었던 참신한 시각을 더할 수 있다.

참고문헌

· 권경원, 〈[토요워치] 평생직장? 이제는 '잡호핑' 시대…네트워크 채용 시장이 뜬다〉, 서울경제, 2019.8.30.

· 명희진, 〈"입사 4년 차가 신입 뽑는다"…채용 시장 바꾸는 'MZ 면접관'〉, 서울신문, 2022.11.15.

· 박혜원, 〈"부장님 대신 대리가 뽑는다"…달라진 채용 시장〉, jobsn, 2022.5.21.

· 김주수, 〈환승이직에 대처하는 HR의 자세〉, 한경 CHO Insight, 2023.5.23.

· 콜린 브라이어·빌카, 유정식 옮김, 《순서 파괴》, 다산북스, 2021.

https://www.wanted.co.kr/events/practical-guide-for-hr-peer-interview

https://premierexecutiverecruiting.com/cross-functional-team-interviews-are-a-critical-part-of-the-interview-process-and-here-is-why-2/

04

다이렉트 소싱

#다이렉트소싱 #리크루터 #JD #커피챗 #작살형채용 #역채용
#리버스리크루팅 #리버스인터뷰 #인바운드채용 #아웃바운드채용

그 팀은 언제나 내 마음속에 있다.
그들과 함께했던 시간을 영원히 잊지 못할 것이다.
그러나 사람의 미래는 모르는 것. 내가 다시 돌아가지 못할 이유는 없다.

– 세스크 파브레가스(Cesc Fabregas)

01 다이렉트 소싱

'낚시형 채용'에서 '작살형 채용'으로 변한다

커피 마시면서 간단한 대화를 나누는 '커피챗'을 하면서 정보를 교환하거나 이직을 하는 일이 많아지고 있다. '커피챗(Coffee Chat)'이란 '커피(Coffee)'와 '챗(Chat)'의 합성어로, 말 그대로 차 한 잔 마시면서 격식을 차리지 않고 나누는 대화를 의미한다. 요즘 스타트업이나 중소기업에서는 면접 과정의 일부를 커피챗 방식으로 진행하고 있다. 공식적인 채용 절차는 아니지만 기업과 지원자가 서로 탐색하는 자리의 역할을 하고 있는 것이다. 지원자로선 당장 이직할 생각이 없어도 잠재적인 이직 가능성을 열어둘 수 있어서 나쁘지 않다. 나아가 이직 제안을 받더라도 이력서를 올려두고 구직에 '올인'하는 것이 아니라, 말 그대로 '누구나 다 하는' 비즈니스 플랫폼을 통한 정보 공개 방식이라 현재 다니고 있는 회사와 마찰이 벌어질 가능성도 낮다.

지금까지 일반적인 채용 방식은 구인 기업들이 채용 공고를 올리면, 구직자가 이력서를 접수하고 서류 합격자를 대상으로 면접을 본 후 최종 합격자를 선발하는 형태였다. 이런 고정된 형태에서 벗어나 최근 비즈니스 플랫폼을 중심으로 활발한 채용이 이뤄지고 있다. 핵심 인재 채용난이 심화됨에 따라 기업에서 먼저 좋은 인재들을 찾아 영업에 나서면서 이 같은 움직임이 나타나고 있다. 예전에는 헤드헌터들만 지원자들에게 먼저 연락했다면, 이제는 기업의 채용 담당자들도 잠재적 지원자에게 직접 연락을 하고 있는 것이다.

마냥 기다리던 '낚시형 채용'에서 직접 물속으로 들어가는 '작살형 채용'으로 변한 지 오래다. 인바운드 채용에서 아웃바운드 채용으로 변화하고 있는 것이다. '인바운드 채용'은 더 많은 지원자를 회사에 유치하는 데 유리하다. 이러한 노력에는 채용 공고, 채용 페이지, 고용 회사 브랜드 메시지의 지속적인 홍보가 포함된다. '아웃바운드 채용'에는 선발 포지션을 채우기 위해 개인 후보자에게 선별적으로 접촉하는 채용 담당자, 헤드헌터, 채용영입팀의 활동이 포함된다. 여러 직급의 다양한 포지션에 대해 채용을 진행할 계획이라면 인바운드 채용이 효과적이고, 고도의 전문기술이나 높은 재능을 필요로 하는 인재를 채용할 계획이라면 아웃바운드 채용이 필수적이다.

'다이렉트 소싱'은 회사에 맞는 인재를 공개 모집하는 것이 아니라 회사가 직접 인재를 찾아 적극적으로 나서는 채용 방법을 의미한다. 다이렉트 소싱은 인재 확보 과정에서 채용 담당자가 시간이 지남에 따라 최고의 인재와 관계를 구축할 수 있도록 지원자와 직접 커뮤니케이션하는 채용 전략이다. 기업이 제3자인 헤드헌터 대신 자체적으로 인재를 찾고 채용하는 방식이다. 그러나 모든 분야의 채용을 다이렉트 소싱으로 진행할 수는 없으며 사실 그럴 필요도 없다. 뚜렷한 기준을 세우고 다이렉트 소싱을 적용할 포지션과 그렇지 않은 포지션을 구분하는 절차가 선행되어야 한다.

글로벌 기업에서는 '채용(Recruitment)'이라는 용어 자체가 '인재 영입(Talent Acquisition)'으로 변경되고 있다. 인재 영입은 기업이나 조직이 필요한 인력을 찾고 확보하는 전략적 접근 방식을 강조한 용어다. 인재 영입은 종종 인재를 찾고 채용하는 절차인 '리크루팅(Recruiting)'과 혼동될 수도 있는데, 두 용어는 분명한 차이가 있다. 인재 채용이 단순히 현재의 공석을 채우는 데 중점을 둔다면, 인재 영입은 조직의 미래 성장과 비즈니스 목표 달성을 위한 중장기적인 전략을 포함한다.

지금은 글로벌 경제가 인플레이션 공포에 빠진 가운데 각 기업의 구조조정이 본격화되는 시기다. 이런 상황에서 기업에는 확실한 실력을 가진 직원이 절실하다. 비상 상황에서 구조조정을 하면서도 능력 있는 직원의 필요성은 커지는 아이러니한 상황이다.

다이렉트 소싱을 하는 리쿠르터

성공적인 채용을 위해서는 나무가 아닌 숲을 보는 것처럼 어떤 사람이 필요한지보다 조직이 어떤 방향으로 나아가야 할지 고려해야 한다. 회사에 적합한 지원자를 채용하기 위해서는 직무기술서, 즉 JD가 중요하다. 구글은 '잡 디스크립션 체크리스트(Job Desciption Checklist)'를 통해 구직자나 잠재적 구직자에게 균등한 수준의 정보를 제공하고 있다. 이를 통해 직무 영역, 역할, 책임, 직무 자격 등 어떤 일을 하는지 구체적으로 설명한다. 특성이 아닌 행동을 강조하는 것이다. 행동은 증명되고 발전시킬 수 있다. 아울러 업무보다 더 중요한 팀 내 분위기 및 사람들과의 융화를 고려한다.

다이렉트 소싱은 담당자가 경력직 후보자를 탐색하는 것부터 제안, 채용까지 모든 과정을 서치펌(Search Firm, 헤드헌팅 기업)의 지원 없이 직접 처리하는 방식을 뜻한다. 비용을 절감하는 것은 물론 지원자에게 긍정적인 채용 경험을 제공한다는 측면에서 2024년 채용 트렌드에서 인재난을 극복할 하나의 해결책으로 주목받고 있다. 채용 브랜딩 측면에서 구직자, 직원에게 좋은 인상을 심어줘 기업의 평판이 좋아지는 효과도 기대된다. 다이렉트 소싱에 치중하다 보면 당연히 경력자 중심의 채용이 활기를 띠고, 현재의 기업에서 이미 인정받아 안정적으로 근무하는 '능력자 직원' 쟁탈전이 심화될 수밖에 없다. 변화를 추구하는 기업에는 비즈니스 네트워크 플랫폼이 그 '능력자 직원'을 확보할 수 있는 도구가 되기도 한다.

최근 많은 기업들이 헤드헌터 경험이 있거나 서치펌에서 근무한 경험이 있는 사람을 인사 담당자로 뽑거나, 아웃소싱이 아닌 다이렉트 소싱 경험을 선호하거나, 스타트업에서 많이 사용하는 사내 추천 제도 등을 통해 내부 사람들의 지인을 적극적으로 채용하는 등 채용에 있어 변화가 나타나고 있다.

구글에는 3800여 명의 리쿠르터(Recruiter)가 있다. 구글 직원 30명 가운데 1명이 사람을 뽑는 일만 전담하는 리쿠르터라는 말이 있을 정도다. 구글의 리쿠르터 직원 숫자는 한국의 웬만한 중견기업 직원 수와 맞먹는다. 이들은 각각 팀별로 배정돼 지원자들의 이력서를 검토하고 스카우트를 담당한다. 구글 인사부 수석부사장이었던 라즐로 복(Laszlo Bock)은 'DIY(Do It Yourself)'를 강조했다. 그는 또한 지인의 추천을 적극 활용할 것을 권했다. 평균적 인재들만 허다한 외부 채용 아웃소싱보다는 다이렉트 소싱으로 스스로 인재를 끌어모으라는 것이다. 이는 실리콘밸리 기업들이 즐겨 사용하는 모델이기도 하다.

일본에서도 기업들의 채용 방법에 변화가 생기면서 관계자들 사이에서 다이렉트 소싱이 빠르게 퍼져 나가고 있다. 회사에 맞는 인재를 공개 모집하는 것이 아니라 사측이 직접 찾아 나서는 채용 방법을 뜻하는 다이렉트 소싱의 대표적인 예로 일본에서는 '역구인 채용'과 '리퍼럴 채용'이 새로운 흐름으로 등장했다. 사이트에 등록한 취준생에게 기업이 메일이나 문자로 입사 여부를 타진하는 역구인 채용은 일본HR종합연구소가 채용 담당자들을 대상으로 한 '신입 사원 채용에 관한 조사'에서 그 존재감을 매년 키워가고 있다. 오퍼박스(OfferBox)나 잡라스(JOBRASS) 같은 역구인 사이트를 이용하는 취준생이 크게 늘어나고 있는 것. 역구인 사이트는 취준생과 기업을 연결해주는 별도의 매체가 존재하지만 리퍼럴 채용은 기업 인사팀이 주축이 되어 기존 직원이나 업계 관계자 등에게 지인을 추천받는 형태로 이뤄진다.

다이렉트 소싱을 활용하는 기업들에 구체적 방법은 무엇인지 묻는 질문에 가장 많은 55%의 기업들이 '역구인 사이트 활용'을 꼽았고 2순위가 바로 '직원으로부터의 소개'(48%)였다. '합격자로부터의 소개'(23%)와 '거래처 등으로부터의 소개', 'SNS 활용'(각 10%)도 기업의 인사팀이 주로 활용하는 리퍼럴 채용 수단으로 확인됐다(복수 응답 허용).

취업 정보 사이트를 통해 유입되는 대량의 지원자에 비해 사내 직원이나 거래처 등의 추천을 받을 경우 지원자의 신뢰도가 높아질 뿐 아니라 퇴사 확률도 확연히 줄어드는 장점이 있다. 특히 IT 계열 기업들은 지원자 개개인의 기술 숙련도를 입사 전에 정확하게 판단하기 어려운 만큼 리퍼럴 채용을 특히 선호하는 모습이다.

Job Trend
03 다이렉트 소싱 – 국내 동향

최근 챗GPT가 쏘아올린 AI 인재 쟁탈전이 치열해지고 있다. SK텔레콤(SKT), KT, LG유플러스 등 국내 3대 통신사는 다이렉트 소싱을 통해 국내 AI 인력들과 물밑에서 활발히 접촉하고 있다. 한 채용업계 관계자는 "업계의 AI 인력 중 SKT, KT, LG유플러스 등 통신 3사의 '잡 오퍼(Job Offer)'를 받지 않은 사람이 없을 정도"라며 "몇 안 되는 AI 인력을 대기업이 독차지할까 봐 걱정"이라고 말했다.

2023년을 'AI 컴퍼니 원년'으로 선언한 SKT가 통신 3사 중 가장 적극적으로 관련 인력을 유치하는 데 나서며 기업간 다툼이 치열해지고 있다. 얼마 전 네이버 클라우드는 SKT에 AI 핵심 인력을 빼가는 행위를 중단하라는 취지의 내용증명을 보낸 바 있다. 네이버 클라우드에서 AI 사업을 담당했던 정석근 전 총괄이 SKT 아메리카 대표로 이직한 이후 AI 인력들이 SKT로 대거 이탈하려는 움직임이 포착됐기 때문이란 설명이다. 통신사를 중심으로 한 AI 인재 쟁탈전이 과열화되는 양상은 1~2년 전 IT·게임업계를 중심으로 한 개발자 쟁탈전을 떠올리게 한다. 2022년 초 웃돈을 주고 모셔올 만큼 치열했던 개발자 채용 전쟁이 이제는 AI로 옮겨간 모양새다. 현재 개발자 채용 거품이 꺼지고 옥석 가리기가 어느 정도 진행된 것처럼 AI 인력 쟁탈전도 비슷한 흐름을 보일 것으로 예상된다.

다이렉트 소싱은 기업 문화도 바꿔 나가고 있다. 구인구직 시장의 구직자들을 중심으로 채용이 진행되는 것은 과거의 일이 되었다. 최근에는 비즈니스 네트워크 플랫폼을 통해 이직에 큰 관심이 없지만 높은 수준의 사업 성과를 일궈낸 인재를 찔러보는 모습이 자주 보인다.

쿠팡은 다이렉트 소싱을 적극적으로 실시하고 있는 기업이다. 쿠팡은 사무직 채용과 관련해 외부 리소스 의존도를 꾸준히 낮춰 2018년 현재 서치펌의 채용 기여율을 2% 이하로 줄였다. 쿠팡은 2018년까지 채용의 통일성 확충, 효율성 상승, 비용 절감을 이루고, 2019년부터는 채용의 고도화를 통한 후보자 편의성, 채용 확장성, 인재 관리 등을 발전시킬 계획을 세웠다. 이를 위해 '다이렉트 소싱 모델'을 적극 활용하고 있다. 이는 급격하게 성장하는 비즈니스의 수요를 맞추기 위한 시도이기도 하다.

쿠팡의 채용 모델은 다른 회사들과 비슷하다. 이력서 검토 및 전화를 통한 스크리닝을 진행한 후 구조화 면접에서 채용을 결정한다. 이 과정에서 서치펌, 헤드헌터 등을 활용하지 않고 사내에 채용 조직을 두는 것을 고려하고 있다. 사업의 니즈가 빠르게 변하는 만큼, 채용에 대한 요구가 발생한 뒤 후보자 발굴 및 채용에 나서면 적시에 인재를 채용하기 어렵기 때문에 채용 담당자들은 지속적으로 HR 비즈니스 파트너와 커뮤니케이션하면서 어떠한 인재가 필요할지 고민한다. 이를 위해 쿠팡 채용팀에는 인재 발굴만 전문적으로 하는 소서(Sourcer) 직무를 따로 두고 있으며, 마켓 리서치 및 탤런트 커뮤니티(Talent Community)를 지속적으로 확대하고 있다.

쿠팡은 또한 아마존의 바 레이저 제도를 참고해 채용을 결정하는 데 있어 '레이저 더 바(Raiser the Bar)' 제도를 활용하고 있다. 모든 채용 결정에 있어서 '이 채용을 통해 우리가 기준보다 높은 인재를 뽑을 수 있는가?' 여부를 따져보는 것이다. 쿠팡에 새로 입사하는 모든 직원은 기존 직원보다 더 뛰어난 능력을 보유하고 있어야 하며, 이들의 입사를 통해 회사의 바(Bar)를 끌어올리는 것을 추구한다. 이는 양질의 신규 직원을 뽑는 기준이 되며 잘못된 채용으로 발생할지도 모르는 비용을 미연에 방지한다는 장점이 있다. 이런 기준하에서는 아무리 급해도 기존 직원보다 더 뛰어난 사람이 아니면 채용할 수 없다.

비즈니스 네트워크 플랫폼의 실제 지표에서도 다이렉트 소싱 열풍을 확인할 수 있다. 실제로 비즈니스 네트워크 플랫폼 리멤버의 '경력직 스카우트 서비스'를 통한 제안 건수는 2023년 2월 기준 누적 400만 건을 돌파했으며, 리멤버를 통해 매월 20민 건의 이직 제안이 오고 있다. 이직 대상은 가장 활발하게 움직이는 기업의 허리급 인재인 5~12년 차가 핵심이다. 리멤버는 최근 연봉 1억 원 이

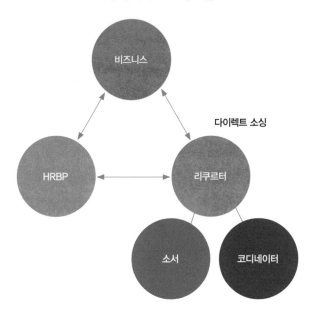

쿠팡의 다이렉트 소싱 모델

비즈니스

다이렉트 소싱

HRBP

리쿠르터

소서

코디네이터

상 직원들로 구성된 '블랙'을 출시했다. 이를 바탕으로 이직 시장을 장악하겠다는 포부다.

리멤버는 "기존 구인구직 서비스는 '잡보드(Job Board)' 중심의 서비스로, 신입 공채 등 공고를 걸어두기만 해도 구직자들이 알아서 몰려드는 직무에 적합한 채용 방식이었다"며 "문제는 현업에 종사 중인 핵심 경력직 인재들은 채용 공고를 들여다보지 않는다는 것"이라고 지적했다. 이어 "그럼에도 불구하고 이들 경력직에게는 항상 좋은 이직의 기회가 열려 있다"면서 "실제로 리멤버 회원 1500명을 대상으로 설문조사한 결과, 적극적으로 이직처를 찾지 않더라도 전체의 73%가 좋은 제안을 받았다고 답했다"고 덧붙였다.

리멤버가 500개 회사 HR 담당자를 대상으로 설문조사한 결과, 응답자의 66%가 채용 비용 효율화에 대한 니즈가 있는 것으로 확인됐다. 비용 효율화 방법으로는 다이렉트 소싱(62%)이 1순위로 뽑혔다. 비용 절감은 물론 지원자에게 긍정적인 채용 경험을 제공한다는 측면에서 2023년 경기 침체와 인재난을 극복할 하나의 해결책으로 다이렉트 소싱이 주목받고 있다.

채용 트렌드가 잡보드 중심에서 비즈니스 네트워크 플랫폼을 통한 수시채용으로 흘러가는 상황에서 가장 난감한 이들은 아직 내세울 것이 없는 신입 직원이다. 직장인 SNS 익명앱 블라인드에서도 이 같은 사실을 확인할 수 있다. 2023년 1월 전체 가입자가 800만 명을 돌파한 가운데 개편에 들어간 블라인드의 채용 서비스인 '블라인드 하이어'가 대기업 재직자들을 중심으로 외연을 확장하는 등 존재감이 강해지고 있다. 국내 10대 그룹 가입자의 월간 활성 이용자 수(MAU) 대비 일간 활성 이용자 수(DAU)의 비율은 무려 50%에 달했다. 이는 블라인드에 이틀에 한 번꼴로 방문한다는 의미로, 세계 최대 구인구직 플랫폼보다 1.5배 높은 수치다. 이를 바탕으로 직장인 SNS 익명앱으로 출발한 블라인드는 경력직 이직 제안을 둘러싼 대경쟁의 전면에 나설 계획이다.

라이프스타일 슈퍼앱 오늘의집을 운영하는 버킷플레이스의 경우, 2022년 6월 한 달간 최고기술책임자(CTO), 창립 멤버 개발자, 쿠팡 및 구글 출신 개발자가 나서서 40여 번의 커피챗을 진행하고 애플(Apple), 메타플랫폼스 등 글로벌 빅테크 출신의 개발자를 영입했다. 버킷플레이스 관계자는 "요즘에도 주요 책임급 리더가 시니어 개발자를 대상으로 기업 문화와 개발 직무에 대해 설명하는 커피챗 시간을 가지고 있다"고 말했다.

여가 플랫폼 기업 야놀자도 커피챗 문화가 있는 기업 중 한 곳이다. 야놀자는 2022년 6월 직원들에게 커피 및 식사 상품권을 제공해 직원들이 입사 가능성이 있는 후보자들과 차를 마시거나 식사를 하면서 회사를 소개하고 채용을 추천할 수 있도록 했다.

모바일 금융 플랫폼 토스를 운영하는 비바리퍼블리카도 대내외적으로 커피챗을 장려하고 있다. 임직원이 '모시고 싶은' 인재와 식사를 함께하면서 회사에 대해 알려주고, 리크루팅팀(채용팀)이 지원자와 전화 통화를 하는 등 적극적으로 소통하고 있다. 토스는 특히 내부적으로도 커피챗 문화가 발달해 있어 직원들끼리 자유롭게 피드백을 주고받는 것을 장려한다.

회사의 채용 담당자라면서 혹은 인사팀이라면서 입사를 제안하거나 면접을 보러 오라고 하는 경우가 종종 있다. 메일로 연락을 주는 곳도 있고, 문자로 인사를 하는 곳도 있다. 경우에 따라서는 바로 전화를 하는 회사들도 있다. 각 기업의 상황이 모두 다르기 때문에 어떤 방법이 정답이라고는 할 수 없으며 어떤 방식이 더 효과적인지도 단정짓기 어려우나 정확한 것은 이런 회사들이 점점 많아지고 있다는 것이다.

04 다이렉트 소싱 시 유의해야 할 5가지 사항

성공적인 다이렉트 소싱은 하루아침에 이루어지지 않는다. 제대된 다이렉트 소싱을 위해선 인재풀을 구축하고 유지하는 데 시간을 할애하고 이를 적극 활용해야 한다. 많은 조직에서 숙련된 근로자 및 비정규직 근로자를 확보하기 위해 제3자 인력 공급업체를 참여시키거나 다이렉트 소싱 프로그램을 시작하고 있다. 이와 관련, 조직의 요구 사항과 현재 고용 구조에 따라 다이렉트 소싱이 최선의 선택이 아닐 수도 있음을 인식해야 한다. 또한 무엇보다 조직 내부의 판단이 중요하다는 것을 명심해야 한다.

1. 조직의 JD 작성 시 가능한 한 자세히 한다

채용 공고를 내려면 'JD'를 잘 작성해야 한다. JD 작성 단계에서 가장 중요한 것은 컷오프 기준을 설정하는 것이다. 예를 들면, 5년간 무려 5번 이직했다면 그 이유를 물어본다. 컷오프 기준을 구체화하면 서류 검토, 다이렉트 소싱, 면접 등에 소요되는 시간을 절약할수 있다. JD 작성 시 반드시 해당 업무를 가장 잘 알고 있는 사람에게 도움을 받도록 한다.

2. '소싱 타임'을 미리 정해두고 다른 업무를 재배치한다

조직 규모가 작을수록 직원 한 사람이 '일당백'해야 한다. 다른 업무가 많다 보니 리크루터는 '소싱 타임(Sourcing Time)'이 거의 없으며, 일정에 따라 후순위로 밀리기도 한다. 안타깝게도 많은 조직에서 다이렉트 소싱을 피하는 이유는 업무량이 너무 많다고 생각하기 때문이다. 소싱 타임에는 후보자와 대화하는 데만 최선을 다한다. 잠재적 후보자를 영입하려면 모든 대화에 최선을 다하는 것이 매우 중요하다.

3. 사내 추천 제도를 활용한다

사내 추천 제도(Employee Referral)의 가장 큰 장점은 시간을 절약할 수 있다는 것이다. 비용, 컬처핏, 직원 리텐션 등 사내 추천을 통하면 면접부터 처우 협의까지의 리드타임이 짧아지고, 입사 이후에도 조직 문화를 빠르게 받아들여 쉽게 적응하는 등 온보딩 과정에 소요되는 시간이 단축된다.

4. 생면부지의 후보자와 소통할 수도 있다

채용 담당자들은 뜬금없이 낯선 후보자에게 입사를 제의하기도 한다. 연락 수단은 메일이나 문자, 전화 등 다양하다. 최근에는 링크드인 등 SNS를 통해 연락하는 경우가 늘고 있다. 생면부지의 후보자와 처음 전화하는 것을 '콜드 콜(cold call)'이라고 한다. 이때 어느 회사의 무슨 팀에서 어떤 업무를 하는지, 이름과 직책 및 직급은 무엇인지 알려줘야 한다. 어떤 포지션인지, 입사 후 어떤 동료들과 함께 일하게 될지 자세히 알려준다. 설명이 길어질 것 같은 정보는 링크로 전달할 수도 있다.

5. 조직에 잘 맞는 인재는 빨리 버스에 태운다

채용에서 가장 중요한 것은 조직 문화 적합성이다. 기업 문화나 기업이 지향하는 가치와 맞지 않는 직원이 1명이라도 있으면 큰 손실이 빚어질 수도 있다. 자유로운 분위기에서 대화를 나누다 보면 지원자와의 합을 파악할 수 있다. 채용에 조직 문화를 반영하는 것은 매우 중요하다. 100% 조직에 맞는 인재는 없다. 80% 정도 맞다면 빨리 버스에 태워야 한다. 나머지 20%는 버스 안에서 채워도 된다.

참고문헌

· 김효진, 〈[지금 일본에선](181) 일본 기업 사이에 유행하는 새로운 직원 채용 방법 '다이렉트 소싱'〉, 뉴스투데이, 2018.7.23.

· 최진홍, 〈"커피챗 하실래요?" 채용 패러다임 변하고 있다〉, 이코노믹리뷰, 2023.4.28.

· 이원희, 〈첼시 파브레가스, "미래 모른다…아스널 돌아갈 수도"〉, 머니투데이, 2018.10.28.

· 김하경, 〈소개팅하듯 밥 먹고 차 마시며 면접을 본다고요? [스테파니]〉, 동아일보, 2022.12.4.

· 박태환, 〈불붙은 통신 3사(社) 'AI 인재' 쟁탈전…과열화 우려까지〉, 인베스트 조선, 2023.6.29.

· 알렉스 크리스티안, 〈9시부터 5시?…생산성의 개념을 바꾸는 '비선형 업무 시간'〉, BBC 워크라이프, 2022.11.12.

· 박하늘·전민아, 《리크루터의 채용 실무 가이드》, 루비페이퍼, 2023.

https://nhglobalpartners.com/direct-sourcing/

https://www.symphonytalent.com/blog/what-is-the-definition-of-direct-sourcing/

05

웰니스

#웰니스 #웰빙 #헬스 #건강 #피트니스
#MZ세대 #웰니스경영 #웰니스센터

건강은 당신으로 하여금 지금이 최고의 시절이라고
느끼게 만들어준다.
– 프랭클린 P. 애덤스(Franklin P. Adams)

01 웰니스의 시대

웰빙 시대를 넘어 웰니스의 시대가 온다

글로벌웰니스 보고서(Global Wellness Report)에 따르면, 팬데믹 시기에 급부상한 웰니스 시장은 연평균 9.9%의 성장률을 보이며 2025년 7조 달러(약 9300조 원) 규모에 이를 것으로 전망된다. 150개국의 웰니스 시장을 측정한 이 조사에서 한국의 웰니스 시장은 940억 달러(약 124조 원) 규모로 세계 8위를 차지했다.

'웰니스(Wellness)'는 세계보건기구(WHO)가 국제적으로 제시한 '건강'에 대한 정의를 보다 심화시켜 광범위한 관점에서 접근하는 새로운 건강관을 의미한다. '웰빙(Well-being)'과 '행복(Happiness)', '건강(Fitness)'의 합성어로, 육체적·정신적 건강의 조화와 함께 주변의 환경 요소까지 관리해 최종적으로 삶의 만족도를 높이는 건강한 삶을 뜻한다. 1950년경 미국의 의학자 헐버트 던(Halbert L. Dunn)에 의해 웰니스의 개념이 재정립되어 오늘날에 이르고 있다. '웰빙'은 육체적 건강과 정신적 건강이 서로 조화를 이루도록 추구하는 삶의 방식이다. 웰빙과 웰니스는 그 의미가 유사한데, 웰니스는 웰빙이 확대된 개념이라고 생각하면 된다. '웰니스'란 물리적, 환경적, 사회적, 정서적, 영적, 정신적 분야 등 다양한 분야에서 최상의 건강한 상태를 추구하는 동시에 최상의 삶의 질(quality of life)을 목표로 하는 매우 포괄적인 개념을 가지고 있다.

글로벌웰니스연구소 모델

물리적
Phisical

환경적
Environmental

정신적
Mental

웰니스
Wellness

사회적
Social

영적
Spiritual

정서적
Emotional

웰니스란 내가 원하는 대로 잘 사는 것

팬데믹의 불확실성으로 인해 많은 사람들이 신체적, 정신적 건강에 타격을 입었다. 기업은 임직원을 기계의 부품이 아닌 사람으로서 존중하는 문화를 가져야 한다. 이에 일과 휴식에서의 집중과 개인의 웰니스 활동을 함께하는 근무 방식으로 '웰니스 워케이션'이 등장했다. 미국 운동협의회는 웰니스를 '내가 원하는 대로 잘 사는 것'이라고 정의했다. 일과 휴식은 개인의 일상과 결코 분리될 수 없는 영역이다. 그만큼 우리는 매일 웰니스를 실천할 수 있으며, 사소한 부분에서도 그 성과를 경험할 수 있다.

웰니스 개념이 등장한 초창기에는 주로 의학, 건강, 체력 관련 분야에 적용되었지만 운동, 의류, 관광, 문화, 먹거리, 뷰티, 스파 등의 산업에서도 관심이 높아지면서 그 개념이 확대되고 있다. 최근에는 헬스케어 산업까지 아우르는 등 웰니스 시장은 거대 시장으로 성장하고 있다. 기업에서의 웰니스는 직원 복지를 포함하는 방식으로 건강을 정의하고, 지원을 아끼지 않는 직장 환경을 조성하며, 예방 중심의 건강 교육을 제공하고, 건강한 임직원의 행동과 노력에 대한 보상을 제공하는 방식으로 이뤄진다.

멀리 가려면 모두 함께 건강해야 한다

코로나19로 사람들의 삶은 많이 바뀌었다. 건강과 면역력 등이 사람들의 최대 관심사로 떠올랐다. 사람들이 건강에 신경쓰기 시작하면서 MZ세대 역시 무작정 다이어트하던 예전 젊은 세대와는 다른 모습을 보이고 있다. 팬데믹 이후에 신체적 건강과 건전한 생활 패턴에 대한 관심이 높아지면서 웰니스 시장이 급성장하고 있다. 통상 건강, 피트니스, 영양, 외모, 수면, 마음챙김(정신건강) 6대 분야로 세분화되는 웰니스 산업의 규모는 2021년 기준 1조 5000억 달러(약 1857조 원)로 추정된다. 특히 코로나19가 기폭제로 작용하면서 개인들의 웰니스 지출은 매년 5~10% 증가해 경기 침체 속에서도 호황 산업으로 자리 잡았다. 코로나 이후 웰니스는 '인내와 절제'에서 '즐거움과 편리함'으로 변화하고 있다.

직장 내 웰니스센터, 상담센터, 일-가정 지원 등의 복지와 함께 리더들의 자기-개념(Self-concept) 고취를 위한 학습과 성장 지원 또한 필요하다. 건강한 조직을 만들기 위해서는 조직 내 구성원들이 피로, 집중력 저하, 우울한 기분, 분노, 적개심, 절망감, 외로움 등 몸

과 마음이 보내는 신호를 간과하지 말아야 한다. 업무에 대한 책임
감과 마감으로 인한 긴장에 지속적으로 노출되면 몸은 피로와 집중
력 저하 같은 신호를 보낸다. 이때 자신의 한계를 설정하지 않으면
리더로서 해야 할 일에 대한 경계가 모호해지고 업무 과부하 상태에
빠지기 쉽다. 상급자나 고객의 불분명한 지시나 요구가 어느새 자신
의 책임이 되어버리는 것이다. 불분명한 지시나 요구에 대응할 때는
조직 차원에서도 그렇지만 리더 스스로도 그 한계를 명확히 할 필요
가 있다. 리더들에게 최적의 성과를 기대하려면 휴식과 재충전의 시
간이 주어져야 한다.

최근 많은 기업에서 재택근무, 리모트 워크, 자율 출퇴근제, 시차
출퇴근제, 선택적 근로시간제 등 유연한 근로시간제를 도입하고 있
다. 법률적 용어는 아니지만, 시차 출퇴근제는 1일 근무 시간만 충
족되면 출퇴근 시간의 옵션을 선택할 수 있는 제도다. 선택적 근로
시간제는 법률적 용어로 1일 근무 시간의 장단을 조절하는 제도다.
따라서 선택적 근로시간제를 도입하기 위해서는 법률에서 정해진
요건에 따라 설계하는 것이 중요하다.

개인의 내면을 확장해 억압된 모습을 드러내고 싶어 하는 욕망
은 숨겨놓은 여러 자아를 발현시킨다. 타인의 시선보다 중요한 것이
바로 있는 그대로의 내 모습이기 때문이다. 이러한 욕구가 '웰니스'
와 연결되고 있다. 질병 없는 상태인 건강을 기반으로 하면서 그 기
반 위에 풍요로운 인생, 멋진 인생을 실현하는 것이 웰니스의 목표
다. 무언가에 몰두하는, 열중하는, 삶의 가치를 발견하는 모든 과정
이 활력 넘친다면 웰니스라고 할 수 있다. 웰니스는 산책이나 건강

을 위한 작은 습관을 만들고 나만의 루틴을 반복하는 것으로도 충분히 가능하다. 사소한 실천이 모여 삶의 균형을 이루는 게 바로 웰니스의 지향점이기 때문이다. MZ세대는 물론 다양한 연령층의 사람들이 웰니스를 위해 자신만의 라이프스타일을 만들어 나가고 있다.

코로나 이후 조직 내에서 웰니스 프로그램들이 늘고 있다

웰니스는 질병 없는 상태인 건강을 기반으로 하면서, 그 위에 풍요로운 인생을 실현하는 것을 목표로 한다. 조직 내에서 웰니스는 어떻게 진행되고 있을까? 많은 조직들이, 특히 리더들이 건강을 잃거나 감정적 탈진을 겪지 않도록 노력하고 있다. 한 설문조사 결과 번아웃(burn-out, 심신이 소진돼 무기력증이나 우울증을 겪는 현상)을 겪는 리더들이 점점 늘어나고 있는 것으로 나타났다. 팀장으로의 승진을 회피하려는 현상이 만연한 것도 리더의 번아웃과 무관하지 않다. 리더는 끊임없이 밀려드는 과업과 과중한 책임으로 항상 스트레스와 긴장에 노출돼 있다. 번아웃은 이렇듯 직무 스트레스에 장기간 노출됐을 때 나타나는 증상으로 감정적 탈진, 비인격화와 냉소주의, 성취감 감소와 무능감 등을 특징으로 한다.

코로나19 팬데믹으로 건강에 대한 위기감이 고조되면서 역설적으로 '건강하게 잘 살기'에 대한 관심이 커지고 있다. 이동 제한과 인간적인 교류 중단 등 사회적 고립이 현실화되면서 적지 않은 사람들이 크고 작은 정신적 고통이나 신체적인 질환에 내몰렸다. 이에 따라 삶의 우선순위로 건강한 생활에 초점이 맞춰지고 있다. 그 과정에서 운동, 스트레스나 외모 관리에 대한 투자가 급증하고 있다.

신체적 건강뿐만 아니라 정신적 안정감을 함께 추구하는 적극적인 건강 지상주의가 보편화되고 있는 것이다.

02 웰니스 – 세계 동향

코로나19 이후 세계적으로 웰니스에 대한 관심이 높아진다

구글, GE, 나이키(Nike), 필립스(Philips), 인텔(Intel) 등 다국적 기업들이 웰니스 사업에 진출하면서 시장의 선점을 노리고 있다. 오랫동안 집에 갇혀 있어야 했던 팬데믹 기간 동안 많은 사람들이 셀프 케어 루틴을 시작하면서 웰니스에 대한 소비자의 관심이 자연스럽게 커진 데 따른 것이다.

글로벌 컨설팅 기업 맥킨지(Mckinsey)가 6개 국 7500명의 소비자를 대상으로 설문조사한 결과, 응답자의 79%가 웰니스가 중요하다고 생각한다고 답했으며 42%는 소비에 있어 웰니스가 최우선 과제라고 답했다. 미국에서 웰니스 열풍은 개인을 넘어 집단에도 영향을 끼치고 있다. 이에 따라 많은 기업이나 기관들이 직원들의 건강 개선과 능률 증진을 위해 웰니스 프로그램에 투자하고 있는 상황이다. 웰니스 시장은 건강한 라이프스타일, 가족과 자녀에 대한 복지, 지역사회 개발 및 여가, 일, 학습 및 기술, 자기 관리 및 독립적인 생활, 개인 안전 등 광범위한 스펙트럼을 포괄한다. 코로나 이후 일터에서의 건강은 더 이상 개인만의 문제가 아니게 되었다. 이에 한동안 대기업들이 앞다퉈 선언했던 ESG 경영에서 한 발 더 나아가 직원들의 건강 유지 및 증진을 경영의 관점에서 생각하고 전략적으로 실천하는 '웰니스 경영'이 트렌드로 떠오르고 있다.

2020년 발표한 갤럽의 보고서에 따르면, 조사 대상의 76%가 때때로 직장에서 번아웃을 경험하고 28%는 '자주' 또는 '항상' 번아웃을 느낀다고 답했다. 번아웃은 과로로 인해 발생하고 쉬거나 근무 시간을 줄임으로써 해결할 수 있다고 생각하는 경우가 많지만, 갤럽이 연구한 바에 따르면 번아웃은 직원이 실제로 일하는 시간보다 업무를 경험하는 방식에 더 큰 영향을 받는 것으로 밝혀졌다. 자신의 업무에 더 몰입하고, 적절하게 인정받고 보상을 받으며, 시간 단축, 원격 근무 또는 유연한 스케줄링을 통해 더 나은 업무 유연성을 제공받는 직원은 실제로 더 높은 웰빙을 향유하는 것으로 나타났다. 직원의 번아웃을 유발하는 주요 요인으로는 직장 내 부당한 대우, 관리할 수 없는 업무량, 경영진의 불분명한 커뮤니케이션, 매니저의 지원 부족, 불합리한 시간 압박 등이 있다. 기업 내 문화를 전반적으로 개발 및 개선하고, 직원들의 참여 방식을 개선하고, 명확한 커뮤니케이션 수단을 제공하고, 일관된 관리 및 투명성을 제공하면 직원들의 번아웃을 줄이는 데 도움이 된다. 이외에 웰빙 관련 서비스와 기타 특전을 제공하면 직원을 유지하는 데 큰 도움이 된다.

여러 조직에서 웰니스 워크숍, 마음챙김 훈련, 팀 구축 활동 및 스트레스 관리 프로그램을 포함해 신체적, 정신적, 정서적 건강을 다루는 포괄적인 웰니스 프로그램을 실시하고 있다. 웰니스 시장의 경우, 매출의 70%가량이 서비스 분야에 집중되어 있다. 소비자들이 개인화된 서비스에 대한 강한 욕구를 나타냄에 따라 보다 개인에 특화된 고급 서비스들이 선보일 전망이다.

코로나19 이후 전 세계적으로 건강과 영양에 대한 관심이 높아지고 맞춤형 소비 트렌드가 확산되면서 웰니스 식품 시장 또한 빠르게 성장하고 있다. 주요 국가별로 살펴보면, 유럽 국가 중에서는 이탈리아, 프랑스가 건강 및 피트니스 분야에 대한 1인당 지출 금액이 높게 나타났다. 주요 국가의 건강 추구 트렌드를 살펴보면 프랑스, 독일, 이탈리아 등에서는 건강을 위해 당, 지방, 인공첨가물 등의 섭취를 의식적으로 제한하는 소비자 비중이 높았다. 나아가 '장 건강', '스트레스 해소', '심장 건강' 등 구체적인 건강 효능에 관심이 높고, '면역력 강화', '항산화 작용' 등 예방 차원의 건강기능식품의 인기가 높아지고 있다. 특히 유럽 MZ세대를 중심으로 개인의 신체 및 정신건강, 건전한 라이프스타일에 대한 관심이 높아지면서 웰니스 식품 시장은 앞으로도 빠르게 성장할 것으로 전망된다.

이제 라이프스타일 웰니스로 전환하고 있다

미국 라스베이거스에서 열린 'CES 2023'은 당초 예상보다 훨씬 많은 11만 5000여 명의 업계 전문가들이 참여해 글로벌 테크 행사 중 최대 규모의 행사로 평가됐다. 스타트업 1000개 사를 비롯해 3200개 이상의 참관사가 오토모티브, 디지털 헬스케어, 지속가능성, 웹3.0, 메타버스 등 다양한 분야의 차세대 혁신 기술을 선보였다. 여기에서도 웰니스 트렌드가 엿보였다.

디지털 헬스케어 분야에선 디지털 치료제(Digital Therapeutics), 멘탈 웰니스(Mental Wellness), 우먼 헬스 테크(Women's Health Tech), 원격의료

(Telemedicine) 등 빠른 성장이 예상되는 분야의 여러 혁신 기술과 브랜드가 공개됐다. 대표적으로는 애보트(Abbott), 롯데헬스케어, 메드완드 솔루션(MedWand Solutions), 오므론 헬스케어(Omron Healthcare) 등이 참여했다. 'CES 2023'에서는 웨어러블을 넘어서 웰니스를 웨어러블과 결합한 다양한 제품들이 소개됐다. 웨어러블은 이제 스마트함을 넘어서 스타일 웰니스로 발전하고 있다.

최근 파리의 갤러리 라파예트(Gallerie Lafayette) 백화점의 지하 1층은 3000제곱미터에 이르는 면적 전체가 웰니스 갤러리로 바뀌었다. 웰빙 라이프를 제안하는 원스톱 토털 공간으로 변모한 것이다. "몸, 마음, 그리고 웰빙을 위한 서비스 제공"을 목표로 설정한 갤러리 라파예트는 200만 유로(약 28억 원)를 투자해 18개월 동안 리노베이션을 단행하고 2022년 8월 개장했다. '웰니스' 콘셉트의 패션, 뷰티, 관련 서비스 3가지 핵심 영역을 기반으로 애슬레저 패션과 셀프케어를 위한 뷰티, 부티크 피트니스 클럽과 터키식 사우나, 뷰티 케어 서비스, 로컬 푸드 카페로 구성됐다. 이 공간의 유지, 관리를 위해 총 14명의 전문 컨시어지팀을 운영 중이다.

웰니스 패션은 운동할 때의 모습이 스타일리시하면서 편안해 보이는 데 중점을 둔 15개 브랜드로 구성됐다. 환경과 지속가능성에 기반한 애슬레저 웨어들이 특징이다. 재활용 페트병 원사로 제작하고 다양한 사이즈로 인기를 끈 미국의 걸프렌드 콜렉티브(Girlfriend collective)부터 프랑스의 친환경 애슬레저 브랜드 서클(Circle), '마음 챙김'을 커뮤니티화한 알로 요가(Alo yoga) 등 스포츠웨어부터 라운지웨어, 아웃도어, 관련 소품, 로잉 머신 등 셀프 트레이닝 기구들도 찾아볼 수 있다. 600제곱미터 규모에 이르는 뷰티 섹션은 '클린 뷰티'를 테마로 스킨, 헤어케어, 향수, 아로마테라피, 이너뷰티 보조제, 뷰티 디바이스 등 갤러리 라파예트에 단독 입점한 40개 브랜드를 포함해 169개 브랜드를 볼 수 있다.

웰니스의 효용은 명확하다. 미국의료협회에서 발행한 〈파퓰레이션 헬스 매니지먼트(Population Health Management)〉에 게재된 연구 결과에 따르면, 현장에서 근무하는 직원 1800명을 대상으로 웰니스 프로그램을 실시하자 심혈관 질환과 스트레스성 질환의 위험이 대폭 완화되는 것으로 나타났다.

이밖에도 리더들이 직장에서 경험하는 스트레스로 감정적 탈진을 겪지 않기 위해서는 이들을 보호할 제도적 방법이 필요하다. 미래포럼은 "42%의 근로자가 밝혔듯" 번아웃이 계속 증가하고 있다며 고용주들은 이 문제를 무시해서는 안 된다고 지적했다. 자신이 번아웃 상태라고 밝힌 응답자들은 번아웃 상태가 아니라고 답한 응답자들에 비해 다음 해 새로운 일자리를 찾을 계획이라고 답하는 경우가 3.4배 더 많았다. HR 전문가들은 기업들이 번아웃에 적극 대처해야 한다고 목소리를 높였다. 이를 위해 일과 가정생활의 균형 찾기, 휴식 시간 장려하기, 사내에서 부딪치는 문제를 해결하는 과정 돕기, 직무 훈련 강화, 요가 수업이나 라이프 코치 같은 웰니스 프로그램 제공, 합리적이고 달성 가능한 작업량 보장 등 다양한 방법을 제시했다. 구성원들의 마음과 몸을 소중하게 여겨주는 회사의 배려에 직원들은 업무 의욕이 고취되는 것은 물론 조직에 대한 애정을 갖게 된다.

03 웰니스 - 국내 동향

신체 건강, 심리 안정, 업무 효율성 등을 증진하는 웰니스 복지

국내 기업의 복지 문화가 달라지고 있다. 추석·설 등 명절 상여금, 생일 축하 지원금 등 그동안 기업에서 흔히 볼 수 있었던 단편적인 복지 문화에서 벗어나 기업의 특색을 살린 독특한 복지 문화가 빠르게 퍼지고 있다. 코로나19로 우울증 등 심리적 어려움을 겪는 직원들에게 신체적·심리적 건강 관리를 제공하고, 임직원들이 건강한 습관을 형성하도록 돕는 한편, 가사 부담을 덜어주는 가사 서비스를 제공하고, 워케이션을 누릴 수 있는 힐링 오피스를 마련하는 등 직원들을 위한 다양한 '라이프케어' 복지 서비스를 도입하는 회사가 속속 등장하고 있다.

직원 건강 챙기는 웰빙 복지

코로나19로 웰빙, 웰니스 트렌드가 확산되면서 '웰니스 라이프'가 주목받고 있다. 국내 기업들은 다양한 챌린지로 직원들의 복지에 힘쓰고 있다. SK에너지는 하루 한 번 하늘 보기, 1만 보 걷기, 운동하기 등 다양한 챌린지로 임직원들이 신체 건강과 마음 건강을 챙길 수 있는 복지 서비스를 제공한다. 쿠팡도 매일 영양제 먹기, 감사 일기 쓰기, 하루 30분 책 읽기 등 직원들의 신체적, 정신적 건강 향상을 도울 수 있는 다양한 챌린지를 개설하고 직원들의 참여를 독려하고 있다. DB손해보험은 ESG 경영 실천과 건강 증진, 조직 문화 개선 등을 위해 임직원 전용 챌린지를 도입해 큰 호응을 이끌어낸 바 있다. 배달 앱 요기요를 운영하는 위대한상상은 ESG 경영 실천 및 임직원들의 건강 증진을 위해 건강 습관을 만들어주는 앱 챌린저스를 적극 활용 중이다. 건강 관리에 도움을 주는 4주 동안 매일 500ml 이상 물 마시기 챌린지가 가장 많은 참가건수를 기록했으며, 환경 보호를 위한 작은 실천하기 챌린지, 운동 인증하기 챌린지 등 소소하지만 확실한 챌린지들이 인기 순위에 올랐다. 챌린저스는 임직원 전용 챌린지를 이용한 총 12개 기업의 임직원 중 무려 40% 이상이 운동하기, 건강 보조 식품 먹기, 1만 보 걷기 등 신체 건강 관련 챌린지에 참여했다고 밝혔다.

한편, 육체적·정신적 피로감을 유발하는 가사 노동의 부담을 덜어주는 웰빙 복지 서비스도 인기를 끌고 있다. 토털 홈 클리닝 서비스를 제공하는 당신의집사는 임직원들의 가사 부담을 덜어주기 위한 기업들의 새로운 복지 제도로 떠오르고 있다. 당신의집사는 최근 브랜디, 펄어비스, 패스트파이브, 지웰홈스 등 꾸준한 기업간거래(B2B)를 통해 가사청소 서비스를 확장하고 있다. 기업들은 청소, 가사도우미 같은 생활 서비스를 복지로 제공함으로써 직원들의 근로 만족도와 업무 집중도를 동시에 높일 수 있을 것으로 기대했다.

점심 식사에 커피 구독까지 식(食) 복지

코로나 팬데믹 이후 근무 형태가 다양해진 데다 붐비는 식당 또는 카페에서 기다리거나 음식을 섭취하는 것을 꺼리는 임직원들을 고려한 '식(食)복지'가 인기를 끌고 있다. 벤디스가 운영하는 모바일 식권 플랫폼 식권대장은 앱을 통해 종이 식권, 식대 장부 같은 복잡한 시스템을 유지하는 데 들어가는 비용을 줄여 기업의 비용 절감과 직원들의 복지 만족도를 향상시켜주고 있다. 제휴 기업의 임직원들은 회사 근처 식당에서 식권대장 포인트를 자유롭게 사용할 수 있는 것은 물론 배달 식사를 통해 점심시간에 사무실 밖으로 나가지 않고 식사를 해결하거나 재택근무 시 장보기 서비스를 통해 집에서도 식품을 받을 수 있다. 사내 복지가 인재를 유인하는 기업의 주요 경쟁력으로 자리 잡으면서 식권대장을 찾는 기업들이 늘어나 벤디스는 빠른 성장세를 보이고 있다.

NHN페이코에서 운영하는 모바일 식권 서비스 페이코(PAYCO) 식권은 넷마블컴퍼니 및 넷마블 계열사 코웨이 등에 확대 도입되면서 사내 카페와 식당가를 대상으로 이용 편의성을 높여 나가고 있다. 넷마블 임직원 5000여 명은 신사옥 주변의 식당 및 사내 카페, 그리고 인근에 조성된 페이코 식권존에서 페이코 앱을 활용해 간편하게 식대를 결제할 수 있다. 넷마블은 2021년 3월 페이코 식권을 도입한 이후, 사내 카페 'ㅋㅋ다방'에 페이코 식권과 비대면 주문 서비스 페이코 오더를 추가 적용해 보다 편리하고 안전한 카페 이용 환경을 구축해 나가고 있다. 임직원들은 출근길이나 사무실에서 페이코 오더를 활용해 음료를 미리 주문하고 식권으로 결제하면 카페에서 기다리지 않고 음료를 가져갈 수 있다. NHN페이코는 고객사별 맞춤형 기능으로 식권 메뉴에 사내 카페에 바로 주문할 수 있는 버튼을 도입해 이용의 편의성을 높였다. 이 같은 분위기에 부응해 사무실을 대상으로 커피 원두와 커피머신을 대여해주는 커피 정기 구독 토털 서비스를 선보인 스프링온워드는 해당 서비스를 선보인 지 1년 만에 가입 고객사 500곳을 돌파하는 등 호조를 보이고 있다.

놀면서 일하는 '워케이션' 주(住) 복지

휴가지에 근무 공간을 마련해 업무와 휴식을 병행하는 근무 형태인 '워케이션(Work+Vacation)' 열풍은 여전히 뜨겁다. 특히 스타트업들 사이에서는 파격 복지 제도로 부상하고 있다. 위드 코로나 이후에도 여전히 코로나 감염에 대한 우려와 그로 인한 우울감에 시달리는 임직원들에게 충분한 재충전의 시간을 제공해 활력을 불어넣으려는 의도에서 시행되고 있는 것이다.

동영상 후기 플랫폼 브이리뷰를 운영하는 인덴트코퍼레이션은 직원들의 업무 효율과 사기 진작을 위해 제주도에 '제주 힐링 오피스'를 마련했다. 빽빽한 빌딩 숲을 떠나 제주도의 탁 트인 자연 속 새로운 공간에서 자유롭고 유연한 문화를 누리면서 업무 집중도를 높이고자 기획됐다. 제주 오피스는 총 2층짜리 독채 건물로 1층은 업무용 공용 공간, 2층은 직원들이 머무르는 개인 방과 게스트룸으로 구성됐다. 게스트룸은 가족들과 함께 이용할 수 있어서 업무를 마치면 가족과 함께 여행과 휴식을 즐길 수도 있다

디지털 마케팅 솔루션 기업 스토어링크도 워케이션 붐에 발맞춰 제주 애월과 협재에 2층짜리 단독 주택 두 채를 계약해 임직원들을 위한 일터를 만들었다. 이 공간에서 일과 휴가를 병행하는 워케이션을 즐기며 직원들은 만족도와 업무 효율성이 향상됐다고 평가했다. 회사는 직원들의 높은 만족도 등 좋은 성과에 힘입어 부산, 강원 양

양 등 다른 지역으로 워케이션을 확대하기 위해 검토 중이다.

야놀자는 강원도 평창에서 첫 워케이션 복지 서비스를 제공했다. 야놀자의 워케이션 제도는 효율적이고 유연한 근무 환경을 구축하기 위해 도입됐다. 신청자는 일주일간 현지에서 일과 휴식을 병행할 수 있다. 이를 위해 회사는 호텔, 식사, 법인차량 등을 지원하고 있다.

직원들의 거주 공간을 지원하기 위해 억대 주택 자금을 대출해주는 기업도 있다. 토스를 운영하는 핀테크 기업 비바리퍼블리카는 6개월 이상 근속한 정규직 직원을 대상으로 최대 1억 원까지 무이자로 주택 자금 사내 대출을 지원한다. 또 다른 핀테크 기업 핀다도 주택 자금 무이자 사내 대출로 최대 1억 원까지 지원해주고 있다.

강원랜드는 리조트 사업부 하이원리조트의 2023년 하이원 웰니스 프로그램 이용객이 1만 명을 돌파했다고 밝혔다. '치유의 쉼'을 테마로 한 하이원 웰니스 프로그램은 2회 연속 문화체육관광부·한국관광공사 선정 '추천 웰니스 관광지'에 선정되며 우수성을 인정받았다. 새롭게 개설된 '조향 클래스'는 한 시간 동안 조향의 기초 개념을 듣고 30가지 향료를 직접 시향한 후 취향에 맞는 3가지 향을 조합해 나만의 향수를 제작하는 프로그램으로, 매 주말 하이원 웰니스센터에서 진행된다. 이밖에 하루의 시작을 깨우는 명상과 요가로 구성된 '굿 모닝(GOOD MORNING)', 오후의 활기를 북돋아주는 숲 걷기와 관계 치유 명상으로 구성된 '굿 이브닝(GOOD EVENING)', 숲속에서 자연과 교감하는 '포레스트 힐링(FOREST HEALING)' 프로그램이 제공되고 있다. 일상에서 지친 심신을 치유할 수 있도록 다양한 웰니스 콘텐츠를 준비하고 있는 것이다. 이 같은 프로그램을 통해 천혜의 자연 속에서 진정한 의미의 휴식을 취할 수 있다.

코로나19 팬데믹으로 면역력에 대한 관심이 높아지면서 건강을 유지하기 위한 웰니스 여행지가 주목받고 있다. 매년 6월 둘째 주 토요일로 지정된 '글로벌 웰니스 데이'는 '단 하루가 당신의 인생을 바꿀 수 있다'는 슬로건 아래 일 년 중 단 하루라도 일상 속 스트레스에서 벗어나 어떻게 하면 더 건강하고 나은 삶을 살 수 있을지 고민해보고 잘 사는 것에 대한 인식을 고취시키기 위한 비영리적 국제 기념일이다. 이에 맞춰 호텔업계는 몸과 마음의 건강을 채울 수 있는 다양한 웰니스 패키지 및 프로그램을 선보이고 있다.

'위 호텔 제주(WE Hotel Jeju)'는 모기업 한라의료재단의 헬스 리조트 콘셉트를 도입한, 건강을 추구하는 안전한 호텔이다. 한라산 청정 자연을 품은 중산간 기슭에 위치해 맑은 공기와 청명한 하늘을 가까이에서 즐기는 힐링 및 웰니스 여행의 최적지라 할 수 있다. WE 호텔만의 차별화된 건강한 힐링을 온전히 느낄 수 있는 '웰니스 클럽 패키지(Wellness Club Package)'는 한라산 전망의 슈페리어룸 1박, 총주방장이 직접 만든 두세 가지 건강식을 맛볼 수 있는 웰빙 조식 뷔페 2인권, 피부 미용에 좋은 천연 암반수 사우나 2인권을 제공한다. WE 호텔에서는 매일 아침 청정한 자연을 온전히 느낄 수 있는 'WE 위드 유(WE with you), 힐링 포레스트' 프로그램을 만날 수 있다. 숲 놀이, 숲 명상, 숲 해설 3가지 프로그램을 순차적으로 순환하면서 진행한다. 전문 강사의 안내에 따라 자연을 이용한 미술 치유 '숲 놀이', 피톤치드 가득한 편백 숲에서의 '숲 명상', 그리고 제주 원시

림을 그대로 보존해 만든 산책로를 따라 걸으며 제주의 숲 이야기를 들려주는 '숲 해설'을 통해 자연 치유가 무엇인지 실감할 수 있다.

워커힐 호텔앤리조트의 비스타 워커힐에서는 '웰니스 GX' 패키지를 선보였다. 비스타 딜럭스룸 숙박과 더불어 건강한 식자재로 만들어진 워커힐 더 뷔페 조식이 기본 구성이다. 여기에 비스타 워커힐 4층 루프톱에 위치한 시그니처 보타닉 가든 스카이야드(SKYARD) 입장과 함께 평소 유료로 운영되는 웰니스 GX 프로그램을 1회 이용할 수 있는 혜택으로 포함된다.

특히 웰니스 GX 프로그램은 실내뿐 아니라 워커힐의 야외 부대시설을 운동 장소로 활용해 고객들이 아차산의 상쾌한 공기를 만끽하며 심신을 단련하고 활력을 재충전할 수 있는 시간을 제공한다. 스카이야드에선 도심 전경과 한강 뷰를 즐기며 요가와 명상을 체험할 수 있는 '스카이야드 릴리즈(Skyard Release)' 프로그램을 진행한다. 또한 야외 피크닉 공간 포레스트 파크에서는 커플 요가를 체험할 수 있다. 패키지 이용객은 웰니스 전문 코치들이 진행하는 고품격 그룹 운동을 즐기며 코로나 블루를 날리고 체력 증진을 도모할 수 있다. GX 프로그램은 요일별로 내용이 다르게 짜여 있다. 파워 스트레칭, 필라테스, 머슬 플로, 커플 요가, 명상, 힐링 보디 테라피 등 근육의 긴장감을 해소하고 혈액 순환을 개선시키며 근력 강화에 효과적인 프로그램이 체계적으로 구성되어 있다. 이외에도 패키지 투숙객을 포함한 비스타 워커힐 이용객은 스카이야드에서 한강을 바라보며 즐기는 따뜻한 풋스파, 요가 데크, 선베드 등 다양한 휴식 시설을 이용하며 색다른 힐링을 경험할 수 있다.

경북 울진군에 위치한 금강송 에코리움은 국내 최대 천연림 군락지인 금강송 숲에서 맑은 공기와 여유를 만끽하며 심신을 치유할 수 있는 체류형 휴양 시설이다. 에코리움은 문화체육관광부, 한국관광공사가 공동 추진한 '2021년 추천 웰니스 관광지' 최종 7개 소에 신규 선정되며 경북 대표 숲캉스 명소로 인정받았다. 금강송 에코리움은 자연 속 힐링을 찾아 방문하는 고객들이 내면까지 동시에 치유할 수 있도록 다양한 이너 힐링 콘텐츠를 선보인다. 금강송 에코리움만의 '리;버스 스테이' 프로그램은 체계적인 스케줄에 맞춰 쾌적한 숲길을 걷는 트레킹, 정신을 맑게 해주는 요가 등으로 심신의 힐링에 온전히 집중할 수 있게 해준다. 조식으로 시원한 국물 맛이 돋보이는 멸치 시락국, 석식으로 푸짐하고 얼큰한 버섯 만두 전골을 제공하며 상큼한 상그리아 만들기 클래스도 즐길 수 있다. 또한 글로벌 웰니스 데이를 기념해 심신을 동시에 치유할 수 있는 '차훈명상' 프로그램을 진행한다. 차훈명상은 뜨거운 차의 훈기로 호흡하며 얼굴과 몸을 정화하는 명상법이다. 눈과 귀를 맑게 해주는 것은 물론 마음을 안정시켜 더욱 깊은 내면의 치유를 경험할 수 있다.

04 웰니스를 실행할 때 유의해야 할 5가지 사항

코로나19 팬데믹으로 한동안 고립된 생활을 한 뒤 사람들의 삶은 송두리째 바뀌었다. 재택근무를 하면서 개인 생활과 직장 생활, 일과 쉼 간의 경계가 불분명해졌다. 직장과 집을 구분해주던 출퇴근이 사라지고 같은 공간에서 모든 것을 처리하게 됐다. 일이 삶을 파고들기 쉬워진 셈이다. 친구들이나 사회생활로부터 단절되는 현상도 나타났다. 코로나 이후의 세상에서 웰니스를 실행할 때 유의해야 할 점은 무엇일까?

1. 사무실에서 벗어나 주변 둘레길이라도 산책하라

웰니스의 시작점은 자연과 함께하는 것이다. 핸드폰은 호주머니에 넣고 나무와 하늘을 올려다보자. 퇴근한 뒤에는 이메일을 확인하지 않거나 업무 전화를 받지 않는다. 아예 핸드폰을 집에 두고 주변을 둘러보며 자연이 선사하는 모든 경이로움을 들여다보자.

2. 의자에만 앉아 있지 말고 몸을 움직여라

의자에 앉아 있으면 마음도 가라앉기 마련이다. 일단 의자에서 일어나 바깥으로 나가라. 헬스, 필라테스, 요가 수업을 듣는 것도 좋다. 잠든 에너지를 깨우면 기분이 금세 좋아진다.

3. 나만의 재충전 방법이 있는가? 스스로 돌보는 시간을 가져라

자신이 좋아할 만한 취미를 찾아본다. 캘리그라피, 독서, 그림 그리기, 베이킹, 요리, 테니스 등 다양한 취미를 즐기며 에너지를 얻을 수 있다. 혼자 즐기는 것을 좋아하는 사람이 있는가 하면 다른 사람들과 교류하며 에너지를 얻는 사람도 있다. 다각도로 고민하며 자신만의 재충전 방법을 찾아보자.

4. 업무 시간을 멈추고 잠깐 휴식을 취하라

해야 할 일을 생각하는 대신 지금 이 순간에 집중한다. 5분 미만이라도 자기 돌봄 시간을 가져야 한다. 나를 충만하게 하는 명상을 하는 것이다. 숨을 깊이 들이마셔라. 부교감신경계가 활성화되면서 피로감이 줄어들고 소화 기능도 좋아진다.

5. 부정적인 상황에서 긍정적인 의도를 찾아보라

스트레스를 조절하고 스스로를 돌보기 위해 할 수 있는 일은 의외로 많다. 관점을 바꿔보는 것도 그중 하나다. 관점의 전환을 시도한다. 부정적인 상황에서 어떻게 하면 긍정적인 면을 찾을 수 있을까? 관점 바꾸기는 카메라 렌즈를 줌렌즈에서 광각렌즈로 바꾸는 것이다. 관점 넓히기를 통해 더 나은 시간을 향유할 수 있을 것이다.

참고문헌

· 강홍민, 〈"건강·식사·휴가 우리 회사에서 챙겨 가세요" 복지 차별화 선언한 기업 인기〉, 매거진 한경, 2021.12.14.

· 노아윤, 〈지역 경제 활성화와 관광 생태계 회복 견인할 '웰니스 관광', 관점의 확대와 본질적 접근 통해 웰니스 워싱 견제해야〉, 호텔앤레스토랑, 2022.2.12.

· 서미영, 〈팬데믹 이후 호텔업계에 부는 '웰니스' 바람〉, 디지틀조선일보, 2021.6.3.

· 이주현, 〈번아웃을 느낀 당신을 위한 묘책 6가지〉, VOGUE, 2022.2.21.

· 이혜인, 〈웰니스(Wellness) 라이프에 주목하는 유럽의 백화점〉, 어패럴뉴스, 2023.6.4.

· 임소현, 〈코로나19 시대, 웰니스 가전이 뜬다〉, Kotra, 2020.11.26.

· 최용민, 〈신체·정신건강과 외모 관리…1800조 웰니스 시장 뜬다〉, 이코노미조선, 2023.1.30.

https://www.itworld.co.kr/news/292525#csidx026be2f5cd2ddb9afa6c1daa193cfc6

06

대체 불가능한
인재상

#대체불가능한인재상 #무인화 #키오스크
#챗GPT #대체가능한직업

모든 인간은 최고의 가능성이 있다.
여러분의 힘과 젊음을 믿어라. 7전 8기 정신을 배워라.
모든 게 여러분에게 달려 있다.
– 앙드레 지드(Andre Gide)

01 대체 불가능한 인재상

AI가 대체할 수 있는 직업이 늘고 있다

당신은 대체 불가능한 인재인가? 대체 불가능한 인재란 다른 사람보다 탁월하고 훌륭한 인재를 뜻한다. 반드시 붙잡아야 할 인재는 조직의 흥망을 결정할 힘을 가지고 있으며 높은 성과를 만들어내는 역량이 뛰어나다. '대체 불가능한 인재'란 고유성과 복제할 수 없는 가치를 지녀 대체할 수 없음을 의미한다. AI가 인간을 대체하는 시대, 소득의 양극화 시대, 중간이 사라지는 시대다. 대체 불가능한 인재만이 살아남을 수 있다. 회사에서 지속가능한 이익을 창출하는 사람이 진짜 대체 불가능한 인재다.

《사피엔스(Sapiens)》의 저자 유발 하라리(Yuval Harari)는 "의사가 간호사보다 먼저 대체될 것"이라고 전망했다. 의사가 할 수 있는 수술은 로봇이 할 수 있지만, 간호사가 할 수 있는 붕대를 감아주고 따뜻하게 이야기해주는 돌봄은 인간만이 할 수 있기 때문이다. 코로나 이후 사회적인 관계 속에서 규정되는 직업들, 혹은 사회적 관계가 다양하고 풍성한 사람들이 더 주목받는 시대가 올 전망이다.

인건비를 줄이기 위한 무인화 트렌드

코로나 이후 무인화(無人化) 서비스를 대표하는 키오스크(KIOSK)가 일상화되고 있다. 아예 직원이 상주하지 않는 무인 매장, 로봇이 서빙하는 식당도 늘어나는 추세다. 이제 단순히 주문 및 결제를 기계가 대신하는 키오스크뿐만 아니라 고객 행동 딥러닝 스마트카메라를 활용한 자동결제, 무게 센서를 통한 물품·재고 관리, 무인 출입 보안 시스템 등에 이르기까지 다양한 기술이 시장에 선보이고 있다. 포춘 비즈니스 인사이트(Fortune Business Insights)는 2020년 기준 세계 키오스크 시장 규모가 176억 3000만 달러라며, 연평균 9.8% 성장해 2027년 33억 9000만 달러에 이를 것이라고 전망했다.

국내 대표 패스트푸드 매장의 키오스크 도입률을 살펴보면, 2021년 말 기준 맥도날드 62%, 롯데리아 68%, 버거킹 95%, KFC 98%다. 매장 10곳 중 8곳 이상에서 키오스크를 활용하고 있는 것이다. 한 달 렌탈 비용이 키오스크는 10만 원, 자율주행 서빙 로봇은 100만 원 정도에 불과해 고용주들이 무인화 시스템을 도입하는 데 적극 나서면서 국내에서도 무인 카페와 무인 식당이 급격한 증가세를 보이고 있다. 로봇을 활용한 서비스의 도입도 활발히 이뤄지고 있다.

카페달콤의 로봇 카페 비트는 상주 직원 없이 24시간 운영되는 무인 카페다. 전용 앱과 키오스크, 모바일 기반 음성 서비스 등을 바탕으로 100% 비대면 주문 결제가 이뤄진다. 앱을 통한 원격 픽업 알림으로 대기 시간도 대폭 줄였다. 로보아르테의 롸버트치킨에서는 로봇이 닭을 튀긴다. 닭고기에 튀김 반죽을 묻혀 기름에 넣고 튀겨지는 동안 닭고기가 서로 붙지 않도록 튀김망을 흔드는 등 사람이 해야 할 업무를 대신해 시간당 25마리 정도의 치킨을 조리한다. 대형 마트에서도 셀프 계산대가 늘고 있다. 2021년 12월 기준 이마트 110개, 롯데마트 59개, 홈플러스 92개 점포에서 셀프 계산대를 운영하면서 계산원의 일자리가 줄고 있다. 아르바이트 1명을 고용하면 연간 2472만 원의 비용이 소요되는데, 무인화하면 그 비용이 절반 이하로 줄어든다. 2024년도 최저임금이 2023년보다 2.5%(시간당 240원) 인상된 시급 9860원, 월급(209시간 기준) 206만 740원, 연봉 2472만 8880원으로 오르는 것을 감안하면 가볍게 넘길 수 없는 사안이다. 이에 따라 고용주들은 인건비를 줄이기 위해 키오스크, 서빙 로봇, 배달 로봇, 무인 픽업 시스템, 무인 판매 시스템, 무인 조리 시스템 등 다양한 무인 서비스를 속속 도입하고 있다.

코로나 팬데믹 이전에도 동네 문방구들이 키오스크를 도입하며 속속 무인화로 대체되는 모습을 보였다. 학령인구 감소, 코로나 이후 비대면 수업 증가, 대형 생활용품점과 온라인 쇼핑몰의 성장세 등의 영향으로 동네 문방구는 추억 속으로 사라지고 있다. 통계청과 관련 업계에 따르면 2012년 1만 4731개에 달하던 문방구는 2019년 9468개로 대폭 줄었다. 매년 500개씩 폐업하고 있는 셈이다. 현재 8000여 개의 문방구가 운영 중이다.

이처럼 자동화가 인간의 손과 발을 대체한다면 AI는 인간의 뇌를 대체할 것으로 보인다. AI가 더욱더 발전하면 회사에서 '대체 가능한 사람(Replaceable people)'은 사라질 것이다. 누가 2023년 챗GPT 시대를 예견할 수 있었는가. 기술 진보 속도를 따라가지 못해 사회에서 도태되는 사람들이 나타나고 있다. 생성형 AI가 대중화되면서 AI가 대체할 수 있는 직업이 늘고 있다. 사무원, 기자, 통역사 등 단순 반복 업무를 수행하는 직업뿐 아니라 의사, 약사, 변호사 등 전문직까지 위태롭다는 관측이 나온다. AI가 맥락을 이해하기 시작하면서 논리적으로 복잡한 내용까지 분석할 수 있게 되었기 때문이다.

대학생 대신에 '챗GPT 인턴'을 써라!

마이크로소프트 창업자 빌 게이츠(Bill Gates)는 'AI 포워드 2023'에 참석해 "미래의 최고 기업은 '개인 디지털 에이전트(Personal Digital Agent, PDA)'를 만드는 회사가 될 것"이라고 전망했다. PDA는 개인의 일정을 관리하고, 여행 서비스를 예약하고, 금융을 관리하고, 정보를 제공하는 등 다양한 작업을 수행하는 만능 AI를 가리킨다. 최근 주목받고 있는 생성형 AI는 문장과 이미지를 자유자재로 생성하지만, 특정 업무 전체를 대신하지는 못한다. 이에 대해 게이츠는 "어떤 기업이 PDA 기술을 개발해내느냐가 관건"이라면서 "미래에 등장할 AI 비서는 사람들이 필요로 하는 것과 패턴을 자동으로 이해하기 때문에 검색 사이트나 아마존에 방문할 필요 자체가 사라질 것"이라고 내다봤다. 그는 또한 "생성형 AI는 사무직 근로자에게 큰 영향을 줄 게임 체인저"라며 "미래에 휴머노이드가 등장하면 생산직 근로자들도 큰 영향을 받을 것"이라고 덧붙였다.

실리콘밸리의 사상가 케빈 켈리(Kevin Kelly)는 챗GPT 같은 생성형 AI를 '유니버설 개인 인턴(Universal Personal Interns, UPI)'이라고 부른다. 문서 작업을 할 때 종종 빈 페이지에서 시작하는데, 챗GPT 인턴을 이 단계에서 활용할 수 있다. 요점을 정리하고 초안을 작성하는 등 초벌 작업을 하는 것이다. 이를 바탕으로 이용자는 최종 결과물을 완성해낸다. 날로 발전하는 AI 혁명으로 기업에선 대학생 인턴의 자리를 '챗GPT 인턴'이 차지할 것으로 보인다.

챗GPT로 문서를 작성하는 시대다. 미국 매사추세츠공대(MIT) 연구진은 중급 수준의 전문 글쓰기를 업으로 하는 대졸자 444명에게 보도자료, 짧은 보고서 작성 등 문서 작업을 요청한 결과, 챗GPT를 사용하자 업무 능률이 상당히 좋아졌다는 연구 결과를 발표했다. 이에 따르면 챗GPT를 사용하지 않은 경우 평균 27분이 소요됐으나 챗GPT를 사용하자 17분 안에 결과물이 나왔다. 작업 결과에 대한 만족도도 챗GPT 사용자들이 더 높았다. 연구진은 챗GPT가 사람들 간의 업무 생산성 격차를 줄여준다며, 문서 작성 작업은 초안 작성에 대한 부담에서 벗어나 아이디어 생성과 편집에 집중하는 쪽으로 업무 구조가 재편될 것이라고 예상했다.

이 같은 움직임은 평균 인재보다 탁월한 핵심 인재가 요구되는 시대상을 반영한다. 조직이 발전하기 위해서는 조직 문화를 한 차원 높은 수준으로 끌어올릴 인재가 필요하다. 우리는 '대체할 수 있는 것'과 '대체할 수 없는 것' 사이에서 살아가고 있다. 대체 불가능한 인재는 그가 지닌 고유성으로 인해 교체될 수 없지만, 대체 가능한 인재는 밀려날 수밖에 없는 현실이다. 대체 불가능한 인재가 회사를 떠나면 그 조직은 큰 어려움을 겪게 된다. 이에 기업은 개인의 경력을 향상시키는 등 인재 개발에 힘쓰는 한편, 조직 관리에도 심혈을 기울이고 있다.

톱니바퀴가 아니라 대체 불가능한 '린치핀'이 되어라!

세계적 마케팅 구루 세스 고딘(Seth Godin)은 《린치핀(Linchpin)》에서 "언제든지 대체 가능한 평범한 톱니바퀴가 아니라 꼭 필요한, 대체할 수 없는 린치핀이 되라"고 강조했다. '린치핀'은 작은 부품이지만 이것이 빠지면 바퀴 전체가 떨어져 나가 마차가 무너질 수도 있다. 우리는 '자본주의'라는 기계의 톱니바퀴가 되도록 훈련 받았다. 린치핀은 새로운 길을 열고, 사람들을 이끌고, 사람들을 이어주고, 일을 만들어내고, 혼란 속에서 질서를 창조하는, 어떤 규칙도 없는 상황에서 무엇을 해야 하는지 찾아내는 모방 불가능한 사람들, 자신의 일을 사랑하고, 하루하루를 작품으로 만드는 예술가 기질을 발견해낸 사람들이다. 린치핀은 한마디로 '영향력 있는 예술가'다. 예술가는 남들과 다른 차이를 만들어낸다. 그 차이는 선물, 인간성, 인간관계 등으로 설명된다.

린치핀은 눈에 '보이는 것'이 아니다. '보이지 않은 것'에 영향을 미쳐 자신만의 가치를 만들어낸다. 타고난 재능이 아니라 어떤 노력과 행동을 하느냐에 따라 달라진다. 아무리 뛰어난 재능을 타고났더라도 다른 사람과 소통하지 않으면 영향력이 상실돼버리고 만다. 자신을 톱니바퀴에 끼워 맞추기 위해 힘들게 일하지 마라. 린치핀이 되어야 한다. 다시 한번 강조하지만, 대체 가능한 인재는 사라지고 대체 불가능한 인재만 살아남는다.

대체 불가능한 인재만 살아남는다

서강대 철학과 최진석 명예교수는 탁월한 인간은 바로 '예술가' 같다고 했다. 그는 이와 관련해서 피아니스트, 뮤지션, 아티스트 3단계를 이야기했다. 1단계 '피아니스트(Pianist)'는 피아노를 치기만 하면 되는 기능적 전문가로, 수용하는 단계다. 2단계 '뮤지션(Musician)'

은 피아니스트가 업그레이드된 상태로, 피아노를 통해 음악의 개념을 터득하게 되는 단계다. 3단계 '아티스트(Artist)'는 없었던 길을 여는 단계로, 앞선 과정들보다 100배는 힘들고 어렵다.

피아노를 잘 치면 피아니스트라고 한다. 피아니스트는 피아노가 가진 기능을 잘 다루고 능숙하게 구현해내는 사람이다. 피아노의 기능을 잘 구현해내다가 더 이상 구현할 것이 없는 단계에 이르면 피아니스트는 더 넓고 높은 단계를 추구하게 된다. 바로 음악의 세계다. 피아니스트가 아닌 음악가, 즉 뮤지션이 되는 것이다. 음악의 이론, 체계를 탐구하던 뮤지션은 완벽에 이르면 음악 전반을 포함한 더 넓고 높은 단계를 추구하게 된다. 완벽에 이른 뮤지션은 더 이상 음악을 이야기하지 않는다. 음악 활동을 통해 인간을 표현하게 된다. 이들은 이제 인간을 탐구하고 문명의 방향을 논하며 인류의 본질을 밝혀내고자 한다. 우리는 이들을 예술가, 즉 아티스트라고 부른다.

이렇듯 피아니스트, 뮤지션, 아티스트로 나눴을 때, 피아니스트에서 뮤지션, 뮤지션에서 아티스트에 이르는 거리는 똑같지 않다. 피아니스트나 뮤지션까지는 피아노나 음악 이론의 체계를 탐구하지만 아티스트는 존재하지 않는 길을 열어야 한다. 존재하는 길을 가는 것과 존재하지 않는 길을 여는 것은 차원이 다른 문제다. 대체 불가능한 인재는 존재하지 않는 길을 여는 아티스트라 할 수 있다. 이때 요구되는 것이 상상력과 창의성이다. 절대 없어서는 안 될 사람, 누구도 대체 불가능한 인재가 되기 위해서는 어떤 능력이 필요한가 고민해봐야 할 시점이다.

02 대체 불가능한 인재상 – 세계 동향

AI, 테크마니아도 테크포비아도 정답이 아니다

AI가 '인간의 노동'을 대체할 것이라는 전망이 확산되는 가운데 하나의 트렌드가 부상하고 있다. 바로 '대퇴직(Great Resignation)'이다. AI의 발전과 대퇴직의 확산이라는 두 물결이 충돌하면 어떤 현상이 일어날까. 오히려 두 현상으로 인한 충격이 완화될 것으로 보인다. 18세기 산업혁명 당시, 생산 현장에서 기계가 확산되면서 일자리를 빼앗긴 숙련공들은 '러다이트(Luddite)', 기계 파괴 운동이라는 폭력으로 저항했다. 영국은 공권력으로 숙련공들을 억누르는 데 성공했지만, 프랑스는 산업 현장에 기계를 도입하는 데 실패하면서 제조업 분야에서 상당 기간 영국에 뒤처지게 된다. 방향성만 보면 일리 있는 생각이지만 문제는 속도와 타이밍이다. AI가 대체할 수 있는 역량과 지식 근로자의 퇴직으로 유실되는 역량 사이에는 커다란 갭이 존재한다. 이를 무시하고 사람을 무작정 AI로 대체하려고 한다면 재앙을 초래할 수도 있다.

오픈AI 공동 창립자였던 리드 호프만(Reid Hoffman) 링크드인 CEO는 미 〈포춘〉지와의 인터뷰에서 "AI가 빠르면 2년 내 당신의 일을 대신할 수 있을 것이다"라고 말했다. 온라인 결제 기업 페이팔에서 일할 때 그는 당시 회사의 CEO였던 피터 틸(Peter Thiel)에게 "최고의 수방관"이란 별명을 얻기도 했다. 실리콘밸리에서 일하는 유능한 인재들의 특징 중 하나는 '세계 전쟁사'에 매우 해박한 지식을 갖고 있다는 것이다. AI가 대중화되면서 전 세계 3억 명의 근로자가 AI의 영향을 받을 것이란 보고서가 발표되자 사람들의 관심이 AI의 대중화에 쏠려 있는 가운데 호프만의 의견은 그 시기가 10년이 아니라 바로 코앞에 다가왔다고 예측했다는 점에서 충격적이다. 호프만은 "AI가 반드시 인간의 일을 대신할 것이라고는 생각하지 않지만, 화이트칼라의 경우 불과 수년 내 일하는 방식에 커다란 변화가 생길 것"이라고 단언했다. 이와 관련, 2023년 4월 골드만삭스(Goldman Sachs)는 AI 기술이 전 세계에서 3억 명에 이르는 근로자의 일자리를 위협할 수 있다는 분석을 내놓은 바 있다.

미래학자 레이 커즈와일은 그의 저서《특이점이 온다(The Singularity is Near)》에서 2035~2045년 AI의 능력이 인류의 지성을 초월하는 특이점이 올 것이라고 예측했다. AI가 인간보다 모든 면에서 더 똑똑해진다는 것이다. 노동의 종말이 닥쳐오는 것은 아닐까. 소설가, 음악가, 기자, 경제 분석가, 은행가, 교사……. 사라져버릴 것으로 예측되는 직업이 줄줄이 떠오른다. 역사 속에서 신기술은 언제나 기대와 두려움의 대상이었다. AI 또한 예외가 아니다. 그러나 언제나 그렇듯, 중용이 답이다. 과도한 기대에 도취한 '테크마니아(Techmania)'도, 과도한 두려움에 얼어붙은 '테크포비아(Techphobia)'도 정답이 아니다.

한편, 생성형 AI인 챗GPT 시대가 본격화됨에 따라 다양한 윤리적 문제가 제기될 것으로 보인다. 당장 시끄러운 곳은 대학 등 학계다. AI를 활용해 과제나 논문을 대필하는 일이 벌써부터 빈번하게 벌어지고 있다. 실제로 챗GPT로 논문을 대필하는 사례가 이어지면서 미국 뉴욕의 모든 공립 대학 내에서 챗GPT에 접속할 수 없게 됐다. 조지워싱턴대는 AI의 영향력 밖인 구술 시험과 그룹 평가를 확대하기로 했다. 아예 시험과 과제물 제출 시 컴퓨터 대신 수기를 요구하는 곳들도 늘고 있다. 영국의 130여 개 대학은 챗GPT가 에세이나 리포트 작성에 악용될 수 있다고 우려하는 성명을 냈다. 국제 머신러닝학회(ICML)는 AI 도구를 활용해 과학 논문을 작성하는 것을 금지했다. 챗GPT의 성능이 놀라울 정도로 발전하면서 앞으로 대학교에선 학생들이 쓴 리포트를 받을 수 없을 것이며, 심지어 인간이 논문을 쓸 필요도 없을 것이라는 비관론이 제기되고 있다. 도쿄대를 비롯해 교토대, 규슈대 등 일본 대학들은 챗GPT 사용 자체를 금지하고 적발할 경우 부정행위로 간주하겠다고 밝혔다. GPT 제로(GPT Zero), 디텍트 GPT(Detect GPT), 오리지널리티.AI(riginality.AI) 등 탐지 프로그램도 잇달아 개발되고 있다.

하지만 접속 차단이든 탐지 프로그램이든 모든 제어 수단은 미봉책에 불과하다. 우회 접속하거나 집에서 과제를 하면서 이용하는 것까지 막을 순 없다. 그러나 성급하게 두려움에 사로잡힐 필요는 없다. 이 모든 일은 엄청난 변화임에 틀림없지만 인간이 만들어낸 변화일 뿐이고 여전히 많은 선택지가 존재한다. 카메라가 처음 등장했을 때 화가들은 회화의 설 자리가 없을 것이라며 낙담했지만 오늘날까지도 회화는 사라지지 않았다. 근세 화가들이 3차원 이미지를 실감 나게 표현하기 위해 원근법을 비롯한 다양한 기법을 개발하고 공 들여 수련하면서 회화의 수준은 오히려 크게 발전했다.

이미지 생성형 AI는 챗GPT처럼 입력창에 텍스트를 적으면 이미지 결과물을 생성해주는 AI 모델이다. 미드저니(Mid Journey), 스테이블 디퓨전(Stable Diffusion), 딥 드림 제네레이터(Deep Dream Generator), 달리2(DALL-E 2), 크레용(Craiyon), 나이트카페(NightCafe), 웜보 드림(Wombo Dream), 아트브리더(Artbreeder) 등이 다양한 프로그램이 나와 있다. 2022년 미국 콜로라도 주립 박람회 미술대회의 신흥 아티스트 디지털/예술 사진 부문에서 〈스페이스 오페라 극장(Théâtre D'opéra Spatial)〉이 1위를 차지했다. 그런데 이 그림을 놓고 논란이 빚어졌다. 제이슨 M. 앨런(Jason M. Allen)이 AI 프로그램 미드저니를 사용해 만들었다는 사실이 알려지면서 미술계를 충격에 빠뜨린 것이다.

챗GPT는 글쓰기를 위한 사전 자료 조사나 심층 연구를 위한 수단으로 이용할 수 있다. AI와 격리돼 완전한 아날로그 영역에 머물러야만 인간성을 지킬 수 있는 것이 아니다. 동물로부터 구별되는 인간의 정체성은 '도구를 사용하는 것'이다. AI는 그중에서도 최신, 최고 수준의 도구라 할 수 있다. AI의 놀라운 능력에 감탄하되 압도되거나 무력해질 필요는 없다. 최근 AI는 보다 쉽게 배울 수 있도록 인간 사용자와의 인터페이스를 지속적으로 개선하고 있다. AI가 기계 학습을 하는 동안 인간도 AI 활용을 학습해야 한다. 컴퓨터공학을 전공하거나, 어렸을 때부터 코딩 훈련을 받아야 한다는 이야기가 아니다. 워드 프로세서나 스프레드시트를 익히는 것보다 딥러닝 프로그램을 더 쉽게 다루게 될 시대가 다가오고 있다.

AI 시대, 대체 불가능한 인재는 어떤 일을 하는가?

AI가 인력을 대체할 수 있다는 건 부인할 수 없는 사실이다. AI에 위협받는 것은 인간의 노동만이 아니다. AI가 노동을 대체하면 기업 경영자와 기술 엘리트는 저비용과 고수익을 누리고 이로 인해 양극화가 심화될 것이라는 주장이 제기되고 있다. 넷플릭스를 예로 들어보자. 시장을 사로잡은 넷플릭스의 강점은 고객 선호에 따른 맞춤형 추천 시스템이다. 방대한 시청 데이터를 활용한 AI의 분석은 사람이 흉내조차 낼 수 없는 범위와 깊이를 자랑한다. 단순히 누가 어떤 영화를 봤는지뿐만 아니라 영화를 끝까지 봤는지, 중간에 멈췄는지, 빨리감기를 했는지, 다시 봤는지 등 사소한 부분까지 모두 분석한다. 영화 추천은 넷플릭스가 블록버스터를 추월하게 해준 핵심 무기이자 새로운 비즈니스 모델의 기반이다. 단순한 영화 유통을 관객과의 소통, 그리고 고객 경험의 차별화로 승화시킨 넷플릭스의 전략은 '태거(Tagger)'라는 새로운 인재 유형을 창조해냈다.

넷플릭스의 태거는 회사에 출근해 글로벌 동영상 스트리밍 서비스인 넷플릭스를 보는 것으로 돈을 버는 직업이다. 콘텐츠를 면밀하게 보고 여기에 '태그(tag·꼬리표)를 다는 사람(-er)'이라는 의미에서 '태거'라고 불린다. 태그는 콘텐츠를 설명하는 짧은 문구를 가리킨다. 태그는 '사람 기반 데이터(people powered data)'라고도 부른다. 넷플릭스는 태그를 추천 시스템 알고리즘을 구축하는 기반 데이터로 사용한다. 넷플릭스는 이 알고리즘을 통해 콘텐츠를 5만 종으로 나눠 개별 이용자의 넷플릭스 이용 이력에 따라 맞춤형으로 추천하고 있다. 콘텐츠 추천 시스템은 넷플릭스가 전 세계 1억 4820만 명의 회원을 확보한 비결 중 하나로 꼽힐 만큼 정교하고 신뢰도가 높다. 이용자가 좋아할 만한 콘텐츠를 콕 집어내기 때문에 '내가 몰랐던 내 취향을 알려준다'고 이용자들이 평할 정도다. 넷플릭스는 "추천 작품은 넷플릭스의 선물 같은 존재"라고 설명했다.

대체할 수 없는 인재가 되면 당연히 고용 가능성이 높아진다. 대체 불가능은 직업 안정을 가져온다. 물론 대체 불가능한 인재가 감당해야 할 책임도 크다. 그러다 보니 신체 건강, 결혼 생활, 가족과 함께 있는 것 등에서 모두 어려움을 겪을 수 있다. 그 결과, 건강이 나빠지거나 인간관계가 악화될 수도 있다. 이처럼 지나치게 편중된 책임으로 인한 부정적인 결과는 아이러니하게도 업무뿐만 아니라 다른 관계에도 영향을 미친다. 대체 불가능한 인재가 되더라도 업무뿐만 아니라 다른 관계에서 소홀함이 없도록 주의할 필요가 있다.

인재는 사라지지 않는다, 단지 진화할 뿐이다

맥킨지는 1997년 연구 보고서를 통해 '인재 전쟁(The War for Talent)'이라는 용어를 소개했다. 2001년 사람들의 이목을 사로잡은 베스트셀러 《좋은 기업을 넘어 위대한 기업으로(Good to Great)》의 저자 짐 콜린스(Jim Collins)는 "위대한 사람이 없는 위대한 비전은 의미가 없다"라고 말했다. 2017년 출판된 《인재 망상: 회사가 원하는 '재능'과 '사람을 쓰는 문제'의 거의 모든 것(The Talent Delusion)》의 저자이자 세계적인 심리학자 토마스 차모로-프레무지크(Tomas Chamorro-Premuzic)는 "소수(20%)의 사람들이 회사의 성과 중 대부분(80%)을 만들어낸다. 인재를 그가 제일 잘할 수 있는 일에 배치하고 그가 최고의 성과를 낼 수 있는 문화를 만들어야 한다"고 강조했다.

'인재 전쟁'이라는 용어에는 '적군'과 '아군'이라는 이분법이 전제로 깔려 있다. 과연 이 '전쟁'에서 '적'은 누구인가 성찰해봐야 한다. 최근의 채용 전략은 우리 조직에 맞는 인재를 뽑는 것을 전쟁에서 병사를 모집하는 행위에 빗댈 만큼 치열한 양상을 띠고 있다. 여러 기업이 연봉 및 복지 패키지를 내세워 인재 확보에 나서는 데 이것이 절대적인 기준은 아니다. 돈으로 행복을 살 수 없다는 말은 채용 현장에서도 통용된다. 조직 구성원에게 좋은 경험을 제공하는 기업은 인재 전쟁에서 유리한 고지를 점할 수 있다. 직원이 필요로 하는 것을 넘어 그들이 진정 원하는 것을 알아내 제공하려고 노력해야 한다. 파트너십 관점에서 미래의 길을 찾는 것이 훨씬 바람직한 방법이다. 인재는 어느 순간 갑자기 사라지거나 만들어지지 않는다. 오히려 수많은 시행착오를 겪으면서 '조금씩' 점진적으로 진화한다고 봐야 한다.

전 세계적으로 AI 인재 전쟁이 치열하다. 빅테크는 물론 유통·금융 기업들도 AI 전문가 찾기에 발 벗고 나서며 인재 품귀 현상이 빚어지고 있다. 넷플릭스는 연봉 90만 달러(약 12억 원)에 머신러닝 플랫폼 매니저 구인 공고를 내 화제를 모았고, 월마트(Walmart)와 골드만삭스도 AI 전문가 채용 공고에 25만 달러(약 3억 3000만 원)를 제시한 바 있다. 개발자 소통과 조직 문화를 전담하는 '데브렐'(DevRel, Development Relations의 줄임말)팀을 기존 인사(HR) 업무에서 분리하는 곳도 많다. 개발자 영입, 교육, 관리 등을 세심하게 신경 써 이들의 이탈을 막고 업무에 몰입하는 개발 문화를 조성하기 위함이다. 데브

렐은 개발자 확보 경쟁이 치열한 실리콘밸리에서 10여 년 전 생겨난 직무다.

03 대체 불가능한 인재상 – 국내 동향

'직원'이 아닌 '인재'가 되어야 한다

그동안 사람이 만들던 글, 그림, 영상까지 AI가 만들면서 하청업체들이 사라지고 콘텐츠 관리·기획 인력만 전문가 형태로 남을 것으로 예상된다. 이로 인해 일자리 '부익부 빈익빈'이 심화될 전망이다. AI 기술이 기업 경쟁력 강화의 지름길로 떠오르며 AI 기술·전략을 총괄하는 임원급 인재 영입 경쟁이 치열해지고 있다. 이미 수년 전부터 AI 인재를 영입하는 데 혈안이 된 IT 기업뿐만 아니라, 제조·유통·금융 등 비(非) IT 기업들도 AI 전문가를 확보하는 데 나서면서 인재 전쟁이 벌어지고 있다. 챗GPT 등 생성형 AI가 등장하면서 기업들은 디지털 전환(DX)에 속도를 내는 추세다. 챗GPT 열풍으로 AI 인력 수급의 불균형이 악화되면서 전 세계에서 벌어지고 있는 AI 주도권 경쟁에서 뒤처질 수 있다는 위기감이 커지고 있다.

포스코는 2022년 1월 미래기술연구원 산하 AI 연구소를 출범하며 LG전자와 삼성디스플레이 AI 연구소에서 AI 담당 임원을 영입했다. AI 연구소장에 LG전자 AI 연구소장 출신 김주민 전무를 임명했고, 삼성디스플레이 연구소 AI 팀장 출신 김필호 상무를 함께 영입했다. KB국민은행은 2022년 6월 금융AI 센터장(상무)에 오순영

전 한글과컴퓨터 CTO를 영입하며 AI를 접목한 금융 서비스 개발에 힘을 실었다. 최고인공지능책임자(Chief Artificial Intelligence Officer, CAIO)라는 새로운 직책도 등장했다. HD현대중공업 그룹은 AI 기술과 신사업 역량 강화를 위해 CAIO 직책을 신설하고 김영옥 한국조선해양 빅데이터·AI팀 담당 상무를 CAIO로 임명했다. SK텔레콤은 2023년 4월 네이버 클로바 총괄이었던 정석근 전 클로바CIC 대표를 SKT 아메리카 대표로 영입한 후 그의 직책을 '글로벌·AI 테크 사업부장'으로 변경했다. 테크 기업 사이의 AI 우수 인력 확보 경쟁은 어느 때보다 격렬해지는 양상이다.

2000년에는 한국오라클의 최승억 상무가 SAP코리아 사장으로 이직하면서 소송에 휘말렸다. 2013년 KT가 김철수 전 LG유플러스 부사장을 영입하자 LG유플러스가 경쟁사의 불법 채용이라며 법원에 가처분 신청을 제기한 사례도 있다. 최승억 상무는 오라클을 퇴사할 때 "경쟁 관계에 있는 3개 업체에는 결코 이직하지 않을 것"이라는 각서를 쓴 것이 소송의 근거로 사용됐고, 김철수 부사장은 LG유플러스와 "퇴직 후 1년 동안 경쟁 업체에 취업 금지"라는 서약서를 작성해 논란이 됐다. 최승억 상무는 같은 해 7월 SAP코리아 대표로 취임했고, 김철수 부사장 역시 다음 해 3월 31일 이후 KT에 재입사해 커스터머 부문장, KT알파 대표이사, KT스카이라이프 대표이사를 거쳤다. 정석근 전 총괄의 이직 논란 역시 유사한 상황으로 진행될 것으로 보인다. 대체 불가능한 인재를 영입하려는 회사가 줄올 서면서 이들의 연봉이 치솟고 있다.

당신은 '직원'인가? '인재'인가? 당신은 대체 불가능한가, 대체 가능한가? 대체 불가능한 사람이 되려면 남들과 달라야 한다. 다르다는 의미를 훨씬 뛰어넘는 수준이어야 한다. 자신이 남들과 다르고, 남들보다 뛰어남을 성공적으로 알린다면 당신은 직장에서 평생 좋은 혜택을 받을 수 있다. 이와 반대로 조용히 숨어서 자신의 실력을 감추고 지낸다면 남들에게 인정받지 못하고 스스로 만족하는 데만 그치는 패배자가 되고 만다.

농구 선수 마이클 조던은 대체 불가능한 인물이었다. 조던은 노스캐롤라이나 대학교 문화지리학과에 입학했는데, 자신이 이 학과에 진학한 이유는 나중에 프로 선수가 돼 원정경기를 치를 때 그 도시에 대해서 알고 싶어서라고 했다. 조던은 또한 자신이 겪어온 숱한 실패가 바로 성공의 조건이라고 말했다. 그는 잘 알려져 있듯 수많은 기록을 경신하면서 NBA를 세계 최고의 농구 경기로 발전시키는 데 이바지한 대체 불가능한 인재였다. 사람은 누구나 그저 다른 사람을 따라 하는 '추종자'가 아닌 대체 불가능한 인물이 될 수 있다.

폭풍과 비바람 속에서 살아남는 나무들은 곧게 뻗은 튼튼한 나무들이다. 사회에서도 마찬가지다. 위기가 닥쳤을 때 '세상을 거느릴 수 있는 사람'이 바로 대체 불가능한 존재인 '고수들'이다. 재능은 우리가 발전할 수 있도록 도와주는 원동력이다. 능력만 뛰어나다고 해서 대체 불가능한 사람이 될 수 있는 것은 아니다. 남들과 다르다는 것은 여러 방향으로 평가할 수 있다. 남들보다 인내심이 많다거나 차분하다거나 예리한 통찰력을 가졌다거나 하는 점도 남들과 다른 면모라 할 수 있다.

경쟁이 치열한 직장에서 효과적으로 살아남는 길은 누구도 대체할 수 없는 나만의 장기를 가진 인물이 되는 것이다. 다른 사람이 할 수 없는 일을 해냄으로써 강자의 자리를 차지할 수 있다. 대체 불가능한 인물은 자신의 운명을 손에 쥔다. 직장에서 누군가의 반대나 압력에도 굴하지 않고 자신의 주장을 펼쳐 나갈 수 있는 권위자의 위치를 선점하게 된다. 이를 위해서는 자신을 알리는 작업이 선행되어야 한다. 신입 사원들은 입사 후 먼저 상사에게 자신이 다른 직원들과 다른 무엇인가가 있는 직원임을 알리는 데 주력해야 한다. 그렇게 주목을 받고 나서 대체 불가능한 인물이 되도록 스스로를 갈고 닦아야 한다. 대체할 수 없는 인재는 자신만의 아우라가 있다. 기업에서 인정받는 인재는 대체 불가능한 인재라는 사실을 기억하자.

Job Trend

04 대체 불가능한 인재가 되기 위한 5가지 방법

대체 불가능한 인재가 되는데는 5가지 방법이 있다. 5년 이내 화이트칼라 노동의 종말이 올 것으로 보인다. '지식노동자(Knowledge workers)'에서 '지혜노동자(Wisdom worker)'로 전환해야 할 때다. 어떻게 하면 대체 불가능한 인재가 될 수 있을까?

1. 홀로 성공할 수 없다. 다른 사람과 소통할 통로를 만들어라

대체 불가능한 인재는 혼자서 일하는 사람이 아니다. 회사에서 일하다 보면 나 혼자만 잘해서는 해결 안 되는 문제가 많다. 평소 소통할 통로를 확보해놓는 사람이 좋은 관계를 맺을 수 있다. 같이 일하고 싶게 만드는 사람이 대체 불가능한 인재다. 개인적 능력이 특출나더라도 함께 일하고 싶지 않은 사람은 결국 도태된다. '사일로 이펙트(Silo Effect, 부서간 이기주의)'를 일으키는 자는 대체 불가능한 인재가 되기 힘들다. 소통의 통로를 확보하는 것이 중요하다.

2. 자신의 고유한 메시지를 가지고 다른 사람에게 영감을 줘라

챗GPT가 메시지를 만들 수 있는 시대다. 내가 가진 고유한 말과 행동이 곧 콘텐츠가 된다. 누구나 고유한 메시지를 통해 다른 사람에게 영감을 주거나 그들이 움직이게 할 수 있다. 자신의 고유한 메시지를 가진 사람은 대체 불가능한 희귀재다. 나 자신의 고유한 메시지가 분신처럼 일하게 하라. 쓸데없는 메시지로 타인의 시간을 함부로 뺏지 말라.

3. 새로운 것에 호기심을 가지고 지식을 학습하는 조직이 되게 하라

새로운 것에 호기심을 가져라. 경험이 많아질수록 새로운 자극을 꺼리게 된다. 남들보다 앞서가려면 본질을 이해해야 한다. 표면 말고 내면까지 들어가는 학습을 해야 한다. 자신의 탁월함을 공유하지 않는 리더와의 협업은 성장은커녕 착취의 순간일 뿐이다. 리더라면 구성원과 협업하는 과정에서 지식을 학습하는 조직이 되게 만들어야 한다. 일이 놀이가 되어야 한다. 성장하는 개인, 학습하는 조직이 되어야 발전할 수 있다. 서로 대체 불가능한 인재로 차별화될 수 있는 조직 문화를 만들어야 한다. 시시각각 변하는 업계의 흐름을 놓치지 않기 위해 끊임없이 공부하며 리스크에 대비해야 한다.

4. 복잡한 상황을 파악하고, 능동적인 대처 능력을 길러라

세상은 더욱더 우리가 이해하기 어려운 복잡한 상황으로 치닫고 있다. 어느 정도 이해하도록 노력하되, 이해하기 어려우면 어려운 대로 복잡하면 복잡한 대로 그냥 두는 여유가 필요하다. 세상을 이해하는 데 에너지를 쓰지 말고 현재 내가 할 수 있는 것이 무엇인지에 초점을 맞춰야 한다. 시간을 함부로 써서는 안 된다.

일을 더 많이 하는 게 아니라 어떻게 하면 최적화할 것인가 고민해야 한다. 대체 불가능한 인재는 업무에 몰입해서 효율을 극대화하고 더 많은 여유를 확보하는 사람이다. 나는 과연 내 일에 능동적으로 참여하고 있는가? 단지 기능 단위가 아닌 흐름 단위로 재조직해서 능동적인 대처 능력을 길러야 한다. 조직에 필요한 인재는 단순히 대체 불가한 인재가 아니라 지속가능하게 탁월한 성과를 내는 인재다.

5. 그림의 떡이 아닌, 너그러운 예술가가 되어라

대체 불가능한 인재가 되더라도 그림의 떡이 되어서는 안 된다. 전문성을 유용성(Availability)으로 전환해야 한다. 까칠한 예술가들은 주변 사람을 힘들게 한다. 특히 자기 이익만 챙기다 보면 주변 사람들이 멀어지게 마련이다. 특수한 분야라도 전문성을 갖춘 인재는 언제나 존재한다. 상호 대체 가능한 인재가 존재한다는 의미다. 아무리 뛰어난 인재라 하더라도 누군가가 유용하다고 인정해야 쓸 수 있는 인재가 된다. 까칠한 화가를 넘어 너그러운 예술가가 되어야 한다.

참고문헌

· 강소슬, 〈무인화 앞당긴 비대면 서비스〉, 매일일보, 2022.6.28.

· 곽노필, 〈'10년 넘게 일했는데…챗GPT에 가장 취약한 직업군은?〉, 한겨레, 2023.
  3.14.

· 김동현, 〈[無人 시대] ④"인건비 부담 줄이자"…무인화 바람 부는 외식업계〉, 뉴시스,
  2022.7.17.

· 김의영, 〈추억의 문방구도 '무인화' 시대〉, 충청신문, 2023.3.28.

· 김현아, 〈[해설] AI 인력 전쟁에…얼굴 붉힌 네이버·SKT〉, 이데일리, 2023.6.20.

· 김현정, 〈무인화 트렌드, 세계적 트렌드?〉, 사이언스타임즈, 2021.8.27.

· 배한님·윤지혜, 〈의사도 위태롭다?…2023년 '생성형 AI' 등장 후 사라질 직업들〉, 머
  니투데이, 2023.1.29.

· 손재권·케빈 켈리, 〈"챗GPT, 그들을 '개인 인턴'으로 활용하라"〉, TheMiik, 2023.4.10.

· 여성국, 〈넷플릭스도 연봉 12억 내걸었다…"AI 인재 못 구해 난리" [팩플]〉, 중앙일보,
  2023.8.22.

· 오창원, 〈한진수 용인대학교 총장 "대체 불가능한 인재 양성…예체능 특화대학 70년
  명성 이어가겠다"〉, 중부일보, 2023.5.16.

· 이상덕, 〈"구글·아마존 다 사라질 것"…빌 게이츠가 예언한 최고 작품은〉, 매일경제,
  2023.5.23.

· 이성구, 〈[데이터경제] "빠르면 2년내 AI가 당신 일을 대체할 수 있다" 오픈AI 공동창
  립자의 경고〉, 글로벌경제신문, 2023.5.12.

· 손튼 이, 〈IT의 '인재 전쟁'은 지는 싸움이다〉, CIO, 2022.12.13.

· 구본권, 《메타인지의 힘》, 어크로스, 2023.

· 세스 고딘, 윤영삼 옮김, 《린치핀》, 라이스메이커, 2019.

퇴사가 보편화되면서 직원 유지가 중요해진다

07

직원 리텐션 전략

#직원유지 #직원리텐션 #인재관리 #퇴사 #이직률 #연봉
#번아웃 #조용한퇴직 #조용한해고 #퇴준생 #직원몰입

그 사람이 떠나겠다고 말한 후가 아니라,
그 사람이 아직 머물 의사가 있을 때 유지 절차를 시작하십시오.

– 제프 와이너(Jeff Weiner)

01 직원 리텐션 전략

대퇴직의 시대에서 직원 리텐션의 시대까지

'대퇴직 시대'에 직원 유지 전략을 어떻게 발휘하느냐에 회사의 미래가 달려 있다. '직원 리텐션(Employee Retention)'은 직원을 계약 상태로 유지해 안정적이고 생산적인 인력을 구축하는 조직의 능력이다. 직원 이직률을 줄이기 위한 정책과 프로그램을 수립하는 조직은 퇴사자를 붙잡고 핵심 인재를 유지할 수 있다. 높은 직원 유지율을 달성하는 데 성공한 회사는 비즈니스 목표 달성과 신규 채용 모두에 유리하다. 직원 리텐션 전략의 인재를 유지하는 능력은 조직을 중단 없이 높은 수준에서 운영할 수 있다는 점에서 채용 시장에 중대한 영향을 미친다.

〈하버드 비즈니스 리뷰〉는 직원 손실의 가장 큰 원인 중 하나로 잘못된 고용 결정을 꼽았다. 조사 대상 고용주의 41%는 한 번의 잘못된 채용으로 소요되는 비즈니스 비용이 2만 5000달러(약 3300만 원) 이상이라고 추정했다. 보통 이직률에는 권고사직이나 사업장 이전에 따른 비자발적 퇴사도 포함된다. 이러한 사례를 최대한 제외하고 1년 이내 퇴사자 또는 주니어, 시니어 분류 등 각 조직에 맞는 리텐션 대상을 설정해 이직률을 확인했다. 그 후 구체적인 인재 이탈 비용을 측정했다. 아래는 비용으로 넣어볼 만한 요소들이다.

1. 유형적 손해 : 채용 예산, 채용 공고 광고비, 면접 진행 비용, 신규 입

사에 따른 온보딩 비용, 채용을 위한 인사 담당자 리소스, 채용 진행 절차에 따른 유관 부서의 리소스, 대체 인력 사용 비용, 연장 수당 등

2. 무형적 손해 : 팀 분위기 위축, 남은 팀원에 대한 부정적인 영향 등

리텐션 대상과 구체적인 인재 이탈 비용이 정리되면, 조직에 공유해 인재 리텐션의 중요도를 인식시켜야 한다. 좋은 조직 문화를 만들기 위해서는 조직 구성원 모두가 노력하는 것이 중요하기 때문이다.

직원 리텐션은 조직의 성장과 안정을 위해 매우 중요하다. 직원들의 의견을 경청하고 적절한 관리 전략을 수립해 그들이 조직 내 머물 수 있도록 유지하는 것이 핵심이다. 리텐션 전략의 중요한 부분 중 하나는 '직원 만족도 조사'나 '1대 1 미팅(One-on-One Meeting)'을 통해 직원의 심층적인 이야기를 듣는 것이다. 이렇게 수집된 정보는 리텐션 전략의 핵심이 된다. 골드만삭스는 최근 휴가 제도를 개편하면서 "임직원들의 경험을 중시하겠다"고 강조했다. 회사의 주축이 되는 MZ세대 직원들은 SNS에 익숙한 만큼 기업에서 겪은 다양한 혜택들을 온라인상에 금세 입소문 내기 때문이다. 일손이 달리는 기업들이 인재를 확보하기 위해 '직원 경험(Employee Experience)'을 중시하기 시작했다. 이제 HR의 화두는 '직원 경험'이다.

우크라이나 전쟁 등으로 전 세계가 경기 침체에 빠져들며 근로자 우위 시상, 즉 활발한 이직 시장의 흐름이 역전될 것으로 보인다. 기업들이 허리띠를 졸라매느라 구인 규모를 줄일 것이라는 관측이다.

〈더타임스〉는 "경기 침체에 대한 우려는 많은 사람들로 하여금 직장을 관두는 데 더 신중해지게 만들 수밖에 없다"고 강조했다.

직장 내 환경이 계속 진화함에 따라 조직은 이러한 문화 트렌드에 적응해 앞으로 번창할 수 있는 방법을 찾아내야 한다. 장기 사업 계획이 성공할지 여부는 직원의 참여 및 유지에 달려 있다. 직원 경험을 우선시하고, 학습의 신경과학을 통합하고, 정서적 연결을 촉진하고, 직원 복지를 증진함으로써 기업은 최고의 인재를 유치 및 유지하고, 혁신을 촉진하고, 전반적인 성공을 주도하는 업무 환경을 조성할 수 있다. 이러한 추세를 수용하면 의심할 여지 없이 2023년 이후 기업의 미래를 가늠할 수 있을 것이다.

20~30년 동안 직장 생활을 했다면 심드렁해졌을 수도 있다. 일을 배우고 급여가 올라가고 능력 있는 사람들로 구성된 팀을 주도하는 흥분감 등이 사라지는 것이다. 얼마나 공들여 일해왔는지 잊어버리는 것이다. 산만한 회의, 실패한 프로젝트, 어려운 경제적 여건 등으로 인해 노동의 즐거움을 잊어버리기 쉽다. 그래서 하는 일에서 의미를 찾고 그 일을 하는 이유를 스스로 상기하는 것이 중요하다.

Job Trend

02 직원 리텐션 – 세계 동향

최근 세계적인 기업에서 최근 '조용한 해고(Quiet Cutting)'와 '조용한 고용(Quiet Hiring)'이 퍼지고 있다. 코로나19 팬데믹 동안 서구의 젊은 직장인들 사이에 퍼졌던 '조용한 퇴사(Quiet Quitting)'에 대응해 나타난 기업들의 새로운 경향이다. 팬데믹이 한창일 때, 미국 등 서구 기업에선 회사를 그만두지 않은 상태에서 정해진 시간, 정해진 업무 범위 내에서 최소한의 업무만 수행하는 조용한 퇴사가 급격히 늘어났다. 재택근무가 장기화되면서 회사에 대한 소속감이 낮아진 데다 '일과 삶의 균형(Work-Life Balance)'을 우선시하는 경향이 강해졌기 때문이다. '조용한 퇴사'는 2022년 7월 미국 뉴욕의 20대 엔지니어 자이들 펠린(Zaidle Pellin)이 SNS에 올린 17초 동영상을 계기로 유행어가 됐다. 강도 높은 노동과 열정을 강요당하는 기존 직장 문화 속에서 조용한 퇴사는 코로나 시대의 새로운 생존법으로 주목받고 있다.

2022년 5월 팬데믹이 종식되었다고 선언한 이후, 상황이 역전됐다. 이젠 기업들이 '조용한 해고'에 나서는 모양새다. 〈월스트리트저널〉은 최근 미국 등 글로벌 기업에선 성과가 저조한 직원의 경우 업무 재배치 등을 통해 직원 스스로 퇴사하도록 유도하고 있다면서 '조용한 해고'가 확산되고 있다고 보도했다. 글로벌 스포츠용품업체 아디다스(Adidas), 포토샵·PDF로 유명한 소프트웨어 기업 어도비(Adobe), 클라우드컴퓨팅 기업 세일즈포스(Salesforce), IBM 등이 이같은 전략을 적용한 바 있다. 이처럼 직원 재배치는 최근 기업에서 감원 대신에 많이 쓰이는 전략이다.

기업 입장에서 '조용한 해고'는 채용·해고·재채용에 드는 비용을 아낄 수 있게 돕는다. 페이스북의 모회사인 메타플랫폼스는 2022년 해고한 직원의 퇴직금을 포함해 지난해 4분기에만 42억 달러(약 5조 5000억 원)의 구조조정 비용을 썼다. 이처럼 전면적인 구조조정에는 막대한 비용이 소요되기 때문에 상당수의 기업이 돈이 덜 드는 직원 재배치 방식에 관심을 보이고 있다. 〈포브스〉도 "조용한 해고는 기업이 구조조정 효과를 보면서도 대량 감원을 피하는 길"이라고 설명했다. 실제로 미국에서 월별 감원 폭은 감소했다. 미국에 본사를 둔 기업에서 2023년 7월 감원 규모는 전년 같은 기간보다 8% 줄었다. 월별 감원 규모가 전년 동기보다 줄어든 것은 올 들어 처음이다.

실제로 최근 2년간 두 번의 업무 재배치를 받은 IBM 직원 매트 콘래드(Matt Conrad)는 "회사가 '당신이 해고되지 않게 최선을 다했으니, 당신도 최선을 다해 일하거나 아니면 다른 일을 알아보라'고 말하는 듯한 느낌을 받았다"고 털어놨다. '조용한 해고'가 직원들에게 불안감을 주는 건 사실이지만, 회사로선 진정성을 담은 조치라는 평도 나온다. 제너럴모터스(GM), 마이크로소프트의 기업 경영 코치인 로베르타 매튜슨(Roberta Matthewson)은 "기업 입장에서 업무 재배치는 해당 직원에게 '해고 대신 우리가 할 수 있는 유일한 조치'라는 신호를 주는 것"이라고 말했다.

한편, 인력난에 시달리는 기업들은 각종 유인책을 쏟아내고 있다. 가장 큰 유인책은 단연 임금 인상이다. 애플, 마이크로소프트, 구글 등 빅테크 기업부터 맥도날드(McDonald's), 스타벅스(Starbucks) 등 많은 기업들이 앞다퉈 직원들의 임금을 올리고 있다. 다만 급여나 업무 수준이 현재보다 과도하게 낮은 직책으로 재배치되거나 구조조정이 임박했다는 소문이 도는 부서로 이동했다면 주의할 필요가 있다.

또한 팬데믹을 통해 장기적인 원격근무가 가능하다는 것이 입증되면서 기업들은 새로운 근무 형태를 인재 유인책으로 적극 활용하고 있다. 채용 및 유지 관점에서 볼 때 근무 시간과 장소의 유연성이 커지면 직원 만족도는 증가한다. 이는 직원 유지로 이어지고, 기업의 경쟁력과 매력도가 높아져 유능한 인재를 유치하는 데도 도움이 된다.

컨설팅 회사 콘페리(Korn Ferry)의 글로벌 인재 개발 리더인 나오미 서덜랜드(Naomi Sutherland)는 "직원들은 재배치 사유와 함께 재배치가 자신의 경력에 어떤 의미를 갖는지 관리자에게 구체적으로 문의해야 한다"고 조언했다. 재배치에 직원이 불만을 갖더라도 법적으로 구제받을 길은 거의 없다. 블랜차드&워커(Blanchard&Walker)의 변호사 앤절라 워커(Angela Walker)는 "다만 재배치가 인사 보복성 조치였고 업무적으로 차별을 받았다는 걸 직원이 입증할 수 있는 경우는 예외"라고 설명했다.

한편 미국 등 서구 기업에선 '조용한 해직'과 함께 '조용한 고용'도 새로운 트렌드로 확산되고 있다. 신규 직원을 채용하지 않고 기존 직원의 역할을 전환해 필요한 업무를 맡기는 식이다. 브랜던 홀 그룹(Brandon Hall Group)에 따르면, 한 달에 여러 번 직원을 인정하는 것을 우선시하는 회사는 직원 유지율이 41% 더 높고 직원 참여도가 34% 더 높았다. 여기에는 정규직 대신 단기 계약 직원을 뽑아 업무를 주는 방식도 포함된다. 리서치업체 가트너의 에밀리 로즈 맥래(Emily Rose McRae) 연구원은 CNBC에 "올해는 '조용한 고용'이 미국 내에서 주류로 부상할 것"이라면서 "일부 업계에서는 게임 체인저가 될 수 있다"고 전망했다.

사이닝 보너스(signing bonus)는 회사에서 새로 합류하는 직원에게 주는 1회성 인센티브다. 사이닝 보너스를 받은 직원은 대체로 몇 년 간은 다른 회사로 이직할 수 없고 약정된 의무 재직 기간을 채우지 못할 경우 반환하는 방식을 적용하기도 한다. 스타트업에서도 전문 인력을 유치하기 위해 사이닝 보너스를 지급하기도 한다.

리텐션 보너스(retention bonus)는 사이닝 보너스와 비슷한 개념으로, 사이닝 보너스가 입사 당시나 신규 계약 체결 당시 지급되는 형태인 데 비해 리텐션 보너스는 재직 기간 중에도 유능한 직원의 장기 근속을 유도하기 위해 지급하는 등 지급 시기의 범위가 다양하다. 리텐션 보너스 또한 사이닝 보너스처럼 근무 약정 기간에 따라 미리 지급하는 급여의 성격을 갖기 때문에 약정 기간에 따라 안분해 회계 및 세무 처리를 해야 한다.

이처럼 기업들은 직원 유지율을 높이기 위해 다양한 전략을 마련하고 있으며, 이를 통해 비즈니스 목표 달성과 신규 인력 모집에 도움을 받고 있다.

코로나 이후 전례 없는 수준의 이직 규모는 근로자들이 기업에 더 많은 임금을 요구할 수 있는 협상의 지렛대를 제공했다. 유연화, 재택근무제 등도 기업이 제공하는 대표적인 옵션 중 하나다. 일정한 기간을 단위로 미리 정해진 총근로시간 범위 내에서 개별 근로자가 원하는 대로 출퇴근 시각을 조정할 수 있는 '플렉스타임제(Flex time)' 도 각광받고 있다. 코로나 당시 재택근무를 경험해본 근로자들 사이에서는 '반드시 사무실로 출근하지 않아도 된다', '통근 시간을 줄이면 업무 효율성이 오른다'는 인식이 확고하게 자리 잡았다. 애플 직원들이 최근 사측의 주 3회 출근 지시에 "다른 빅테크 기업들은 완전한 재택근무를 보장한다"며 집단반발한 것은 근로자들이 고용 조건으로 근로 형태를 매우 중시한다는 것을 상징적으로 보여준다.

이에 따라 직원들의 사무실 복귀를 장려하기 위한 당근책도 풍부해졌다. 무료 점심 서비스, 주유 쿠폰 제공, 팝가수 초빙 콘서트 개최 등 이전엔 보기 힘들었던 진귀한 풍경들이 직장에서 그려지고 있다. 골드만삭스는 최근 임원급 직원들에게 '무제한 유연 휴가제'라는 보상책을 내놨다. 언제든 원하는 만큼 쉬라는 취지다. 근로 환경이 보수적이기로 유명한 월가에서 고용 유지를 위해 파격적인 실험을 시작한 것이다. 월트디즈니(The Walt Disney Company), 육가공기업 JBS 등 직원들에게 전용 주택을 분양하기 위해 부지를 사들이는 곳까지 생겼다.

기업들은 인재 리텐션을 중요한 HR 기능이나 전략으로 인식하며 채용 효과를 유지하기 위해 노력하고 있다. 직원 유지를 위해 '직무 만족도'가 아닌 '직무 만족도의 변화'를 중점적으로 관리하는 방향을 택하고 있는 것이다. 직원들이 근속하고 싶게 만드는 리텐션 전략 중 하나로, 구체적인 인재 이탈 비용을 계산하여 조직에 공유하는 것이 있다. 윌리엄스(Williams)는 최근 2명의 직원이 레드햇(Red Hat) 본사에서 3000킬로미터 떨어진 곳으로 이사했지만, 계속해서 일하고 있다고 언급했다. "직원들을 유지하는 1가지 방법이 있다. 바로 원격근무다. 유연성에 초점을 맞춘 것"이라고 회사 측은 설명했다.

2019년 글래스도어(Glassdoor)가 연구한 바에 따르면, 회사의 문화는 취업을 고려 중인 직원(77%가 회사의 문화를 고려할 것이라고 답함)뿐만 아니라 직장에 머무르는 직원에게도 상당히 중요하다. 실제로 직원의 3분의 2가 좋은 회사 문화를 이직하지 않기로 결정한 주된 이유 중 하나로 꼽았다.

'직원 몰입(Employee Engagement)'은 직원들의 이직을 예측할 수 있는 가장 강력한 지표 중 하나다. 직원 리텐션 이니셔티브에는 전반적인 직장 경험을 개선해 인재를 더 오래 유지하는 것이 포함된다. 직원 몰입은 직원별 직장 생활의 품질을 반영하는 것으로, 회사의 유지 전략은 전반적인 참여도에 직접적이고 측정 가능한 영향을 미친다. 직원 유지와 직원 몰입의 관계는 유지 전략이 직원 감소에 미치는 영향을 측정하는 것만으로는 온전히 파악할 수 없다. 사무실의 위치부터 임금 및 복지 관련 소통의 투명성까지 직장 생활의 거의 모든 요소가 직원 참여에 영향을 미치므로, 기업이 정기적으로 정확하게 참여도를 측정하면 유지율에 악영향을 미치는 요소를 제대로 관리할 수 있다. 이를 바탕으로 직원 유지 계획을 수립할 수 있다.

직원이 떠나는 이유 vs. 머무르는 이유

스포츠 장비 브랜드인 파타고니아(Patagonia)는 이직률이 낮기로 유명하다. 어떻게 해서 이직률이 4%에 불과한 기업이 되었을까? 이직률이 낮다는 것은 기업 문화가 탄탄하다는 증거다. 게다가 파타고니아는 적은 수이지만 퇴사자들의 의견을 경청함으로써 인재 채용과 관리의 선순환을 만들어내고 있다. 인터뷰의 첫 질문부터 허를

찌른다. 퇴사를 결심하게 된 상황과 관련된 사람들에 대한 질문에 집중할 것으로 생각하기 쉽지만, 파타고니아는 입사 시점으로 돌아가 초심에 대해 이야기를 나눈다.

직원이 회사에 계속 머물도록 격려하는 것도 중요하지만 직원이 떠나는 이유를 아는 것이 효과적인 유지 전략을 개발하는 데 더 중요할 수도 있다. 퇴사하는 직원의 고용을 종료하는 프로세스인 '오프보딩(offboarding)'은 온보딩만큼 중요하다. 오프보딩은 우호적인 분리를 장려하고, 지식의 이전을 보장하며, 회사의 자산과 데이터를 보호할 뿐만 아니라, 회사가 직원이 떠나는 이유를 알고 직원을 유지하기 위해 향후 무엇을 해야 할지 파악하는 데 도움이 된다.

오프보딩 프로세스의 핵심 부분은 직원이 떠나는 이유에 대한 통찰력을 고용주에게 제공하는 '퇴사 인터뷰(Exit Interview)'다. 직원이 떠나는 이유를 살펴보면, 타사와 비교했을 때 연봉이 낮은 경우가 많다. 성장 및 경력 발전의 여지가 없을 때 퇴사를 알아보기도 한다. 직원들은 일을 그만두는 것이 아니라 관리자를 떠나는 것이다. 경영진이나 회사 문화에 불만이 있어서 더 매력적인 직업 기회를 찾아 떠나는 것이다.

기업에 있어 채용과 퇴사는 매우 중요한 일이다. 동시에 이로 인해 적지 않은 비용이 소모되기도 한다. 적절한 인재를 채용하는 것은 첫 단추를 꿰는 중요한 일이다. 동시에 퇴사를 값진 피드백으로 활용해 다른 첫 단추를 잘 꿰는 것도 중요하다. 기업 문화의 속살을 가장 솔직히 들을 수 있는 순간은 퇴사 인터뷰라고도 할 수 있는 이유다.

03 직원 리텐션 - 국내 동향

MZ세대는 명예보다 실속을 챙긴다

한국은 직업에 귀천이 있는 사회였다. 높은 연봉의 직장보다 명예직, 안정직에 대한 선호가 높았다. 그러나 지금은 신자유주의가 모든 가치를 이겼다. 아이러니하게도 이렇게 되자 오히려 직업의 귀천이 사라졌다. '신의 직장' 한국은행은 80명의 퇴사자 중 52명이 20~30대인 것으로 나타났다. 2030세대, 즉 MZ세대 가운데 흔히 '노가다'라고 불리는 건설 현장에서 일하는 비중이 늘고, '야쿠르트 아줌마'라고 불리던 프레시 매니저의 비중도 매년 증가하고 있다. 도배나 청소 노동자에 도전하는 비중도 높아졌다. MZ세대는 특히 스타트업과 플랫폼 기업 생태계에 대한 관심이 높고, 개인의 인정 욕구가 커서 빠른 시간 안에 다양한 업무 경험을 쌓으려는 성향이 강하다. 이렇듯 개인화가 진전된 젊은 세대에게 대기업의 조직 문화는 매력도가 떨어질 수밖에 없다. MZ세대의 대기업 이탈이 가속화되는 이유다.

20대가 대기업을 떠나는 이유

삼성전자, LG전자, SK그룹 등 대기업에서도 이 같은 움직임이 감지되고 있다. 삼성전자의 30대 미만 임직원 수는 2020년 9만 9823명에서 2021년 8만 9911명으로 줄어든 뒤 2022년에는 8만 3169명까지 감소했다. 2년 새 20대 직원 수가 17% 가까이 감소한 셈이다. LG전자의 30대 미만 이직자 수는 지난해 1만 971명에 달했다. 2년 전인 2020년에는 4468명이었는데, 이보다 2.5배 가까이 늘어난 셈이다. LG전자의 전체 이직자 수는 2만 1431명으로 이 가운데 51%가 20대에 해당한다. 글로벌 사업장을 대상으로 집계하면 국내 정규직 20대 직원의 이직률은 2020년 7.3%, 2021년 8.4%, 지난해 10%로 뛰었다. SK그룹 전체의 30대 미만 이직자 수는 2019년 146명에서 2022년 379명으로 2.6배 늘었다. 전체 퇴직자 중 20대가 차지하는 비중은 같은 기간 15%에서 28.4%까지 상승했다.

2030세대에 대한 이해를 높이기 위해 MZ세대 사원과 소통하려는 금융사의 노력이 이어지고 있다. 젊은 직원들과 대화를 나누는 차원을 넘어서 MZ세대가 임원들의 멘토가 되기도 한다. 세대간 이해의 폭을 넓혀 이른바 '퇴준생' 열풍을 막아보자는 노력의 일환이다. KB라이프생명은 MZ세대 직원들이 임원·부서장을 대상으로 '쓴소리 강연'을 진행한다. '이어폰을 끼고 근무하는 직원에 대한 생각' 등 MZ세대가 생각하는 워라밸, 회식 문화, 조직 문화 등 다양한 주제를 아우른다. KB증권도 '리버스 멘토링'을 진행하고 있다. 다수의 MZ세대 멘토와 1명의 임원 멘티를 하나의 팀으로 구성해 방탈출 게임, 플로깅, 나무 공방 등 다양한 활동을 함께한다. 젊은 세대의 사고, 가치관, 조직 문화를 공유해 세대·계층간 이해와 소통을 증진하고 임원들이 지속적으로 폭넓은 시야를 갖게 하려는 취지다. 이같은 흐름에 대표이사들도 적극 나서고 있다. 신창재 교보생명 대표이사는 2023년 하반기 경영 현황 설명회에서 MZ세대 직원들을 별도로 초청해 한 시간 이상 소통하는 시간을 가졌다. 우리은행 MZ세대 직원들은 경영진 최고의사결정기구인 경영협의회에서 자신들의 연구 결과를 발표하고 회의에 참석한 경영진과 자유롭게 토론하는 시간을 가졌다. 이와 관련, 금융사에 재직 중인 한 MZ세대 직원은 "선배 임직원들에게 'MZ스럽지 않다'는 말을 듣는 편인데, 이 말이 칭찬 같으면서도 'MZ스럽지 않기' 위해 하고 싶은 말도 못 하게 되는 것 같다"며 "MZ세대의 이직과 퇴직률이 높아진 이유를 단순히 책임감 부족으로 단정하지 말고 회사 차원에서 MZ세대의 입장을 이해하려고 노력하다 보면 세대간 갈등이 옅어지고 MZ세대가 퇴사를 생각하지 않는 날이 올 것"이라고 말했다.

섬세한 배려가 채용 브랜드의 가치를 높인다

전문성 있는 인력을 영입, 유지하려는 기업들의 노력은 날로 다양해지고 있다. 토스는 임직원 사기 진작 차원에서 테슬라 차량 10대를 직원들에게 1년간 무상 지원했다. 2022년 이승건 토스 대표는 직원들의 노고에 감사를 표하기 위해 추첨을 통해 테슬라 차량을 무상 지원하는 이벤트를 마련했다. 공지문이 게시된 날이 마침 만우절이라 직원들은 농담으로 여겼으나 실제로 무작위 추첨을 통해 토스, 토스뱅크, 토스증권, 토스페이먼츠 등 계열사 직원 10명을 뽑아 테슬라 차량을 전달했다. 토스 관계자는 "이승건 대표는 과거에도 다양한 이벤트를 사비를 진행하는 등 직원들과 적극적으로 소통해왔다"며 "이번 건의 경우도 역시 사비로 진행된 이 대표의 감사 이벤트"라고 설명했다.

토스 등 금융 플랫폼과 인터넷 은행들이 금융권에 진입하면서 이전에는 볼 수 없었던 새로운 문화가 만들어지고 있다. 은행은 보수적이고 딱딱하다는 고정관념을 깨고 유연하고 새로운 조직 문화로 새바람을 일으키고 있는 것이다. 이와 관련, 시중은행들은 최근 행내에서 영어 이름을 사용하거나 직급을 최소화하고 호칭을 자율적으로 정하는 등 유연한 행보를 보이고 있다. 토스뱅크를 포함한 토스와 카카오뱅크, 케이뱅크 등 인터넷 전문 은행들이 직원들에게 주식매수선택권(스톡옵션)을 부여함으로써 회사와 직원의 목표를 일치시키고 동기부여를 하는 것도 비슷한 맥락이다. 토스뱅크와 카카오뱅크 등은 임직원들에게 대규모 스톡옵션을 부여해 화제가 된 바 있다. 카카오뱅크는 지난해 직원 866명에게 약 47만 주의 스톡옵션을 부여했다. 토스뱅크는 올해 46명의 임직원에게 스톡옵션을 부여했다. 2021년 출범한 이후 9번째 지급이다. 은행권 관계자는 "과거 금융권에서는 찾아보기 어려웠던 다양한 이벤트들이 IT 기반 인터넷 은행에서부터 속속 나타나고 있다"며 "인터넷 은행들이 성장하면서 금융권에서 이 같은 변화가 가속화될 것"이라고 전망했다.

직원들의 몰입도를 어떻게 유지할 것인가? 직원들의 얘기를 듣고 즉각 대응해서 큰 산불이 될 수 있는 작은 불씨를 찾아내야 한다. 무엇보다 중요한 것은 회사의 사명과 목적을 강조하는 문화를 조성하는 것이다. 이런 근본적인 요소가 확립되면 우수한 인재들을 유치하는 것은 물론 직원들이 각자의 업무에서 최고의 역량을 발휘하도록 영감을 줄 수 있을 것이다.

04 직원 리텐션 전략에서 유의해야 할 5가지 사항

신규 채용만큼이나 내부 직원 유지도 신경을 써야 하는 문제다. '직원 리텐션'은 직원을 계약 상태로 유지해 안정적이고 생산적인 인력을 구축하는 기업의 역량을 말한다. '직원 빼가기'를 완벽하게 막을 수는 없다. 하지만 직원이 떠나는 속도는 늦출 수 있다. 직원 유지율이 높은 기업은 비즈니스 목표를 달성하고, 신규 인력을 모집하는 데 유리하다. 직원 리텐션 역량은 직원들의 퇴사로 인한 업무 중단 없이 조직을 효율적으로 운영하는 데도 상당한 영향을 미친다. 직원 리텐션 전략에서 유의해야 할 점 5가지를 소개한다.

1. 직원 리텐션은 채용부터 시작된다

직원 리텐션은 지원자들이 채용 입사서류를 제출하고, 지원자를 선별하고, 면접 대상자를 선정하는 과정에서부터 시작된다. 개방적인 의사소통을 통해 잠재 직원들과의 관계를 강화하고, 그들의 의견을 경청해야 한다. 직원 경험 여정이라는 관점에서 채용 후 직원 리텐션을 위해서는 장기적 전략이 중요하다.

2. 금방 퇴사할 사람이 아니라 오래 근무할 인재를 뽑아라

직원들이 회사에 오래 근무할수록 생산성은 당연히 향상된다. 이를 판단하기 위해서는 지원자의 과거 경력을 살펴봐야 한다. 예를 들어, 3년 경력인데 철새처럼 1년마다 회사를 옮긴 직원이라면 정착하기 힘들 가능성이 높다. 직원이 회사에 오래 머물고 자신의 역량을 최대한 발휘하면 조직의 생산성, 직원의 만족도, 그리고 전반적인 사업 성과에 긍정적인 영향을 미친다.

3. 공통된 가치를 추구하는 사람을 배에 태워라

어떤 사람들을 배에 태워야 하는가. 가장 중요한 것은 컬처핏에 맞는 지원자를 뽑아야 한다는 것이다. 컬처핏에 맞지 않은 지원자는 튕겨 나갈 가능성이 높다. 직원은 가치, 비전, 사명이 맞는 회사에서 더 오래 근무하는 경향이 있다. 채용 과정에서 가치, 비전, 사명 등을 파악하면 직원 리텐션 전략에서 유리한 고지를 점할 수 있다. 무조건 장기 근속만 따지지 말고 기업과 결이 같은 인재를 찾아야 한다. 훌륭한 인재일수록 회사의 핵심 가치와 목적을 함께한다고 느끼면 소속감이 강화되면서 오래 근무할 가능성이 높아진다.

4. 지속적인 전문성 강화 및 명확한 커리어 패스를 제공하라

MZ세대는 경력 및 전문성 발전을 갈망한다. 대부분의 MZ세대가 개인적인 발전 기회가 없다면 회사를 떠날 것이라고 답했다. 회사가 직원 교육에 적극 나서는 것은 직원들이 회사에 머물 강력한 동기가 된다. 빠르게 변화하는 세상에 적응하려면 개인 역시 발전하려는 노력을 게을리해서는 안 된다. 기업 내에서 개인의 역할이 제한된다면 이직을 고려하는 직원들이 늘어날 수밖에 없다. MZ세대 직원을 유지하기 위해서는 개인별 맞춤식 전문성 및 경력 개발 기회를 제공해야 한다. 교육 및 개발 프로그램, 멘토링, 그리고 진급 기회를 통해 직원들의 개인적 및 전문적 성장을 지원할 방법을 적극 모색하라.

5. 적절한 보상으로 경쟁력을 갖춰라

경쟁력 있는 급여, 보너스, 그리고 다양한 복지 혜택을 제공해 직원들의 노력을 인정하고 적절한 보상을 해야 한다. 충성도가 높은 직원들은 근속에 관한 보상을 받길 기대한다. 재택근무 등 유연한 근무 방식을 도입하면 지리적 제약을 뛰어넘을 수 있다. 다양하고 적절한 보상은 무엇보다 효과적인 직원 유인책이다.

참고문헌

· 손지현, 〈[금융가 이모저모] 테슬라 10대 쏜 이승건 토스 대표〉, 2022.4.6.

· 서유진, 〈'조용한 퇴사'에 반격…이젠 기업들이 '조용한 해고' 나섰다[세계 한 잔]〉, 중앙일보, 2023.8.30.

· 서정화, 〈"MZ야 떠나지 마"…청년 직원과 접점 늘리는 금융권〉, 전자신문, 2023.8.3.

· 메리 K. 프랫·섀런 플로렌틴, 〈'직원 유지'에 진심이라면? 오래 다니고 싶게 하는 법 10가지〉, CIO Korea, 2022.3.15.

· 메리 K. 프랫, 〈'이제 떠나야겠군'…IT 직원들이 퇴사하는 12가지 이유〉, CIO korea, 2023.5.30.

· 줄리 주오, 김고명 옮김, 《팀장의 탄생》, 더 퀘스트, 2020.

08

DEI 채용

#DEI #ESG #채용전략 #다양성 #형평성 #포용성

다양성은 삶의 향신료다.
그것은 삶에 모든 맛을 더해준다.
–윌리엄 쿠퍼(William Cowper)

01 DEI 채용

다양성을 넘어 형평과 포용적인 조직 문화로

'ESG' 트렌드에 이어 'DEI'라는 개념이 새롭게 부상하고 있다. 채용 시장에서도 다양성은 중요한 이슈다. 'DEI'란 '다양성(Diversity)', '형평성(Equity)', '포용성(Inclusion)'의 앞글자를 딴 용어다. 구체적으로 조직이나 개인의 차이를 인정하고, 다양성의 가치를 존중하는 문화를 뜻한다. 다양성은 인종, 성별, 종교, 국적, 지위, 언어, 장애, 연령, 성적 취향 등에서 차이를 인정하고 공존하는 것을 의미한다. 형평성은 제도나 시스템 등에서 절차와 분배에 있어 정의, 공정을 추구한다는 뜻이다. 포용성은 사회, 조직 등에서 소속감을 느낄 수 있도록 모든 구성원을 포용하는 것이다.

다양성이 능력을 이긴다

미국 미시간대 경제학과 교수 스콧 E. 페이지(Scott E. Page)는 다양성을 가진 팀이 똑똑한 개인뿐만 아니라 다양성이 없고 유사성만 있는 재능 있는 개인으로 구성된 팀을 능가한다는 가설을 입증해냈다. 이를 통해 그는 "다양성이 능력을 이긴다(Diversity trumps ability)"고 주장했다. 이밖에도 다양성을 가진 그룹의 성과가 뛰어나다는 것을 증명하는 예는 많다. 보스턴컨설팅그룹(Boston Consulting Group)이 2018년 실시한 연구조사에 따르면, 경영진의 다양성이 높은 기업의 매출이 일반 기업보다 19% 높았다.

DEI의 핵심 철학

그렇다면 DEI란 무엇이고 우리에게 어떤 영향을 주는가? ESG를 누르고 급부상 중인 DEI 이론은 인간이 사회적 존재라는 사실에 기반한다. 자영업자든 기업 구성원이든 일하는 사람은 누구나 타인과 상호작용한다. 인간 집단을 뜻하는 사회(社會)와 영리 행위를 목적으로 하는 회사(會社)는 한자의 앞뒤 순서만 바뀌었을 뿐 둘 다 '사람이 모여 있다'는 의미를 지닌다. 서로 다른 가치를 추구하는 사람들이 모여서 일하는 곳이 바로 회사인 셈이다.

기업의 DEI 문화는 회전문과 비슷하다. 다양한 사람들이 밀고 들어왔다가 돌아서 나간다. 이런 상황은 회사나 직원 모두에게 바람직하지 않다. 기업은 다양성과 포용성에 더 중점을 두고 인재 확보 및 채용에 미치는 중대한 영향을 인식해야 한다. DEI는 채용뿐만 아니라 리텐션 측면에서도 인력을 다양화하고 포용성 있는 조직을 만드는 데 중요성을 갖는다.

일터에서 삶의 가치와 의미를 찾는 사람들이 늘어나는 추세다. 과거 돈벌이 수단이었던 일의 역할이 이제는 자아실현의 수단이자 행복감의 원천으로 확대되고 있다. 문제는 사람들이 추구하는 가치가 저마다 다르다는 점이다. 다양성의 시대, 이를 포용하는 기업만이 지속적인 성장을 담보할 수 있다.

Job Trend
02 DEI 채용 시대 – 세계 동향

세계적 기업들은 이미 DEI 채용을 실시 중

〈포춘〉 500대 기업의 80% 이상이 '다양성, 형평성, 포용성'을 기치로 내걸고, 다양한 인력을 채용하는 한편 일하기 좋은 직장을 만들기 위해 노력하고 있다. 경영 환경이 좋아질 때를 기다리지 않고 선제적으로 다양성을 확대하고 포용하려는 노력을 기울이고 있는 것이다. 구글, 3M, AT&T, IBM, 우버(Uber) 등 주요 글로벌 기업들도 이 같은 움직임에 동참하고 있다. 특히 구글은 매년 〈다양성 보고서-구글의 다양성과 포용성〉을 펴내 소수자 고용 증가, 평등 증진 정책 도입, 장애 접근성 향상, 코로나19 취약계층 지원 등 성과를 공개한다. 인종, 성별, 성소수자 등 조직 구성 다양성 관련 지표도 공개한다. 메타플랫폼스도 기업 소개글에 다양성과 포용성을 추구하는 사내 문화를 명시한 바 있다.

많은 글로벌 기업들이 2021년부터 DEI 전담 부서를 만들어 DEI

정책을 강화해오고 있다. 특히 2020년 흑인 남성 조지 플로이드 (George Floyd)가 경찰의 폭력으로 사망한 사건을 계기로 기업의 DEI 정책이 강화됐다. 이를 계기로 미국 기업들은 조직 내 젠더와 인종적 다양성을 확대할 것을 공약으로 내세웠고, 최초로 'DEI최고책임자'를 선발하기 시작했다.

2022년 기준 영국 FTSE 100대 기업의 13%가 별도의 다양성 보고서를 발간하고 있는데, 이는 1년 전보다 2배가량 늘어난 수치다. 59%는 다양성과 포용성 관련 성과를 공시하고 있다. 구체적으로는 연례 보고서(57%), 별도의 다양성 보고서(43%), 자사 홈페이지 등에 다양성 데이터 공개(43%), 다양성 정보를 포함한 지속가능성 보고서(31%) 등이 있다.

1930년 설립된 미국 슈퍼마켓 체인 퍼블릭스(Publix)는 종업원 소유 기업이다. 모든 종업원은 주주로서 퍼블릭스의 공동 소유자이기도 하다. 이직률도 무척 낮고, 근속연수도 25년일 정도로 일하기 좋은 기업으로 손꼽힌다. 이런 퍼블릭스도 DEI 이슈에 휘말려 고초를 겪었다. 1995년 성차별과 인종 차별로 인한 대규모 소송을 겪은 것. 여성들을 저임금 자리에만 근무시키고 유리 천장을 단단히 쌓아 고위직으로 올라가지 못하게 했다는 이유에서였다. 퍼블릭스는 2년여에 걸친 소송 끝에 8150만 달러의 비용을 지불하고 소송을 마무리했다. 그러나 2000년 일부 직원이 인종 차별 소송을 제기했고, 퍼블릭스는 또 한 번 1050만 달러를 지불했다. 이런 소요를 겪으며 퍼블릭스는 확고한 가치관을 갖게 됐다. 현재 퍼블릭스는 구인 광고에 '다양성과 재능 경영 담당 부장', '인력 분석과 다양성 담당 과장' 등을 둔다고 명시해둘 만큼 다양성을 대표하는 기업이 됐다.

다정한 조직만이 살아남는다

조직심리학자이자 DEI 컨설턴트인 엘라 F. 워싱턴(Ella F. Washington) 조지타운대 교수는 자신의 저서《다정한 조직이 살아남는다(The Necessary Journey)》에서 "다양함을 포용하는 조직일수록 혁신 가능성이 6배나 높아진다"고 분석했다. 위스키 제조회사 엉클 니어리스트(Uncle Nearest)는 DEI의 대표적 사례다. 이 회사는 전 직원의 50%가 여성이며 흑인, 라틴계, 성소수자가 다수 재직하고 있다. 다양한 인적 구성원들이 보여주는 생각의 다양성을 통해 거대 브랜드와의 경쟁을 헤쳐 나가고 있다. 이 회사의 창업자 폰 위버(Fawn Weaver)는 "기업 문화는 맥주를 사주는 게 아니라 직원들이 함께 맥주를 마시고 싶게끔 만드는 것"이라며 기업에 필요한 것은 '우정'이라고 강조했다.

기업이 DEI를 실천하기란 어려운 일이다. 경기 불황 같은 불확실성과 사투를 벌이는 기업에 DEI는 허황된 구호처럼 들릴 수도 있다. 정제된 방법론이 있는 것도 아니다. 기업마다 환경과 조직 특성과 형편에 따라 자신만의 DEI 전략을 구축해야 하는 게 현실이다.

워싱턴 교수는 DEI를 "가야 할 여정"이라고 표현했다. 아직 가보지 않은 길을 구체화하는 과정이라는 의미다. 그녀는 '인식' '순응' '전술' '통합' '지속' 등 DEI 경영의 다섯 단계 프레임워크를 제시했다. 의도적인 DEI 노력의 필요성을 인식하는 첫 단계부터 DEI를 체화하고 주변 환경과 무관하게 실현해가는 마지막 단계까지 구체적인 사례와 실천 시나리오를 제시했다. 워싱턴 교수는 또한 "우리가 직장에서 혹은 일을 하면서 보내는 시간이 아주 많다는 사실은 변하지 않는다"며 "직장은 직원의 인간성을 인정하고 핵심으로 여겨야 한다"고 강조했다. 평생직장이 사라진 사회, 자신이 맡은 최소한의 일만 처리하는 '조용한 사직', 자발적 퇴직이 급증하는 '대퇴사'의 시대. 새로운 성장 동력을 찾는 리더가 DEI를 주목해야 하는 이유다.

허버트 졸리(Hubert Joly) 베스트 바이(Best Buy) 전 CEO는 "회사는 같은 목표를 위해 함께 일하는 개인들이 모여 있는 인간적인 조직이다. 모두가 소속감을 느끼며 본래의 자기 모습이 될 수 있고 거기에 회사도 관심을 기울인다는 사실을 알 수 있는 환경이 조성되어야 한다"고 강조했다.

DEI 관련 직위는 흔히 인사팀 관계자나 발언권이 거의 없는 사람이 맡는 경우가 허다하다. 〈타임〉지는 '다양성최고책임자가 필요로 하는 것(What Your Chief Diversity Officer Needs)'라는 제하의 기사에서 다양성을 담당하는 사람들이 계획을 실행할 수 있도록 기업이 권한과 자원을 부여해야 한다고 강조했다. 딜로이트(Deloitte) 최고정보책임자(CIO) 존 마르칸테(John Marcante)는 "DEI와 관련, 기업은 멋진 말만 늘어놓으려고 해서는 안 된다"라며 "딜로이트는 실제로 투명성과 동일 임금 등의 문제에 전념하고 있다. 기업은 고위 관리자가 다양한 인재를 지지하는지, 다양한 인재들이 리더와 터놓고 소통할 수 있는지, 고위 관리직군은 얼마나 다양한지 끊임없이 질문하고 확인해야 한다"라고 말했다.

이러한 상황에서 글로벌 ESG 공시 기준 마련을 목표로 하고 있는 국제회계기준재단 산하 지속가능성기준위원회(ISSB)는 'IFRS S1 일반 요구 사항' 및 'IFRS S2 기후 관련 공시' 외에 IFRS S3, S4 기준의 주제를 논의하고 있는 것으로 나타났다. DEI는 생물 다양성 및 생태계, 인권 등과 함께 유력한 다음 기준 후보로 올라 있는 상황이다. 특히 직원 복지, 직장 문화, 인적자본 투자, 대체인력, 가치사슬상 근로 조건, 인력 구성원과 비용 등 인적자본 분야에서 DEI를 우선으로 하고 있는지 평가하겠다는 것이 ISSB의 구상이다. DEI가 기업의 문화로 자리 잡을 수 있도록 노력이 필요한 시점이다.

Job Trend

03 DEI 채용 시대 – 국내 동향

DEI 문화가 진정한 혁신을 만드는 밑바탕이 된다

국내에서도 여성 임원의 승진, 장애인 의무 고용, 출산휴가 장려 등을 통해 DEI가 조금씩 발전하고 있는 상황이다. 일부 기업의 경우, ESG 보고서에 DEI 과제 및 개선 방향을 공개하고 있다. 그러나 대부분의 국내 기업은 DEI에 대한 인식이 낮은 편이다. 국내 기업 중 DEI 보고서를 발간하는 기업은 전무한 게 현실이다.

한국에서도 DEI에 주목해야 하는 이유는 여럿이다. 한국은 다양성을 판단하는 대표적인 기준인 인종 차별 이슈는 심각하지 않다. 그러나 여성 인력 비중은 여전히 논란이 뜨겁다. 특히 임원에서 여성 비중이 여전히 낮다는 점은 고질적인 한계로 언급된다.

사전적 의미를 보면 다양성은 '모양, 빛깔, 형태, 양식 따위가 여러 가지로 많은 특성', 형평성은 '균형이 맞는 상태를 이루는 성질', 포용성은 '남을 너그럽게 감싸주거나 받아들이는 성질'을 뜻한다. 이를 기업에 적용하면 다양성은 인종, 성별, 연령, 성 정체성, 사회경제적 배경 등에 차이가 있다는 점을 인정하는 것이다. 인적 다양성을 추구하고 그 차이를 포괄해야 한다. 형평성은 출발선이 같지 않다는 것을 받아들이는 데서 출발한다. 과정이 공평하고 공정하며 모든 개인에게 동등한 결과를 보장하는 것을 뜻한다. 포용성은 구성원들이 소속감을 느낄 수 있도록 실천하는 관행이다. 존중, 환대라는 감정과 성취감을 경험할 수 있는 환경이다.

공정성을 중시하는 MZ세대가 주류로 떠오르며 형평성 역시 주요 화두로 급부상하고 있다. DEI에서 강조하는 개념은 '형평'이다. 이는 '평등(Equality)'과는 다소 다르다. 비유하자면 이렇다. 키가 다른 사람이 담장 너머에서 야구 경기를 관람한다. 만약 담장 너머에서도 경기를 볼 수 있도록 똑같은 높이의 받침대를 놨다면 이는 평등이다. '똑같은' 혜택을 줬기 때문이다. 받침대를 놨더라도 키가 작은 사람은 못 볼 수도 있다. 형평은 개인별로 다른 신장을 반영해 모두 야구 경기를 볼 수 있도록 받침대 높이를 달리하는 것이다.

DEI에서 형평의 개념은 개인 차이를 인정하면서 동등한 결과를 보장하는 방식이다. 형평 이슈는 국내에서도 치열한 논쟁거리였다. 특히 성과급을 두고 MZ세대가 극명한 반응을 보였다. CJ올리브영이 연봉의 최대 160% 성과급을 지급하는 과정에서 직군별 차이가 커서 상당한 논란이 빚어졌다. 삼성전자, SK하이닉스, 신세계백화점, LG생활건강 등도 비슷한 홍역을 앓았다.

김봉진 전 우아한형제들 의장은 저서 《이게 무슨 일이야!》에서 기업의 '공동체 정신', 다시 말해 다양성과 포용성을 강조했다. 그는 "'내 일만 잘하면 된다'고 생각하는 순간, 조직 전체가 조금씩 흐트러진다"며 "이 일과 저 일 사이에는 공간이 많다. 그걸 누군가는 계속 메워야 한다"고 강조했다. 이어 "공동체 정신에서 나오는 따뜻함도 느낄 수 있어야 한다"고 덧붙였다.

하지만 한국의 모든 기업이 DEI 가치에 부응하는 것은 아니다. 최근 한국경영자총협회가 신입 사원의 조기 퇴사에 대해 조사한 결과는 시사하는 바가 크다. 지난해 직원 100명 이상 기업 가운데 신입 사원을 채용한 500곳 중 81.7%가 입사한 지 1년도 채 안 돼 퇴사한 직원이 있다고 답했다. 다른 회사에 합격한 경우를 제외하고 조기 퇴사 사유를 조사해보니 '직무와 적성 불일치'(58%), '대인관계 및 조직 부적응'(17.4%), '연봉 불만'(14.7%) 순으로 나타났다. 한국 사회의 청년 대다수가 일터에서 DEI 가치를 경험하지 못한 채 방황하고 있다는 방증이다. 다양한 성향과 적성을 인정하지 않고 따뜻한 포용성이 전무한 데다 결과의 공정성마저 잃어버린 곳이 오늘날 한국 사회의 일터다.

삼성전자는 다양한 인재가 즐겁게 일할 수 있는 환경을 만들기 위해 매년 전 세계 각지의 임직원을 대상으로 '세계 여성의 날', '장애인의 날', '세계 문화 다양성의 날' 등 DEI 기념일 행사와 캠페인을 진행한다. 매년 3월 8일에는 세계 여성의 날을 기념해 세계 각국의 여성 임직원들과 소통하는 '우먼스 위크(Women's Week)' 행사를 진행한다. 각 해외 지역총괄에서는 여성 임직원 간담회, DEI 관련 외부 강사 초빙 웨비나(Webinar, 웹과 세미나의 합성어. 인터넷이 연결된 컴퓨터 등을 이용해 진행하는 온라인 세미나), 패널 토의, 여성 임직원 대상 휴가 및 선물 전달 이벤트 등 각 지역의 문화에 맞춰 다양성과 포용의 가치를 되돌아볼 수 있는 다양한 프로그램을 운영하고 있다. 국내에서는 경영진과 여성 임직원들이 만나 DEI 차원의 개선 방향을 논의하는 '런치 토크(Lunch Talk)' 간담회를 진행하고 있다. 또한 지난해부터는 한종희 대표이사 부회장이 여성 개발자, 워킹맘 등 여성 임직원들을 직접 만나 업무상 어려움을 듣고 여성 리더십 개발 방안을 논의하는 '원 테이블(One Table)' 행사를 실시하고 있다. 간담회에서 나온 다양한 아이디어를 DEI 사무국에 전달해 조직 운영에 반영할 계획이다. 이 외에도 다양한 조직의 리더들이 여성 임직원들을 직접 만나 회사의 양성 평등을 위한 노력, 다양성과 포용을 위한 제도적 개선점 등 다양한 주제에 대해 심도 있는 대화를 나누고 있다.

LG전자 역시 DEI 기반으로 양성 평등 기업 문화를 구축하기 위해 노력하고 있다. LG전자는 2023년 2월 사단법인 전문직여성한국연맹(BPW Korea)으로부터 제28회 'BPW(Business & Professional Women) 골드 어워드'를 수상했다. 전문직여성한국연맹은 1993년부터 여성의 지위 향상과 고용 창출에 기여하거나 양성 평등에 기여한 개인 및 기업을 선정해 BPW 골드 어워드를 시상하고 있다. LG전자의 이번 수상은 DEI를 고취하기 위한 다양한 제도 구축, 여성 인재 발굴 및 육성, 소통하는 조직 문화 측면에서 외부 ESG 평가기관으로부터의 좋은 평가 등이 토대가 됐다. 실제로 LG전자는 일과 가정의 균형

잡힌 삶을 지원하기 위해 지난해부터 기존 1년의 육아휴직 기간을 2년으로 확대해 시행하고 있다. 이밖에 육아기 근무 시간 단축을 지원하는 등 가족 친화적인 제도를 시행하고 있다.

LG전자는 이와 함께 여성 인재 확보에도 노력하고 있다. 여자 대학 학부생들을 대상으로 온라인 채용설명회 'LG 데이(LG DAY)'를 진행하고 있으며, 한국여성공학기술인협회 주관 채용박람회에 참여하고 있다. 또한 임원, 연구·전문위원급에 여성 인재를 적극적으로 영입하고, 조직별 인재위원회를 통해 여성 리더와 전문가들을 육성하고 있다. 여성 핵심 인재 및 조직 책임자 선발, 코칭 및 역량 개발 프로그램을 확대해 구성원들의 다양성을 존중하고 양성 평등을 추구하고 있다. 이사회 내 ESG위원회를 운영하고, 지난해에는 글로벌 다양성 정책을 공표해 ESG 경영을 강화했다. 이런 행보를 인정받아 지난해 한국ESG기준원(KCGS)이 발표한 ESG 등급 평가에서 2년 연속 종합 A등급을 획득했다. 다우존스 지속가능경영지수(DJSI) 평가에서는 ESG 경영 상위 10% 기업을 선정하는 DJSI 월드 지수에 11년 연속 편입되기도 했다.

이삼수 LG전자 최고전략책임자(CSO) 부사장은 "모든 임직원들이 각자의 잠재력과 전문성을 최대한 발휘할 수 있도록 다양한 지원 제도를 마련하고 포용적인 조직 문화를 구축해 ESG 경영을 지속적으로 강화해 나갈 것"이라고 밝혔다.

LG에너지솔루션도 다양성·공정성·포용성이 정착된 조직 문화를 만들기 위해 팔을 걷었다. 배터리 수요가 폭발적으로 늘어나면서 사업 규모가 전 세계로 확장되는 추세에 맞춰 조직 문화를 한 단계 업그레이드하기 위해서다. LG에너지솔루션은 조직 문화 혁신을 위해 DEI 정책을 제정, 운영하고 있다고 밝혔다. 이런 분위기에 발맞춰 투자자나 평가 기관 등 기업 이해관계자들 역시 DEI 관련 공시와 지표 관리를 요구하고 있다. 특히 글로벌 기업으로서 지속가능성을 확보하기 위한 필수 요소로 떠오르고 있다. LG에너지솔루션은 또한 공정성 원칙의 조직 문화를 구축하기 위해 인사관리 기본 원칙으로 공정성을 정립하기로 했다. 차별 없이 인재를 채용하고, 임직원의 능력과 자질에 따라 승진과 보상 기회를 공평하게 제공하는 것이다. 아울러 포용성 중심의 조직 문화를 만들기 위해 임직원을 소중하게 여기고 존중하면서 개인이 안정된 환경 속에서 성장 발전하도록 했다. 이를 위해 LG에너지솔루션은 지난해 '행복한 조직 문화 구축을 위한 6대 과제'를 발표했다. 보고와 회의는 핵심 업무에 집중하고, 성과에만 집중하는 자율근무, '님' 호칭을 통한 수평 문화, 감사와 칭찬이 넘치는 긍정 문화 등이 주요 내용이다. 사내에 포용적 조직 문화를 만들고 사회 전반에 걸쳐 변화를 주도하는 기업으로 발전하는 것이 LG에너지솔루션의 궁극적인 목적이다.

DEI의 중심은 인류애다. 이를 일터에 도입하는 일은 늘 도전일 수밖에 없다. DEI 여정에서 한참 멀리 떨어져 있는 기업이라 해도 계속 변화해야 살아남을 수 있다.

04 DEI 채용 시대에 유의해야 할 5가지 사항

다양하고 포괄적인 팀은 채용뿐만 아니라 직원 유지부터 제품 개발에 이르기까지 모든 비즈니스 영역에서 보다 나은 결과를 끌어낸다. DEI를 갖춘 조직일수록 직원들의 업무 몰입도가 높아지고 더 높은 재무 성과를 달성한다는 연구 결과들이 나오면서, 기업에서 DEI의 가치는 점점 더 중요해지고 있다. DEI는 이제 기업의 필수 목표 중 하나가 됐다. 맥킨지에 따르면 다양성이 높은 팀이 더 생산적이며, 참여도가 높고, 더 많은 수익을 창출해낸다. 다양성을 존중하는 문화를 갖추는 것은 채용, 유지, 그리고 기업 평판에 있어 더욱 더 중요해지는 추세다.

다양성을 꽃 피우는 문화를 만드는 일은 단지 다양한 인력을 찾아 고용하는 데서 끝나지 않는다. 〈하버드 비즈니스 리뷰〉의 최근 연구에 따르면 다양한 규모의 기업들이 지난 몇 년 동안 DEI에 전례 없는 투자를 했다. 그러나 이러한 투자가 그만한 결실을 보지 못한 것으로 나타났다. 기업은 다양하게 채용했지만 다양한 사람을 유지하는 데 애를 먹고 있는 것이다.

1. 측정 가능한 DEI 목표를 세우고 이에 책임지도록 한다

중요한 것은 측정한 가능한 DEI 목표를 설정하는 것이다. 포용성 높은 문화를 만드는 데 있어 가장 중요한 것 중 하나는 측정이다. 숫자는 책임지게 만든다. 신입 직군에 다양한 직원을 채용하더라도 그들이 회사에서 어떻게 지내는지 추적하지 않는다면 유지하기 힘들다. 회사 문화가 자신을 환영한다고 느끼는지 확인해야 한다. 그렇지 않으면 경영진이 알아채지 못한 무의식적 편견을 느껴 회사를 떠날 수도 있다.

2. 채용하기 전 조직 문화의 프레임 워크를 조성해야 한다

다양성을 존중하는 문화는 급하게 도입해선 안 된다. 처음 회사를 세울 때부터 다양성에 진심으로 관심이 있다면 프레임 워크를 구축해야 한다. 사무실 설계부터 채용, 임금 책정 방식, 비즈니스 프로세스 전반에 걸쳐 다양성을 고려해야 한다. DEI 전문가들이 말하는 것처럼 회사를 시작할 때부터 DEI 전략을 세워야 한다. 나중에 벼락치기 해봤자 지속하기 힘들다.

3. 다양성 문화를 조성하기 위해 자신의 속이야기를 털어놓도록 격려하라

다양성 문화를 조성하기 위한 좋은 출발점은 사람들이 자신의 속이야기를 털어놓을 수 있는 환경을 마련하는 것이다. 직원 리소스 그룹, 이벤트 및 교육 기회 등 목소리를 내기 편한 안전한 공론의 장을 통해 다양성 문제를 쉽게 제기할 수 있는 바탕을 마련해준다. 다양성 문화를 조성하는 일은 흔히 다양한 배경 출신 직원의 몫이 되는 경향이 있다. 안 그래도 적응하는 데 힘들어할 직원들에게 이는 큰 짐이다.

4. 리더가 DEI 목표를 책임지게 하라

회사가 하는 모든 일에 다양성을 하나의 관행으로 엮어야 한다. 관리자는 팀 내 분위기에 큰 영향력을 행사하므로 다양성과 포용성에 관한 이야기를 먼저 들을수록 좋다. 하지만 안타깝게도 다양성에 대한 직원의 불만을 마지막에 듣는 경우가 많다. 더구나 리더는 승진의 주요 의사결정자이므로 만약 무의식적인 편견에 휘둘린다면 다양성 문화가 파급되는 데 악영향을 미칠 수 있다.

5. 어떤 이야기를 해도 보복당하는 일이 없을 거라는 믿음을 심어 줘야 한다

어떤 직원이 편견이나 차별을 경험하더라도 이를 리더에게 알리는 것을 주저하는 분위기가 형성되어서는 안 된다. 이를 이야기하더라도 아무런 조처를 하지 않거나, 보복당하거나, 경력에 해가 생길 거라는 걱정이 앞서게 해서는 안 된다. 리더는 직원들에게 부당한 경험을 털어놓을 통로를 제공하는 동시에 보복당하는 일이 없을 거라는 믿음을 심어줘야 한다. 익명의 설문조사를 시행해 불만 사항을 수집하는 간단한 작업도 큰 도움이 된다. 여기서 더 나아가고 싶다면 익명 설문조사나 피드백을 정기적으로 실시해 직원이 불쾌한 경험을 겪기 전에 미리 잠재적 문제점을 파악하도록 노력한다. 또한 포용성 관련 문제를 제기할 수 있는 여러 피드백 채널을 운영한다. 회사가 이렇게 적극적으로 나서지 않는다면 불상사가 일어난 뒤 퇴사 인터뷰를 통해 상황을 파악할 수밖에 없다.

참고문헌

· 김지웅, 〈"지속가능경영 실천"…LG엔솔, 'DEI' 기반으로 조직 문화 탈바꿈〉, 전자신문, 2023.2.27.

· 노유선, 〈[인간과 일] 다양성과 포용력, 지속적인 성장〉, Forbes Korea, 2023.6.23.

· 임호동, 〈LG전자, 'BPW 골드 어워드' 수상…DEI 강화 노력 인정〉, 그린포스트코리아, 2023.2.26.

· 임호동, 〈모두 뛰어드는 ESG, 완성 위해 'DEI' 주목〉, 그린포스트코리아, 2023.2.17.

· 크리스티나 우드, 〈'채용 다양성은 시작일 뿐' 다양성 문화를 기업에 뿌리내릴 6가지 방법〉, CIO Korea, 2023.1.17.

· 엘라 F. 워싱턴, 이상원 옮김, 《다정한 조직이 살아남는다》, 갈매나무, 2023.

세밀하고 유연한 '마이크로 코칭'이 확산된다

09

마이크로 코칭 확산

#마이크로코칭 #마이크로티칭 #초개인화 #디테일

목표를 종이나 엑셀 스프레드시트에 기록하세요.
'나는 무엇을 위해 최선을 다했는가?'를 매일 측정해보세요.
당신의 문제는 사라지지 않을 겁니다.
그러나 당신은 그 문제와 다른 관계로 존재하게 될 것이며 개선될 겁니다.
– 마셜 골드스미스(Marshall Goldsmith)

01 마이크로 코칭 시대

미세하게 개인화되는 마이크로 코칭 시대가 온다

'개인화(Personalization)'를 넘어 '초개인화(Hyper-personalization)'로 진화하고 있다. 맞춤 광고, 개인화 서비스, 고도화된 타기팅, 이제 코칭에서도 초개인화 현상이 나타나고 있다. 소비자가 궁극적으로 원하는 서비스와 상품을 제공하기 위해서는 소비자가 현재 어떤 상황에 놓여 있는지 '맥락'을 파악하는 능력이 필요하다. 그것을 가능케하는 것이 바로 데이터다.

마이크로 코칭이란 무엇인가?

마이크로 코칭은 코로나 팬데믹 이전의 비즈니스 조직에 뿌리를 두고 있는, 학교의 전문 학습과 관련 있는 워크플로(workflow) 모델이다. 마이크로 코칭은 코치와 개인 또는 그룹 간의 간단한 목표 아래 집중된 상호작용을 포함한 코칭의 한 형태다. 마이크로 코칭은 개인이 특정 기술, 행동 또는 성과를 향상하는 데 도움되는 간략하고 실행 가능한 학습, 피드백 및 지원을 제공하는 것을 목표로 한다.

마이크로 티칭의 마이크로(micro)는 '마이크로 레슨(micro lesson)'이라는 의미로, 교수 시간, 기능과 학습자 수, 교실 크기 등이 실제보다 축소된 상황에서 실시하는 수업을 의미한다. '현미경 아래에서(undermicroscope)'라는 의미로 '교수 과정을 세밀히 관찰한다'는 의미도 가지고 있다. 마이크로 티칭은 축소된 수업을 녹음이나 녹화해

▌마이크로 티칭 vs 마이크로 코칭

	마이크로 티칭 Micro-teaching	마이크로 코칭 Micro-coaching
장점	교수 과정을 세밀히 관찰하는 것으로, 축소된 수업을 녹화하여 수업을 분석하는 과정을 통해 부족한 점을 보완하는 과정을 거쳐 수업 전문성을 개선할 수 있음.	코치와 고객 사이의 짧지만 빈번한 상호작용을 강조하는 개인 개발에 대한 혁신적인 접근으로, 지속적인 지원을 제공하여 개인이 문제를 해결하고 실시간으로 피드백을 받을 수 있음.
단점	마이크로 티칭을 압축 수업이나 모의 수업이라는 가상의 상황으로 진행할 경우, 수업과 관련한 개별 요소들을 실제 교수 상황으로 전이시키는 것이 어려울 수 있다는 한계점이 있음.	마이크로 코칭은 고객이 퍼즐 조각을 모으는 것과 같이 개별 기술이나 정보 조각을 수집하는 데 도움이 될 수 있지만 장기적인 성과 목표에는 도움이 되지 않을 수 있음.
유의점	충고나 조언을 주는 것보다 정보를 나누어 갖는다는 관점에서 피드백을 주고, 교수자의 수정 불가능한 행동에 관해서는 보다 수정 가능한 행동의 피드백에 초점을 두어야 함.	조직 내에서 선임 팀원이 후배 팀원에게 지원을 제공하거나 피어 투 피어 개발을 가능하게 하는 데 사용되며, 질문 기술 또는 피드백 전달 같은 실행을 지원하고 개선할 수 있음.

수업을 분석하는 과정을 통해 수업에 대한 전문가적 시각과 비평적 사고 능력을 향상시키고, 부족한 점을 수정·보완하는 과정을 거쳐 수업 기술을 습득하거나 수업을 개선하는 방법이다.

마이크로 티칭은 유능한 교사의 수업을 관찰하고 수업 기술을 모방하는 것이 실제 교사들의 수업 기술을 향상시키는 데 비효과적인 것을 비판하며 기존 교사의 교육 방식보다 구체적으로 수업 기술을 습득하기 위한 교육 방법의 필요성에 의해 시작됐다. 1963년 미국 스탠퍼드대학의 키스 애치슨(Keith Acheson)이 예비 교사 훈련에 비디오 촬영 기법을 사용할 것을 제안한 것을 시작으로 예비 교사를 대상으로 한 교수 훈련 방법으로 사용되었다. 이후 교수 기법 습득을 촉진하기 위해 체크리스트, 녹화, 녹음 등의 방법을 도입해 교수자와 학생 간의 언어적 상호작용 및 수업을 분석하고 피드백하는 모형을 만들면서 지금의 마이크로 티칭으로 발전했다. 현재의 마이크로 티칭은 교수법에 대한 인식 제고, 수업 기술 개선, 각종 직무 능력 향상과 개발을 위해 교사 연수 프로그램에서 유용한 방법으로 활용되고 있다. 마이크로 티칭에서 평가는 언어적·비언어적 소통 능력, 학생들의 참여 유도, 발문의 중요성과 수업 구성 및 기술을 강조하며 프로그램의 특성에 따라 유동적으로 이루어진다.

마이크로 코칭은 코치와 고객 사이의 더 짧고 더 빈번한 상호작용을 강조하는 개인 개발에 대한 혁신적인 접근 방식이다. 마이크로 코칭은 산발적인 회의에 의존하는 대신 정기적인 음성 메모 교환, 텍스트 기반 질문 및 간단한 토론을 포함한다. 또한 지속적인 지원과 지침을 제공해 개인이 문제를 해결하고, 조언을 구하고, 실시간으로 피드백 받도록 하는 것을 목표로 한다.

빠르게 변화하는 세상에서 시간은 귀중한 자원이다. 이런 상황에서 전통적인 코칭 접근 방식은 개개인 발전을 추구하는 개인의 요구 사항을 충족시키는 데 때때로 부적절하다고 느낄 수 있다. 적절한 안내와 지원 및 책임을 제공하기 위해서는 더 짧고 더 빈번한 상호작용을 바탕으로 한 역동적이고 유연한 방법인 마이크로 코칭을 시작해야 한다.

마이크로 코칭은 어떤 장점이 있는가?

마이크로 코칭은 과제와 문제에 즉각 대응할 수 있다는 장점이 있다. 대화에 지속적으로 참여함으로써 개인은 즉각적인 지침을 받고, 브레인스토밍을 통해 해결책을 도출해내거나 실행 계획을 개발할 수 있다. 이러한 민첩성과 대응력을 통해 개인은 문제를 신속하게 해결하고 자기계발의 추진력을 유지할 수 있다.

마이크로 코칭은 전통적인 코칭의 대안으로 작고 빈번한 질문, 지원, 피드백 등으로 구성된다. 전통적인 코칭은 기본적으로 1시간 정도의 시간이 소요된다면 마이크로 코칭은 그보다 짧은 5분간의 대화나 채팅, 음성 메모, 텍스트 기반 질문 등으로도 진행할 수 있다. 또한 수업 내용이나 규모, 시간 등을 소규모로 축소해 관찰자가 교사의 수업 내용을 관찰하고 분석해 개선 방안을 마련하는 데도 도움이 된다. 미세한 관찰, 사소한 질문, 미묘한 피드백 등 마이크로 트렌드는 지속될 전망이다.

세밀하게 관찰하는 코치가 되어라

벤틀리 시스템즈(Bentley Systems)의 수석 VP 겸 CIO 클레어 루트코우스키(Clare Rutkowski)는 "팀을 위해 리더로서 수행하는 장기적인 코칭은 매우 유의미하다. 사람들이 스스로 어떤 일을 원하는지 알지만 기회가 없을 때가 있다. 이런 상황에서 길을 찾도록 도우면 사람들이 의미를 찾아내거나 성공을 이뤄내는 데 유의미한 영향을 미칠 수 있다. 그 과정에서 코치 스스로도 큰 보상을 얻게 된다"라고 말했다.

그는 이에 관한 자신의 경험을 공유했다. 프로젝트 관리직을 원하는지 확신이 없는 팀원이 있었다. 그는 "한번 시도해보자. 절반 정도의 시간에는 기존 업무를 처리하고 절반 정도의 시간에는 프로젝트 관리를 수행해보자. 싫어하는 일이라면 금세 깨닫게 될 것이다"
라고 권했다. 그 팀원은 결국 프로젝트 관리 쪽으로 방향을 잡았다.
루트코우스키는 주변 사람들이 선택의 기로에 놓였을 때 도움을 줄
수 있는 자신의 역할에 보람을 느낀다며 사회 전체를 도울 수는 없
겠지만 어느 한 사람의 인생은 변화시켰다는 데 의미를 느낀다고 덧
붙였다. 구성원의 주체적인 발전을 돕는 마이크로 코칭은 2024년
더욱 확산될 전망이다.

02 마이크로 코칭 시대 – 세계 동향

세계적 기업에서도 마이크로 코칭이 대세다

전 구글 회장이자 전 애플의 이사였던 에릭 슈미트(Eric Schmidt)
는 처음 코치를 옆에 두고 코칭을 받아보라는 조언을 들었을 때 화
를 냈다고 한다. 한 기업의 CEO에 오를 만큼 이미 풍부한 경험을
쌓았다고 생각했기 때문이었다. 하지만 시간이 지나 그는 그것이 자
신이 들은 최고의 조언이라고 말했다. 그뿐만이 아니다. 마이크로소
프트의 설립자 빌 게이츠, 메타플랫폼스의 CEO 마크 저커버그(Mark
Zuckerberg) 등 세계적으로 높이 평가받고 있는 기업의 리더들은 하
나같이 코칭의 중요성에 공감했다.

빌 캠벨(Bill Campbell)은 구글, 애플, 메타플랫폼스 등 쟁쟁한 스타
트업 창업가들의 코치로, 그가 코칭한 리더들은 총 30억 달러(약 4조
원)의 기업 가치를 일궈냈다. 존재를 드러내는 것을 꺼리던 그는 사

망 이후 그에게 코칭 받은 구글의 창업자 슈미트 등이 그에 관해 책을 쓰면서 알려지기 시작했다. 정신적 어려움에 빠진 많은 리더들이 자신의 능력을 발휘할 수 있도록 정서적으로 지지해 최상의 결과를 이끌어내는 그의 코칭에 큰 도움을 받았다.

변화하는 직장 문화와 기업가의 진화하는 요구에 부응하기 위해서는 각자에 맞게 대응하는 마이크로 코칭이 필요하다. 마이크로 코칭은 대규모 조직에서 선임 팀원이 후배 팀원에게 지원을 제공하거나 피어 투 피어 개발을 하는 데도 사용된다. 기업가 네트워크에서도 사용될 수 있다. 솔루션을 찾는 데 도움을 주거나 책임을 묻는 사람과 시간을 보낼 때도 마이크로 코칭을 적용할 수 있다.

2020년 미국 실리콘밸리에서는 잘나가던 핀테크 스타트업인 언업(Earnup) 대표가 스트레스를 이유로 CEO 자리에서 물러나는 일이 있었다. 그는 회사를 빠르게 성장시키며 대규모 투자를 유치하는 데 성공했지만 밤낮으로 목표 달성에 매달리다 보니 스트레스가 극에 달해 병원에 입원했고, 그 과정에서 생명의 위협까지 느꼈다고 털어놓으며 스스로 대표 자리에서 물러났다. 이처럼 높은 불안, 탈진, 안전에 대한 우려, 직무와 관련된 까다로운 요구로 힘들어하는 리더가 많아지고 있다. 이런 부정적 방어기제는 현실감을 유지하는 데 어려움을 준다. 현실감을 잃은 CEO가 자주 범하는 오류로 '랜드마크의 저주'라는 것이 있다. 1999년 도이치은행(Deutsche Bank)의 분석가 앤드루 로런스(Andrew Lawrence)가 지난 100년간의 사례를 분석해 내놓은 가설로, 초고층 빌딩 건설은 주로 통화 정책이 완화되는 시기에 시작되지만 완공되는 시점에는 경기 과열이 정점에 이르러 버블이 꺼지면서 경제 불황을 맞아 랜드마크 건설을 주도한 회사는 극심한 경영난을 겪게 된다는 내용이다.

실행 가능한 마이크로 코칭이 뜬다

마이크로 코칭에는 앞으로 나아갈 수 있도록 지원하는 짧은 구두 또는 서면 대화가 포함된다. 훌륭한 코칭은 채팅, 문자 메시지, 짧은 전화 통화, 전용 SNS 그룹을 통해 이뤄진다. 코치와 고객 사이의 짧은 대화 역시 마이크로 코칭으로 간주된다. 새로운 기술을 바탕으로 짧은 커뮤니케이션에 대한 문화적 욕구가 커지면서 마이크로 코칭은 그 어느 때보다 실행 가능하고 대중화될 것으로 보인다. 그러나 마이크로 코칭을 시작하기에 앞서 마이크로 코칭을 사용하는 가장 좋은 방법과 피해야 할 함정을 검토해야 한다.

마이크로 코칭을 사용하는 시기와 장소

마이크로 코칭은 코칭 대상의 목표가 명확할 때 가장 도움이 된다. 성취하고자 하는 것이 무엇인지, 어떤 이유로 막히거나 벽에 부딪쳤는지 이해해야 한다. 이와 관련, 2가지 주의해야 할 점이 있다. 첫째, 코칭 대상의 진정한 목표나 의도는 그가 처음 언급한 것이 아닌 경우가 많다. 코칭이 가장 적합한 부분을 찾아내기 위해서는 보다 심도 있는 대화가 필요하다. 둘째, 이 첫 번째 탐색 대화는 코치와 대상 간의 신뢰와 확신을 구축하는 데 있어 매우 중요하다. 코칭 대상이 코치의 말을 듣고 이해받고 있다고 느낀다면, 아이디어나 관찰을 공유할 때 더 주도적이고 개방적인 모습을 보일 것이다.

마이크로 코칭은 또한 즉각적인 도움이 필요할 때 훌륭한 도구다. 중요한 프레젠테이션을 하기 몇 분 전에 격려 문자를 받는다고 상상해보라. 나중에 모임이나 이벤트에서 네트워킹 기회를 활용하기 위해 마이크로 코칭을 찾을 수도 있다. 마이크로 코칭은 대상의 능력과 행동을 향상시키는 방식으로 이뤄져야 한다. 이를 위해서는 코칭 대상이 이미 사용하고 있고 편안하게 느끼는 도구와 방법을 선택해야 한다. 목표 달성을 지원하는 조치를 취하는 것 외에 새로운 기술 플랫폼을 배우도록 요구함으로써 코칭의 초점을 희석시켜서는 안 된다. 다행스럽게도 마이크로 코칭을 사용해서 대상을 향상시키는 방법은 다양하므로 각각의 대상에게 맞는 방법을 쉽게 찾아낼 수 있을 것이다.

마셜 골드스미스(Marshall Goldsmith)는 잘 알려진 경영 코치이지만 그에게도 코치가 있다. 최고의 인재에게는 대개 코치가 있다. 그와 그의 코치는 매일 밤 전화 통화를 하면서 몇 가지 질문과 답변을 공유한다. 그들은 통화에서 코치와 코칭 대상의 역할을 번갈아 가며 질문하고 답하는 과정에서 하루 동안 목표에 충실했는지 판단한다. 주로 던지는 질문에는 "오늘 누군가에게 관심이 있다는 것을 보여주었습니까?", "오늘 건강에 긍정적인 일을 했습니까?" 등이 있다. 통화를 하는 데는 대개 10~15분 정도 소요되어서 이 역시 마이크로 코칭이라고 할 수 있다. 이들은 정기적인 코칭 토론 중에 질문과 호출 빈도 및 방법을 설정하는 것에 대해 충분히 대화를 나누고 이 같은 방법을 찾아냈다. 이밖에도 마이크로 코칭에는 다양한 방법이 있다. 몇 가지 사례를 살펴보자.

고객이 글쓰기에 전념할 시간을 찾기 위해 고심하는 것을 알고 있는 동료는 기차 여행을 하는 동안 글을 쓸 수 있도록 여러 날 여행하는 작가들에게 침실을 제공하는 거주 작가 프로그램 링크가 포함된 문자 메시지를 보냈다. 정말 좋은 생각이다. 그가 이 프로그램에 지원하지 않더라도 자신의 공간에서 산만함을 제거하는 방법에 대한 아이디어를 얻을 수 있을 것이다.

수년간 알고 지낸 리더가 업무량과 직장 기능 문제로 어려움을 겪고 있었다. 코치와 그 리더는 그들의 네트워크에 다른 사람들을 끌어들이는 채팅을 참여했고, 이는 채팅에 관련된 다른 사람들을 위한 매력적인 코칭으로 이어졌다.

한 작가가 살인 추리소설을 쓰겠다는 목표를 달성하기 위해 고군분투하고 있었다. 몇 번의 잘못된 시작 후, 그녀는 자신의 책을 써 나가는 데 도움을 받기 위해 작문 코치와 협력했다. 매주 60분의 전화 코칭 외에도 그녀의 코치는 통화 사이에 질문을 하거나 정보를 공유할 수 있는 전용 페이지를 만들어 소통했다. 이 과정은 작가에게 매우 도움이 되었고 그녀는 주간 코칭 프로세스에 지원했다.

마지막 사례는 정기적인 코칭 토론에 대한 보충으로서 마이크로 코칭의 유익한 부분을 강조한다. 이러한 방법 외에도 여러 가지 유용한 방법으로 사용되는 마이크로 코칭은 코치나 코칭 대상이 많은 수고를 하지 않고도 에너지, 열정 및 결과를 향상시킬 수 있다.

마이크로 코칭에서 피해야 할 함정

마이크로 코칭은 효과적인 코칭 접근 방식이지만, 항상 그런 것은 아니다. 대상의 어려움을 감소시키거나 지연시킬 수 있는 장치를 고려해야 한다. 대상과 코칭 계약을 하기 위해 마이크로 코칭을 사용해선 안 된다. 그렇게 하면 표면적인 목표와 의도에 따라 코칭을 할 위험이 있다. 갇혔다고 느끼거나 좌절감에 사로잡힌 이들은 종종 자신의 목표라고 생각하는 것에 집중하지만 이는 실제 목표의 부산물일 뿐이다. 시간을 내 코칭을 위한 강력한 초점을 정의해야 한다.

코칭 대상이 정기적인 대화 대신 마이크로 코칭을 요구할 수도 있다. 마이크로 코칭은 정기적인 논의를 보완하지만 이를 대체하지 않을 때 가장 효과적이다. 특히 글쓰기 피드백과 관련해서 마이크로 코칭을 사용할 때는 감정을 조절해야 한다. 감정을 나눌 수 있는 문장이 한두 문장뿐이라면 오해를 받을 가능성이 높다는 사실을 알아야 한다. 예를 들어, 마이크로 코칭을 사용해 대상을 더 코칭하도록 유도하지 말아야 한다. 마이크로 코칭의 방향이 흔들린다면 시간을 내 이에 대해 철저히 논의해야 한다.

아무리 효과적이라고 해도 코치에게 전적으로 의존해서는 안 된다. 마이크로 코칭은 그 효과 면에서 매우 권장되지만, 응답성을 높이려는 의도가 역효과를 내지 않도록 경계해야 한다. SNS를 이용할 경우 그에 대한 조직의 정책을 숙지해 실수로 본인이나 코칭 대상을 곤경에 빠뜨리지 않도록 주의해야 한다. 모든 트윗, 문자 또는 짧은 전화 통화가 마이크로 코칭이 아님을 구별하는 것도 중요하다. 코칭은 대상이 앞으로 나아갈 수 있도록 돕는 과정이다. 마이크로 코칭에 익숙해지는 가장 좋은 방법은 코칭 대상으로서 이를 직접 시도해보는 것이다. 아이디어나 리소스에 대한 목표를 알고 있는 동료와 대화를 나눠보라. 마이크로 코칭과 관련, 코칭을 준비하는 과정의 진술과 함께 자원이나 아이디어를 공유할 수 있을 것이다.

03 마이크로 코칭 시대 – 국내 동향

일방적인 소통에서 일대일 소통으로

코로나19 팬데믹으로 기업 구성원들 사이의 일방적인 소통이 쌍방향 소통으로 변화하고 있다. 좋은 관계는 긍정적인 감정이 전제되어야 한다. 상호 공감과 교감이 이루어지면 관계가 좋아지게 마련이다. 팬데믹이 불러온 물리적 대안은 일의 흐름을 개선했다. 일의 주체인 구성원들 간의 관계는 다른 차원에서 보완해야 한다. 온라인 세계에서의 활동이 증가하고 있는 상황에서 관계에 대한 보강이 없으면 온·오프 비즈니스 환경의 절묘한 조화를 기대하기 힘들다. 최근에 OKR(Objective Key Result, 목표 및 핵심 결과 지표)을 시스템으로 도입하는 사례가 늘고 있지만 여기서도 일대일 대화를 가장 긴요한 수단으로 강조하는 것을 보면 관계의 중요성을 알 수 있다.

최근 들어 각 기업과 조직에서 코칭 문화를 적극적으로 받아들이고 있는 모습이다. 코칭에 대한 수요는 앞으로도 가파르게 상승할 것으로 예상된다. 지금까지는 일부 리더가 외부 코치들에게 코칭받는 사례가 대부분이었다면 앞으로는 코칭 대상자가 중간 관리자

급으로 확대되고 사내 코치 또한 많아질 전망이다. 궁극적으로 모든 구성원이 코칭을 주고받는 조직 문화가 구축되면 그간 그렇게도 고민하던 조직 문화에 대한 걱정이 사라질 가능성이 크다. 전통적인 코칭과 달리 마이크로 코칭은 질문 기술 또는 피드백 전달을 지원하고 개선한다.

마이크로 코칭, 어떻게 구현해야 하는가?

많은 기업에서 직원들의 성장에 필요한 도구와 기술을 제공하기 위해 마이크로 코칭을 활용하고 있다. 큰 시간을 투자하지 않고도 기술을 배우고 개발할 수 있는 몇 가지 방법이 있다. 코치는 코칭 대상에게 특정 측면에 대한 맞춤형 피드백을 제공하기 위해 짧은 설명 비디오를 만든다. 이러한 비디오는 교실 관리, 질문 기술 또는 교실에서의 기술 사용 같은 주제에 중점을 둘 수 있다. 이런 비디오를 만들 때 코치는 여러 도구를 사용한다. 비디오 녹화 또는 대화형 온라인 모듈을 통해 새로운 기술이나 전략을 개발하는 데 도움이 되는 짧은 자습서를 만들기도 한다. 또한 단계별 지침을 제공하고, 효과적인 교수법을 모델로 삼고, 피드백을 제공한다.

코치는 코칭 대상과 간단한 일대일 코칭 세션을 진행해 교육의 특정 측면에 대한 목표 피드백을 제공한다. 이러한 세션은 가상 또는 대면으로 진행되며 특정 기술이나 전략에 중점을 둔다. 또한 지침을 제공하고, 질문에 답하고, 효과적인 교수법이 모델을 제시한다. 코치는 자기 성찰 프롬프트를 제공해 코칭 대상이 반성하고 개선할 영역을 식별하도록 독려한다. 아울러 전문 플랫폼을 통해 교사가 제출한 비디오 또는 서면 자료에 응답하고 교사의 의견에 대한 피드백을 제공해 개선 계획을 개발하도록 돕는다. 이밖에 동료 피드백 세션을 실시하고, 구조화된 피드백 프로토콜을 만들고, 비디오를 통해 성찰과 피드백 기회를 제공함으로써 해당 지역 교사들 사이에서 동료 피드백을 촉진한다. 또한 미니 웹 세미나를 실시해 전문적인 개발을 제공한다. 이러한 웹 세미나는 짧고 이해하기 쉬운 형식으로 특정 기술이나 전략에 중점을 두고 진행된다. 웨비나 중 학습, 지도, 모델링 및 피드백을 제공할 수 있다.

마이크로 코칭에는 여러 가지 이점이 있다. 효과적인 교육 및 학습으로 중요한 기술을 향상시킬 수 있도록 목표에 맞는 개별화된 지원을 제공한다. 이를 통해 즉각적인 조정을 수행하고 변경 사항의 영향을 빠르게 확인할 수 있다. 코칭 대상은 피드백과 자기 성찰을 통해 자신의 강점, 약점, 개선이 필요한 영역을 깊이 있게 이해할 수 있다. 마이크로 코칭은 목표화된 지원과 피드백을 제공함으로써 교사가 더 많은 지원과 가치를 느낄 수 있도록 도와줘 직무 만족도와 유지율을 높일 수 있다.

개인을 대상으로 한 코칭, 고품질 리소스와 전문 학습 훈련, 경험 또는 기술이 없으면 마이크로 코칭은 일관성을 갖기 어렵다. 코칭 대상이 피드백을 거부하거나 정확한 자기 성찰이 이뤄지지 않을 경우, 개선이 필요한 부분을 받아들이고 조치를 취하는 데 어려움을 겪을 수도 있다. 마이크로 코칭에는 관찰, 피드백, 후속 조치를 위한 일정한 시간이 필요하므로 일정을 잡기 어려울 수도 있다. 또한 코칭 대상이 변경 사항을 구현하는 데 필요한 시간, 리소스 또는 지원이 없을 경우 마이크로 코칭의 효과를 기대하기 어렵다.

마이크로 코칭의 주요 이점 중 하나는 특히 커뮤니케이션이 비동기식으로 전달될 때 유연하다는 것이다. 이는 코치와 코칭 대상이 편리한 시간에 생각과 질문을 교환할 수 있다는 뜻이다. 양측의 일정을 조율해 시간을 맞출 필요가 없고 통화 및 검토를 위해 긴 시간 할애할 필요도 없다. 긴 코칭 통화는 양측 모두 지치게 할 뿐, 항상 효과적인 것은 아니다. 또한 긴 코칭 통화는 따라잡기 위한 초기 단계가 필요한데, 마이크로 코칭은 그럴 필요가 없다. 야심찬 기업가는 문제를 개선할 방법에 대한 피드백과 개선점을 포함해 지식에 굶주려 있다. 이들은 주변 사람들에게 정기적인 피드백을 필요로 한다는 것을 알림으로써 마이크로 코칭에 열려 있음을 표현한다. 기업가가 위임한 공식적인 코칭 관계에서 일정을 조정해 더 짧게 의사소통하고 전화 통화, 음성 메모를 통합하면 심층적인 접근이 필요할 때 더 긴 시간을 할애할 수 있다. 이러한 적응은 마이크로 코칭을 더 효과적으로 만든다.

마스터 마인드 그룹 같은 공식적인 코칭 관계의 외부에서 각각의 구성원은 관련된 경계에 따라 마이크로 코칭을 관리하고 받을 수 있다. 예를 들어, 친구가 비즈니스 문제를 설명할 때 피드백을 제공하거나, 몇 가지 질문을 하거나, 문제를 구성하는 새로운 방법을 제안할 수 있는지 물어볼 수 있다. 그러면 그들은 우리가 직면한 비즈니스 문제에 대해 듣고 해결책에 도달하는 데 도움이 되도록 조사해도 되는지 물어볼 수 있다.

마이크로 코칭은 개방적인 태도나 배우려는 의지와 만나면 더욱 효과적이다. 요청하지 않을 경우, 방어가 뒤따를 수 있으며 해결책을 찾기 어려우므로 입력을 제공하기 전에 확인하는 것이 중요하다. 자신의 경력과 업무의 모든 측면에 의문을 제기하는 기업가는 필연적으로 더 나은 비즈니스 수행 방법을 찾을 수 있을 것이다.

Job Trend

04 마이크로 코칭의 장점 5가지

구성원들과 소통하는 것도 좋지만 진솔한 이야기를 나누기 위해서는 일대일 대화가 필요하다. 이를 위해 실리콘밸리 기업의 리더들은 마이크로 코칭을 실천하고 있다. 한국 기업들도 마이크로 코칭 방식을 벤치마킹해 도입하고 있다. 마이크로 코칭은 리더가 구성원의 상황과 어려움을 이해하고 그들의 성장과 성공을 지원하기 위한 소중한 기회가 될 것이다.

1. 마이크로 코칭의 빈번한 접촉점은 책임감을 키워준다

마이크로 코칭의 빈번한 접촉점은 책임감을 강화한다. 코치나 멘토에게 정기적으로 확인함으로써 개인은 자신의 목표에 전념하고 일관된 조치를 취할 가능성이 높아진다. 마이크로 코칭은 미루는 습관을 극복하고 집중력을 유지하며 원하는 결과를 달성하는 데 필요한 구조와 지원을 제공한다.

2. 마이크로 코칭을 통해 개인화되고 표적화된 지원이 가능하다

마이크로 코칭을 통해 개인화되고 표적화된 지원이 가능하다. 코치는 각 개인의 요구와 선호도에 따라 접근 방식을 조정할 수 있다. 마이크로 코칭의 간결한 특성을 통해 코치는 정확한 지침을 제공하고, 생각을 자극하는 질문을 하며, 고객의 즉각적인 문제를 해결하는 관련 리소스를 제공할 수 있다.

3. 마이크로 코칭은 현대적 라이프스타일에 적용하기 좋다

마이크로 코칭은 현대적인 라이프스타일에 매우 잘 어울린다. 바쁜 일정, 원격근무 준비, 즉각적인 지원의 필요성을 수용한다. 음성 메모, 텍스트 기반 대화 및 짧은 영상 통화의 편리함을 갖춘 마이크로 코칭은 기존 코칭 방법과 관련된 실행상의 문제를 제거해 더 많은 이가 개인 개발에 접근할 수 있도록 도와준다.

4. 마이크로 코칭의 상호작용은 지속적인 성장과 발전을 촉진한다

마이크로 코칭의 정기적인 상호작용은 지속적인 성장과 발전을 촉진한다. 이를 통해 개인은 통찰력, 피드백 및 학습 기회의 꾸준한 흐름을 경험한다. 일관된 참여를 통해 개인의 개발은 일상생활의 필수적인 부분이 되어 지속가능하고 오래 지속되는 변화로 이어진다.

5. 마이크로 코칭은 역동적인 개인 개발의 패러다임 변화를 효율적인 방법으로 촉구한다

마이크로 코칭은 개인 개발의 패러다임 변화를 나타내며 코칭과 멘토링에 대한 역동적이고 효율적인 접근 방식을 제공한다. 빈번하고 간결한 상호작용을 수용함으로써 마이크로 코칭은 개인이 빠르게 진화하는 세계에서 어려움을 극복하고 책임을 유지하며 목표를 달성할 수 있도록 돕는다. 변화하는 직장 역학에 지속적으로 적응하고 보다 유연한 해결책을 추구함에 따라 마이크로 코칭은 개인의 성장과 발전을 위한 강력한 도구로 부상하고 있다. 마이크로 코칭의 잠재력을 받아들이면 지속적인 학습과 자기 개선의 시대에 성공할 수 있는 능력을 갖게 될 것이다.

참고문헌

· 김명희, 〈클래스101, 온라인 클래스 구독 서비스 전환〉, 전자신문, 2022.8.29.
· 리사 하네버그, 〈마이크로 코칭이란?〉, Coaching Basics, 2nd Edition(ATD Press) 2016.3.15.
· 킴 스콧, 박세연 옮김, 《실리콘밸리의 팀장들》, 청림출판, 2019.
· 마셜 골드스미스, 고태현 옮김, 《리더십을 위한 코칭》, 코쿱북스, 2017.

https://www.linkedin.com/pulse/microcoaching-next-generation-personal-development-graham-townley/

https://www.eschoolnews.com/educational-leadership/2023/04/19/how-to-use-micro-coaching-for-teacher-pd/

10

욜드 세대

#욜드 #시니어 #슬로에이징 #에이지리스 #안티에이징

나이 드는 게 비극적인 이유는,
우리가 사실은 젊기 때문이다.
– 오스카 와일드(Oscar Wilde)

01 욜드 세대

인구의 절반을 차지하는 욜드 세대

2030년 50세 이상 인구가 전체 인구의 절반을 차지할 것으로 예상되면서 시니어 관련 산업이 가파르게 성장할 것으로 전망된다. 이처럼 욜드 세대가 떠오르면서 중요한 소비 주체로 자리 잡고 있다. 이에 맞춰 기업들은 욜드 세대에 맞춘 전략을 수립하고 있다.

나이 들어 은퇴한 이후 동호회나 지인 모임 등 다양한 취미 생활을 즐기면서 젊게 사는 시니어들을 일명 '욜드 세대'라고 부른다. '욜드(YOLD)'란 '영(Young)'과 '올드(Old)'를 합친 말로, 은퇴 후에도 하고 싶은 일을 능동적으로 찾아 도전하며 삶의 질을 높이기 위해 노력하는 50~75세 사이의 세대를 칭한다. 인구 고령화가 급속하게 진행되면서 최근에 새롭게 등장한 사회 트렌드로, 욜드 세대는 발달한 의료 기술을 바탕으로 건강을 가진 동시에 시간적으로나 경제적으로 여유가 있는 계층을 가리킨다.

욜드는 고령이지만 체력과 정신 등 모든 면에서 아직 젊어 노인으로 취급하기 어렵다. 과거에 60~65세는 대체적으로 은퇴 연령층으로 분류됐으나 영국, 일본 등 일부 선진 국가에서는 65세의 노년기 진입을 받아들이지 않는 분위기다. 노동·소비·금융 시장 등에서 욜드가 새롭게 주목받고 있는 만큼 활발한 사회생활을 지속할 수 있는 연령대라고 판단하기 때문이다. 과거에는 노인층이 증가하는 것에 대해 재정적·심리적 부담이 우선적으로 언급됐다면 이제는 이들을 국가 차원에서 주목하고 활용해야 하는 분위기로 전환되고 있다.

이제 안티에이징이 아니라 슬로에이징의 시대다!

노화는 자연적인 과정으로 누구든 피해갈 수 없는 큰 고민거리다. 건강하고 아름답게 나이 든다는 건 모든 이의 꿈일 터. 노화에 대항하는 안티에이징(Anti-aging)이 아닌 노화를 자연스럽게 받아들이되 건강하고 아름답게 천천히 늙어가는 '슬로에이징(Slow-aging)'이 주목받고 있다. 부자연스럽게 젊어 보이기보다 자연스럽게 잘 나이 든 것처럼 보이기를 원하는 액티브 시니어의 니즈를 반영한 것이다.

대한민국 국민의 기대수명이 86세로 상승함에 따라 건강하고 아름답게 나이 드는 '웰에이징(Well-aging)'이 새로운 라이프스타일로 떠오르고 있다. 그중 가장 꾸준히 사랑받는 카테고리는 노화를 관리하며 노화로 인한 기능 저하 등을 억제하려는 '안티에이징'이다. 하지만 최근 들어 예전과 달리 노화를 자연스럽게 받아들이되 진행 속도를 늦춰 건강하고 아름답게 천천히 늙는 '슬로에이징'을 추구하는 사람들이 많아지고 있다. 실제 나이보다 자신을 젊게 인식하는 욜드의 특성에 맞춰 올드함에서 벗어나 젊고 활동적인 이미지의 브랜드와 제품에 대한 수요 또한 늘고 있다. '활기찬 노년'을 뜻하는 '액티브에이징(Active-ageing)'은 늙어가는 것을 거부하거나 되돌리려고 하는 '안티에이징'과는 개념이 다르다. 적극적으로 자신을 가꾸고 관리하면서 긍정적인 노년기를 보내자는 의미를 담고 있다.

잘 나이 든다는 것, 그리고 이에 걸맞은 아름다움을 자랑하는 것에 주목하는 프로에이징(Pro-aging)도 주목 받는 키워드다. 노화를 인정한다는 점에서 웰에이징과 비슷해 보이지만, 거기에서 한 발 더 나아가 내면의 아름다움을 가꾸는 것도 포함된다. 긍정적인 생각, 새로운 도전, 건강한 식단, 재충전을 위한 여행 등 보다 웰니스적인 면모를 띤다. 또한 가만히 앉아 세월의 직격탄을 그대로 맞을 것이 아니라 자신을 돌보되 20대처럼 보이려고 애쓰지 않는다.

넉넉한 자산을 가진 욜드 세대는 일반적인 시니어에 비해 독립적인 라이프스타일을 즐긴다. 가족만큼 자신의 인생도 중요하게 생각하며, 무조건적인 절제를 미덕이라 여기지 않고 필요에 따라 적극적으로 소비한다. 자신의 나이를 실제보다 5~10년 젊게 생각하는 욜드는 다양한 취미를 즐기고 적극적으로 미래를 개척하는 것도 특징이다. 경제적 여유를 기반으로 가족을 위해 희생하기보다는 자신에게 투자할 줄 알고, 나이에 연연하기보다는 삶을 주체적으로 살아가려는 가치관을 가졌다. 이들은 젊은이처럼 디지털 환경에 익숙하며, 다방면에서 활발히 활동하고, 사회·경제적으로 영향력을 미친다. 청춘의 열정과 어른의 지혜를 아우를 수 있는가?

욜드 세대는 쇼핑이나 운동, 여행 등 많은 분야에서 망설임 없이 지갑을 여는 중요한 소비 주체이며, 트렌디함을 선도하는 동시에 적극적인 삶의 자세를 보인다. 나이는 숫자에 불과하다는 말을 욜드 세대가 증명하고 있다.

02 욜드 세대 – 세계 동향

나이 듦의 의미 찾기

UN의 기준에 의하면 65세 이상 인구가 총인구에서 차지하는 비율이 7% 이상일 경우 고령화 사회, 14% 이상일 경우 고령 사회, 20% 이상일 경우 초고령 사회라 한다. 최근 들어 노인층 인구가 증가세를 보이는 가운데 이들에 대한 시각도 달라지고 있다.

미국 시카고대 노화심리학자 버니스 뉴가턴(Bernice Neugarten)은 1975년 〈뉴욕타임스〉에 실은 기고문을 통해 55세부터 70대 중반까지를 '젊은 노인(Young Old)'으로 구분했다. 그는 저서 《나이 듦의 의미(The Meanings of Age)》에서 "오늘의 노인은 어제의 노인과 다르다"고 지적했다. 미국에서는 이들 젊은 노인을 '액티브 시니어'라고 부른다. 영국 주간지 〈이코노미스트〉는 '2020년 세계 경제 대전망'에서 "65~75세 욜드 전성시대가 도래했다"며 "과거의 노인들보다 건강하고 부유한 욜드의 선택이 소비재와 서비스, 금융 시장을 뒤흔들 것"이라 전망했다. 일본에서 한때 '영 올드'를 줄여 '욜드 세대'라 불렀는데, 이 용어가 곧 전 세계적으로 유행하게 되었다.

WHO는 2005년부터 활동적이고 건강한 노화를 지원하는 '고령친화도시(Age Friendly Cities) 프로젝트'를 진행하고 있다. 초고령 사회로의 진입을 앞둔 우리 사회도 시니어들의 삶의 질을 높이기 위해 이들의 생체 리듬에 조화되는 건축 대책을 강구할 필요가 있다. 세계적인 석학 에드워드 윌슨(Edward Wilson)은 이를 '바이오필리아(biophilia)'라고 표현했다. 바이오필리아는 '생명(bio-)'과 '좋아함 (-philia)'을 조합한 말이다. 바이오필리아에 부합하는 건축 재료는 바로 목재다. 사람과 공간은 분리할 수 없는 상생의 관계다. 이를 연결하는 매체를 목재로 본 것이다.

뉴욕은 2009년 세계 도시 가운데 최초로 WHO의 고령친화도시 네트워크에 가입했다. 뉴욕의 고령 친화 정책을 제안하고 실행하는 '고령친화뉴욕시(Age-Friendly NYC)'는 뉴욕 의대, 뉴욕시, 뉴욕시의회, 기업이 참여하는 민관 합작 기구다. 이 기구는 2009년 커뮤니티와 시민들의 참여하에 주택, 교통, 보건 등 8개 분야 59개 실행 과제를 WHO에 제출했다. 이 중 눈길을 끄는 것은 교통 분야의 정책으로, 고령자를 위한 안전한 거리 조성을 내용으로 한다. 고령 보행자 사고가 많은 교차로 중간에 '보행자 섬(median)'을 설치하자는 것이다. 이에 따라 퀸스 플러싱 등 보행자 섬을 설치한 5개 지역의 보행자 사고율은 9~60% 감소했다. 노인들이 쉴 수 있도록 뉴욕시 전체에 벤치도 1000개 조성했다. 이 기구는 지역 기업, 비영리기구, 행정기관 등과 협력해 최근 '고령 친화 이웃(Age-Friendly Neighborhoods)' 조성에 박차를 가하고 있다. 브롱크스 2개, 브루클린 5개, 맨해튼 3개, 퀸스 2개, 스태튼 아일랜드 1개 등 뉴욕시 전체에 모두 13개의 고령 친화 이웃을 만들었다. 고령 친화 이웃 중 대표적인 곳은 브루클린 지역의 머틀 애비뉴다. 민간 비영리기구인 '머틀 애비뉴 재생 프로젝트 지역발전협력(MARP LDC)'은 이 지역 84개 상점이 고령 친화 상점으로 탈바꿈하도록 돕고 있다. 상점들은 고령자 할인 혜택, 무료 택배 서비스를 실시하고 출입구도 개선했다.

코로나19 팬데믹을 거쳐오면서 전 세계적으로 유튜브 방송 같은 웹 서비스 기반 개인 채널이 무수히 생겨났다. 이 시기에 개인 방송을 처음 시작한 사람들도 적지 않다. 그중 105살과 100살, '그래마와 깅가' 할머니도 있다. 두 자매 할머니의 투닥거리는 모습과 일상을 담은 동영상이 많은 사람들에게 웃음을 주며, 두 할머니는 자연스레 주목받는 시니어 유튜버가 되었다. 유튜브 구독자는 34만 명이 넘는다. 그래마와 깅가는 유튜브 채널이 유명해지면서 미국의 유명 TV 프로그램 〈지미 키멜 쇼〉와 스티브 하비가 진행하는 〈리틀 빅 샷〉에도 출연했다. '잼 할머니'(마멜라데 오마, Marmeladen Oma)는 20만 명이 넘는 구독자를 보유한, 독일에서 명성 높은 시니어 유튜버다. 그녀의 채널 구독자 수는 팬데믹 기간에 더 증가했으며, 현재도 꾸준히 늘고 있다.

시니어를 대상으로 한 유튜브 채널에서 운동과 건강은 빠뜨릴 수 없는 주제다. 가비 파스트너(Gabi Fastner)는 팬데믹 기간 집 안에서 할 수 있는 요가와 피트니스 운동을 소개하면서 큰 인기를 끌었다. 현재 62만 명이 넘는 구독자를 보유한 이 채널의 인기 비결은 시니어를 대상으로 구체적이면서 상세한 정보를 제공한다는 데 있다. 음악을 틀어놓고 동작을 따라 하도록 유도하는 일반적인 운동 강의와 달리 이 채널에서는 시니어들을 위해 천천히 부드럽게 몸의 각 부위를 풀어주는 운동법들을 소개한다. 또 전체적인 채널 구성이 깔끔하고 편집이 세련된 점도 이 채널의 인기 비결이다.

03 욜드 세대 - 국내 동향

욜드 세대가 트렌드를 선도한다

서비스, 금융, 유통 등 각 분야의 기업들이 욜드 세대의 선택에 주목하고 있다. 욜드 세대의 인구 비중이 높아지면서 이들의 정치적 영향력도 커질 것으로 전망된다. 대한민국의 욜드 세대는 2030년 1000만 명을 넘어설 것으로 전망된다. 통계청이 발표한 '2022년 고령자 통계'에 따르면, 65세 이상 인구는 901만 8000명으로 사상 처음 900만 명을 돌파했다. 우리나라는 전체 인구 중 17.5%가 고령층인 고령 사회다. 지난 2001년(7.2%) 고령화 사회에 진입한 이후 2018년(14.4%) 이미 고령 사회로 접어들었으며, 고령화 속도는 점점 가팔라지고 있다. 2025년이면 65세 인구 비중이 20.6%로 늘어나 초고령 사회에 진입할 것으로 보인다.

조사 결과, 고령층 인구의 68.5%는 앞으로도 계속 일하고 싶다고 답했다. 10년 전 조사(59.2%)보다 9.3%포인트 높아진 수치다. 고령층이 계속 일하려는 주된 이유는 '생활비에 보탬이 되려고'(57.1%), '일하는 즐거움·건강이 허락하는 한 일하고 싶어서'(34.7%)로 나타났다. '생활비에 보탬이 되려고'라는 답변은 지난해(58.7%)보다 소폭 줄어든 반면, '일하는 즐거움'은 지난해(33.2%)보다 약간 늘었다.

사회 트렌드에 가장 민첩하게 반응하는 방송가에서는 일찌감치 시니어를 겨냥한 프로그램들을 내세우고 있다. 예전에는 고령 인구가 시청하기 편한 시간대에 시니어 프로그램을 편성하는 데 그쳤던 것과 달리 최근에는 시니어를 전면에 앞세운 프로그램들이 잇따라 방영되고 있다. tvN '꽃보다 할배' 시리즈를 통해 시니어 예능의 흥행을 맛본 방송가는 2019년 이후 트로트 열풍으로 시니어에 관한 관심을 끌어올렸다. 이는 '본방 사수'보다 OTT로 '몰아보기'를 하는 2030 시청자보다 TV 시청을 즐기는 시니어층을 공략해 높은 화제성을 일으켰기에 가능했던 일이다. 〈갓파더〉(KBS2) 〈그랜파〉(MBN) 〈진격의 할매〉(채널S) 〈뜨거운 싱어즈〉(JTBC) 〈회장님네 사람들〉(tvN) 〈같이 삽시다 시즌 3〉(KBS2)이 방영되는 등 시니어 시청층은 물론 젊은층과 공감대를 형성할 수 있는 프로그램들이 잇달아 선보이고 있다는 점이 특히 눈길을 끈다.

트렌드를 선호하는 시니어 유튜버

오랜 인생 경험과 내공을 살린 시니어 유튜버들이 각광 받고 있다. 촌철살인 입담을 무기로 시니어 콘텐츠의 물꼬를 튼 박막례 할머니는 이제 그 자체로 브랜드가 됐다. 이탈리아로 유학을 간 최초의 한국인으로 1990년대 유명 명품 브랜드를 한국에 소개한 장명숙은 〈밀라논나〉라는 이름으로 유튜브 채널을 개설하고 패션 아이템과 스타일링을 제안하는 콘텐츠를 선보여 젊은층에게 큰 관심을 받으면서 구독자 수가 91만 명을 넘어섰다. tvN 〈유 퀴즈 온 더 블럭〉에도 출연해 화제의 인물로 떠오른 바 있다. 〈강철 헬스 전략〉은 전직 교사, 전직 헬스장 트레이너라는 독특한 이력을 가진 67세 스포츠 지도사 강철진이 운영하며 50~60대 시니어들이 따라 할 수 있는 운동법을 전문적으로 알려준다. 〈영자 씨의 부엌〉의 서영자는 딸의 권유로 귀촌하면서 텃밭을 가꾸게 되었고, 아들에게 알려주기 위해 제철 재료로 음식을 만들면서 유튜브 활동을 시작해 손쉽게 뚝딱 만드는 요리 레시피로 인기를 끌며 84만 구독자를 눈앞에 두고 있다. 지금도 매일 실시간으로 요리 수업을 진행하며 건강과 맛을 모두 챙긴 엄마의 손맛을 전파하는 중이다. 이처럼 방송계와 뉴미디어 영역에서 선전하는 시니어 콘텐츠는 고령자를 수동적이고 단편적인 모습으로 바라보게 하거나 사회적 편견을 강화하지 않는다. 나이 듦은 쇠퇴가 아니라 오히려 새로운 시작이라는 관점으로 욜드 세대의 활약을 재발견하게 한다.

2022년 하나금융경영연구소가 금융 자산을 1억 원 이상 보유한 5060세대를 조사한 결과, 모바일 뱅킹 이용률이 83%에 달했다. 주요 은행들은 이들을 충성 고객으로 확보하기 위해 시니어 전용 채널을 개설하고, 시니어 친화적인 앱 환경을 구축하고 있다. 고객의 디지털 접근성을 높임으로써 거래 빈도와 이용률을 제고하는 한편, 신규 서비스 접점을 확보하려는 전략이다.

최근 여행 회복세가 본격화되면서 호텔가에 중장년 욜드 세대 고객이 크게 늘고 있다. 파라다이스시티에 따르면, 올 1~2월 50대 이상 투숙객이 전년 동기 대비 56% 증가했고, 유료 멤버십 회원 수도 15%가량 늘어난 것으로 나타났다. 파라다이스시티의 핵심 고객인 MZ세대를 중심으로 부모 세대의 방문 확대까지 이끌어낸 것이다. 파라다이스시티는 지난해 시니어 전문 패션 에이전시 〈더뉴그레이〉와의 협업을 통해 중장년층을 타깃으로 한 메이크오버 화보 촬영 및 호캉스 이벤트를 진행해 큰 호응을 얻은 바 있다. 부모를 위한 2030세대 자녀들의 참여 신청이 잇따르며 응모 경쟁률이 무려 170대1을 뛰어넘었다. 최근 자사 SNS를 통해 해당 이벤트에 최종 선정된 부부의 화보 촬영 영상이 공개되며 다시 한번 화제를 모았다. 파라다이스시티의 예술 전시 공간 '파라다이스 아트 스페이스'에도 중장년 고객의 발길이 이어지고 있다. 수준 높은 전시 작품들을 여유롭게 감상할 수 있어 평소 문화 예술 향유 기회가 적었던 부모 세대들에게 좋은 반응을 얻고 있다.

롯데호텔은 최근 프리미엄 시니어 레지던스 브랜드 VL(Vitality& Liberty)의 서울 내 첫 레지던스 'VL르웨스트'의 사전 청약을 실시했다. 프리미엄 주거 브랜드 'VL'은 시간적·경제적 여유를 바탕으로 은퇴 생활을 적극적으로 즐기는 액티브 시니어를 타깃으로 삼았다. 여가 생활과 경험 가치를 중시하는 욜드 세대의 특색에 맞춰 VL은 에이지 프렌들리(Age-Friendly) 서비스를 도입했다. 롯데호텔이 50년간 축적한 서비스 노하우를 주거 영역에 접목한 것이다. 호텔식 입주민 서비스는 VL르웨스트의 가장 돋보이는 차별점이다. 각종 업무 지원 및 대행 서비스를 아우르는 컨시어지 서비스, 세대 내 청소, 정리, 수납 등을 주 2회 제공하는 하우스키핑 서비스, 건강 상태에 따라 구성되는 호텔 셰프의 맞춤 식단 등 5성 호텔급 고품격 서비스를 선보일 방침이다. 여가·문화 서비스도 빼놓을 수 없다. 입주자 간 네트워킹 프로그램은 물론 롯데JTB, 롯데렌탈 등 롯데 계열사와 연계한 VL 특화 상품과 혜택도 준비 중이다. 또한 보바스기념병원, 이대서울병원 등과의 업무협약으로 단지 내 건강관리센터 운영과 전용 창구를 통한 입주민 대상 전문의 진료 및 건강검진도 이뤄진다.

실시간 생체 신호 모니터링을 통한 긴급 SOS 알람 서비스로 선진적인 건강 관리 서비스도 제공한다. 시니어 맞춤형 특화 설계 역시 수요자의 관심을 끌 만한 요소다. 액티브 시니어의 독립성을 반영한 '원 룸 원 배스(방 하나당 화장실 하나)' 평면, 세대 내 순환형 동선 구조, 입주자별 취향을 고려한 비스포크 발코니 등으로 불필요한 동선을 없애고 편의를 높였다.

하나금융연구소의 '세대별 온라인 소비 행태 변화와 시사점'에 따르면, 무엇보다 젊은 세대 위주였던 배달 앱과 OTT 서비스 분야에서도 50~60대 소비가 크게 증가한 것으로 나타났다. 50대 배달 앱 서비스 결제 규모는 2020년 전년 대비 163%, 60대는 142% 증가했다. OTT 서비스 결제 금액을 보면 50대는 181%, 60대는 166% 늘어났다. 홈인테리어 관련 소비도 2019년 대비 50대는 80%, 60대는 40% 증가하는 등 디지털 환경에 익숙한 50~60대 액티브 시니어가 새로운 소비의 주역으로 떠오르고 있다.

SNS를 젊은 세대만 즐긴다고 생각하면 대단한 오산이다. 인터넷, 스마트폰 등 스마트 기기를 능숙하게 조작하는 5060세대를 '실버 서퍼'라고 부른다. 인터넷을 뜻하는 '웹'과 노인 세대를 지칭하는 '실버족'의 합성어인 '웹버족'이라고 부르기도 한다. 경제력과 구매력을 갖췄고 비싸더라도 좋은 제품을 사고자 하는 욕구 때문에 요즘 각종 업계에서는 실버 서퍼를 겨냥한 상품을 앞세우는 분위기다.

인터넷 이용률 또한 2030세대만큼 높아졌다. 50세 이상 스마트폰 사용자 중 40% 이상이 유튜브를 즐기는 것으로 알려졌다. 앱 분석업체 와이즈앱의 조사 결과, 2019년 기준 50대 이상의 유튜브 총 사용 시간은 51억 분에 달했다. 이는 10대(76억 분), 20대(53억 분)보다 적지만 30대(42억 분), 40대(38억 분)보다 많은 수치다. 5060세대의 스마트폰 활용도와 의존율을 간과해선 안 된다.

2021년 한국보건산업진흥원에 따르면 실버 이코노미 시장 규모는 2012년 27조 3808억 원에서 2020년 72조 8304억 원으로 증가했으며, 2030년에는 168조 원이 될 것으로 전망된다. 통계청은 국내 고령 인구가 계속 급증해 2025년 한국이 초고령 사회에 진입할 것이라고 예측했다. 이는 욜드 세대의 영향력도 더욱 커진다는 것을 의미한다. 이들이 앞으로는 어떤 방식으로 시장을 이끌어갈지, 초고령 사회로의 진입이 예상되는 상황에서 관련 업계가 시장을 어떻게 이어갈지 기대된다.

Job Trend

04 욜드 세대가 유의해야 할 5가지 사항

욜드 세대는 건강을 챙기려는 의지가 남다르다. 미래를 위해 시니어들은 바쁘더라도 건강을 지킬 시간이 필요하다. 젊게 살려는 노년층의 욕구가 '욜드'의 유행을 몰고 왔지만 청춘처럼 즐기려면 체력이 받쳐줘야 한다. 욜드 세대를 꿈꾸는 시니어들은 체력의 바탕이 되는 근육량을 늘리고 근력을 키워야 한다. 사회적 고립을 피하고 마음의 건강을 유지하기 위해 커뮤니티 활동에 참여하는 것도 좋다. 아래 나열한 5가지 사항 중 자신에게 맞는 몇 가지라도 실천하면 지금보다 현저하게 건강해지지는 않더라도 최소한 지금의 건강을 유지할 수 있을 것이다.

1. 평소 많이 움직이는 습관, 하루 50분 운동한다

욜드 세대의 무릎 관절에 무리가 가지 않는 운동으로 걷기, 고정식 자전거 타기, 수영 등이 있다. 땀이 촉촉하게 나는 유산소 운동은 몸의 지방을 태워 적정 체중을 유지하는 데 탁월한 효과가 있다. 하루에 밥 한 공기 열량인 250kcal를 소모할 정도가 좋다. 평소보다 숨이 조금 더 차는 정도의 운동을 일주일에 5일, 하루 30분 이상 해야 한다. 근력 운동은 일주일에 2일 이상 해야 효과적이다.

2. 스트레스 줄이는 너그러운 마음을 갖는다

나이 들수록 화가 많아진다. 혈압이나 당뇨가 없어도 화를 많이 내면 심장병 위험이 세 배나 증가한다. 화가 나는 일이 있으면 그 사실을 누군가에게 솔직하게 얘기하거나 글로 써본다. 무엇이든 긍정적으로 생각할수록 스트레스는 잘 풀린다. 명상, 요가, 댄스, 심호흡 등 평소 적용할 수 있는 자신만의 스트레스 관리법을 찾을 필요가 있다.

3. 면역력을 위한 8시간 수면을 유지한다

잠이 보약이다. 수면은 몸의 전반적인 건강에 미치는 영향이 크다. 잠이 부족하면 면역 체계가 붕괴된다. 잠을 자는 동안 멜라토닌이라는 면역 증강 물질이 분비되는데, 새벽 2시 즈음이 가장 활성화될 때다. 피로감이 쌓이면 우울증 등 정신건강 합병증이 발생하고,

이로 인해 면역력이 저하된다. 8시간 동안 충분히 수면을 취하는 것은 신체의 건강을 유지할 뿐 아니라 스트레스를 관리하는 데도 도움이 된다.

4. 비타민 보충을 위해 과일을 통째로 섭취한다

영양소 파괴를 줄이기 위해 채소를 갈거나 즙을 짜는 방식보다는 통째로 먹는 것을 권장한다. 한 종류보다는 신선한 채소를 여러 가지 섞어 먹으면 다양한 비타민과 필수 미세영양소를 보충할 수 있다. 저온에서 살짝 데치면 질긴 채소를 부드럽게 하면서도 영양소 파괴를 최소화할 수 있다. 간편하게는 밥솥을 보온으로 해놓고 채소를 기호에 따라 10분에서 1시간 정도 놔두면 적당하게 익힌 영양소 많은 채소를 섭취할 수 있다.

5. 면역력을 높이기 위해 햇볕을 15분간 쬔다

우리 몸은 햇볕을 받으면 피부에서 비타민 D를 만들어낸다. 비타민 D는 뼈를 튼튼하게 만들기 때문에 골다공증 예방과 치료에 좋다. 최근에는 암·당뇨병·심장병 등 질병 위험과 암으로 인한 사망을 줄이는 데도 비타민 D가 효과적이라는 연구가 발표되고 있다. 뼈 건강 유지는 나이를 먹을수록 중요한 숙제다.

참고문헌

· 김규식, 〈30대 김 대리도 노화 걱정… 슬로에이징 열풍〉, 매일경제, 2023.1.17.

· 김민주, 〈백세 시대를 실현하고 있는 욜드(YOLD) 세대〉, 소비자평가, 2023.1.30.

· 김수민, 〈시니어 인플루언서 디지털 세상에 푹 빠지다〉, 미래에셋투자와연금센터, 2023.7.6.

· 박정선, 〈['욜드' 꿈꾸는 시니어①] 과거의 '노인'은 없다? 새로운 시니어들의 등장〉, 데일리안, 2022.12.8.

· 서미영, 〈럭셔리 호캉스 즐기는 중장년 '욜드(Young+Old)족' 증가〉, 디지털조선일보, 2023.3.8.

· 서영아, 〈"고령자 배제한 성장은 없다"…건강하고 부유해진 '욜드 세대' 성큼[서영아의 100세 카페]〉, 동아일보, 2022.1.1.

part **3**

How

지금 당장 어떻게
할 것인가?

01 대한민국 조직 생태계가 달라졌다

코로나19 팬데믹 이후 산업 전반에서 다양한 업종의 기업이 줄어들고 디지털 전환 등 비대면화가 일상화되면서 업종의 생태계 변동이 일어났다. 코로나19 감염과 그에 따른 경제위기는 2020년 첫 발생 이후 현재까지 진행 중이며 사회·문화·경제적 변화를 동반하고 있다. 사회 각 분야에서 빠른 디지털 전환이 진행 중이며 비대면 문화가 확산되고 있다. 이러한 비대면화·디지털화 추세에 발맞춰 경제 구조와 산업 구조 역시 변화하고 있다. 코로나19 이후 디지털 노마드(Digital nomad, 디지털 유목민), 긱 워커(Gig worker, 초단기 임시직 노동자), 플랫폼 노동자(Platform Laborer, 스마트폰이나 앱 스토어 등을 매개로 서비스를 하는 사람을 말한다)가 되기를 자발적으로 선택하는 사람이 늘고 있다. 이들과 기업을 연결해주는 매칭 스타트업도 성업 중이다. 대표적으로 원티드긱스, 위시켓, 탤런트뱅크, 크몽, 숨고 등이 있다. 기업들도 인재를 고용하는 것이 아니라 임대하는 것을 갈수록 더 선호하고 있다. 고급 개발 같은 핵심 업무도 아웃소싱하는 경우가 늘고 있다.

이제 기업은 채용에서 퇴직까지 구직자에게 어떤 가치를 제안할 것인가를 고민해야 한다. 차별화된 채용 전략이 필요하다. 구직자는 업종별 채용 트렌드 전략을 파악하고 실제 기업에 적용하기 위한 사전 준비 작업을 철저히 해야 한다. 2024년 취업 시장을 위해선 2023년 기업들의 채용 트렌드를 면밀하게 살펴봐야 한다. 이제 하나의 업종이 홀로 존재하기 어려운 시대다. 여러 업종이 통합되고 있다. 산업 동향, 기업 정보, 직무별 수행 능력에 대한 이해도를 높여야 한다. 업종이 변하는 이유는 업(業)을 둘러싼 환경 요인들이 변하고 있기 때문이다. 어떠한 환경 요인들이 업에 직·간접적으로 영향을 미치는지 알아야 한다. 경제 환경, 기술, 소비 니즈, 산업 구조, 정부 정책 등이 업종 변화를 견인하고 있다.

코로나 이후 기회를 얻은 산업들

코로나19 사태의 장기화로 지난 3~4년 새 많은 업종에 큰 변화가 있었다. 한때 정상 영업이 어려웠던 간이주점은 4년 새 3분의 1이 사라진 반면, 온라인 쇼핑몰은 2.5배 급증했다. 2022년 말 국세청에 사업자등록을 한 호프 전문점은 2만 6000곳으로, 4년 전인 2018년 말보다 25.7% 줄었다. 같은 기간 간이주점 등록업체는 33.8% 감소했다. 이밖에 구내식당, 예식장, PC방이 감소율 상위 5개 업종에 이름을 올렸다. 모두가 코로나 기간 거리 두기나 영업시간 제한 같은 방역 조치에 큰 타격을 받은 업종들이다. 인터넷으로 상품을 판매하는 통신판매업 등록업체는 2018년 말 21만 8000여 곳에서 작년 말 54만 3000여 곳으로 148% 급증했다. 쇼핑 문화가 비대면 온라인으로 재편되는 흐름이 반영된 것으로 풀이된다.

대(大)이직 시대가 도래했다

'대사직(The Great Resignation)'은 팬데믹 시기에 사표를 던지는 직장인이 넘쳐나던 현상을 일컫는다. 영국 UCL(유니버시티 칼리지 런던) 경영대학원 앤서니 클로츠(Anthony Klotz) 교수는 팬데믹 이후 노동자의 대규모 이탈을 예상하며 이 같은 용어를 만들어냈다. 이제 대사직의 시대가 아니라 대이직의 시대가 왔다. 무조건 사직하는 게 아니라 갈 곳을 정해놓고 사직하는 움직임이 포착되고 있다. 수시채용이 공고히 자리 잡으면서, 대이직 시대가 도래한 것이다. 이직이 더 이상 어렵고 괴로운 과정이 아니라 커리어 로드맵에 따른 자연스러운 현상이 되었다.

커리어 플랫폼 사람인이 직장인 1471명을 대상으로 '이직 현황'을 조사한 결과, 이직 경험이 있는 직장인은 전체의 77.5%에 이르렀다. 10명 중 8명이 이직을 한 셈이다. 이들은 평균적으로 3회 이직했는데, '연봉 불만족'(52.4%)과 '낮은 수준의 근무 환경'(43.2%), '회사의 발전 가능성 부족'(41.1%)을 이유로 이직을 단행한 것으로 나타났다(복수 응답 허용). 이직 제안 서비스 인재풀이 조사한 바에서도 새로운 트렌드가 드러난다. 인재풀에 이력서를 등록하면 기업들의 이직 제안을 받을 수 있는데, 이력서를 공개한 개인 회원의 비율은 전체 회원의 70% 정도다. 설문조사 결과에서도 이러한 현상이 드러나는데, '당장 이직 계획이 없어도 이력서를 상시 공개하겠다'고 답한 비율이 62.1%로 절반을 훌쩍 넘었다. 이력서를 상시 공개하는 이유는 '당장은 아니어도 좋은 기회가 오면 언제든 이직하기 위해'(86.4%)가 압도적으로 많았다(복수 응답 허용). 2021년 12월부터 2022년 11월까지 1년간 인재풀에 게재된 프로필을 분석한 결과, 경력 연차로는 '5~10년'(34%)에게 가장 많은 이직 제안이 이뤄졌다. 이들은 보통 과상급으로 분류되는데, 바로 실무에 투입할 수 있고 일정 정도의 조직 적응력과 관리 능력을 갖춘 연차다. 다음으로 '1~3년'(26.9%)

연차에게 많은 제안이 갔고, '3~5년'(24%)이 뒤를 이었다. 기업들이 몸값 높은 경력 개발자보다 '중고 신입' 개발자를 집중적으로 공략해 채용 난이도를 줄이고, 내부적으로는 업무 적응 절차를 최소화하려는 움직임을 보이고 있는 것이다.

이제 이직은 당연한 일로 받아들여지고 있다. 평생직장을 꿈꾸는 직장인은 거의 없다. 흔히 2~3년마다 이직하면 좋다고들 말한다. 새로운 곳에서 새로운 경험을 하면서 몸값도 올리는 것이다. 이직할 때 보통 15~20% 정도 연봉을 올릴 수 없으면 옮기지 않는 것이 현실적으로 좋다. 실력만 받쳐준다면 이직의 기회는 널려 있다.

삼성전자, '주 4일제' 부분 도입한다

세계적으로 '주 4일제'에 대한 관심이 높아지고 있다. 2015년 아이슬란드를 시작으로 2022년에는 벨기에가 주 4일 근무를 시행했다. 칠레에서는 2023년 7월부터 주 4일 근무가 적용됐다. 영국, 미국, 카자흐스탄, 뉴질랜드 등도 부분적으로 주 4일 근무제를 시행 중이다. 한국에서는 카카오, CJ ENM, 우아한형제들, 휴넷, 에듀윌 등이 주 4일 또는 격주 4일 등으로 근무 시간을 줄였다.

주 4일제의 장점은 '일과 삶의 균형'이 1위로 꼽혔다. 이어 '스트레스 감소', '회사 생활의 행복도 증가', '출·퇴근 부담 감소', '번아웃 예방' 등의 순으로 집계됐다. 주 4일제의 단점은 한 번 경험한 뒤엔 돌아가기 힘들다는 것이다. 실제 에듀윌이 주 4일제에서 다시 주 5일제로 돌아가려다 직원들의 줄퇴사로 몸살을 앓은 바 있다.

삼성전자도 한 달에 한 번 '주 4일 근무제'를 실시한다. 이른바

'쉬는 금요일'이 2023년 6월 23일부터 운영되고 있다. 월 필수 근무시간을 채웠으면 매달 월급날인 21일이 끼어 있는 주 금요일에는 쉬어도 된다. 해당일이 휴일일 경우 직전 주 금요일에 적용된다. 이는 노사 임금 교섭 중 합의된 내용이기도 하다. 반도체를 생산하는 디바이스솔루션 부문과 가전, 휴대전화 등을 담당하는 디바이스경험 부문에 모두 적용되지만, 교대근무를 하는 생산직은 예외다. 앞서 삼성전자는 코로나19 사태 초기였던 2020년 상반기, 직원들의 육아 부담을 줄여주기 위해 주 4일 출근을 일시적으로 허용한 바 있다. 국내 최대 규모의 임직원을 고용 중인 삼성전자가 본격적으로 월 1회 주 4일 근무제를 도입하면서 다른 회사에도 이 같은 흐름이 확산될지 관심이 쏠리고 있다. 이미 SK하이닉스 등 SK 주요 계열사는 근무 시간을 채웠을 경우 한 달에 한두 번 주 4일 근무제를 시행 중이다. 이외에도 카카오게임즈 등 IT업계에도 주 4일제나 주 4.5일제를 시행하는 기업이 늘고 있다.

인력 수요가 폭발하는 정보통신업을 비롯해 전문과학기술업, 운수창고업 등 3개 업종은 대표적인 '뜨는 산업'이다. 게임 회사나 유니콘, 스타트업 등 IT 기업들은 경쟁적으로 연봉 올리기에 나서며 개발 인력 쟁탈전에 열을 올릴 정도다. 그런데 대형 IT 기업들에만 소수의 정규직 일자리가 몰리고, 상대적으로 열악한 하청업체와 외주업체에서는 비정규직 일자리가 대거 만들어지는 상황이다. 운수창고업은 2021년 연간 취업자 수가 전 산업 가운데 두 번째로 많이 늘어나면서 연말 108.5%에 이르며 코로나19 식선 수준을 회복했다. 버스·택시 등 육상 여객과 항공 여객 등이 심각하게 휘청였음에도 택배 중심의 생활물류 분야에서 일자리가 크게 증가한 결과다. 통계청의 고용 동향 통계를 보면, 2021년 정보통신업과 전문과학기술업은 코로나19가 확산되기 직전인 2020년 2월과 비교해 한때는 취업자 수가 95~97% 수준까지 떨어졌으나 연말 각각 109.9%와 107.9%까지 회복해 코로나19 이전 수준을 넘어섰다.

'취미를 권하는 점심 회식'이 뜬다

술을 강요하는 직장인들의 회식 문화가 변화하면서 회식의 이미지가 긍정적으로 변하고 있다. 직장인들이 회사 생활을 하면서 가장 피하고 싶은 것은 바로 회식이다. 퇴근 후 직장 상사와 함께하는 회식은 앞으로의 사회 생활을 위해 술을 계속 마셔야 하고, 상사의 훈화와 우스갯소리를 들어야 하는 지겨운 자리였다. 그런데 최근 들어 개인보다는 집단을 중요시하는 과거의 문화로 인해 2차, 3차, 심하게는 새벽까지 술을 마시던 폭주 회식 문화가 사라지고 있다. 가볍게 저녁 식사를 한 후 반주를 즐기는 정도로 회식의 분위기가 바뀌고 있는 것이다.

"회식을 반대합니다." 오비맥주의 브랜드 '한맥'의 파격적인 광고 카피다. 광고에선 화려한 네온사인을 배경으로 흔한 직장인들의 회식 전경이 펼쳐진다. 그 한복판에 사회 초년생으로 보이는 주인공이 있다. 그는 불안한 눈빛으로 무리와 함께 걸어가다 "한맥은 회식을 반대합니다" 광고가 나오는 대형 전광판에서 시선을 멈춘다. 이처럼 우리나라는 회식 하면 술을 떠올릴 정도로 회식 자리에서 술이 차지하는 비중이 크다. 이 광고는 코로나19 이후 부활하는 회식 문화를 불편해하는 이들이 많아지고 있다는 메시지를 전달한다. 회식 자체가 아니라 '강압적인' 회식을 반대하는 것이다. 이처럼 한맥 광고는 주류 회사의 손해로 이어질 수도 있는 메시지를 전면에 내세워 주목을 받았다. 앞으로 광고 속에서 어떤 이야기가 공개될지 궁금증을 자아낸다. 요즘 직장인들 사이에서 유행하는 '119' 회식 캠페인도 같은 맥락에서 이해할 수 있다. 119 회식은 '1가지 술로, 자리는 1차까지만, 9시 전에 끝나는 술자리'를 의미한다. 이외에도 국내 곳곳 기업에서 '112'(1가지 술만 마시고, 자리는 1차까지, 회식 시간은 2시간 이내로 끝내기)나 '222'(술잔의 2분의 1만 채우고, 두 잔 이상 권하지 않기, 2시간 이내 회식을 끝내기) 같은 절주 캠페인을 벌이고 있다.

'음식을 먹어야 회식'이라는 고정관념에서 벗어나 영화나 뮤지컬, 공연 관람을 통해 직장 동료들과 문화 생활로 추억을 쌓는 '문화 회식'도 성행하고 있으며, 퇴근 후 저녁 시간이 아닌 점심시간을 활용한 '점심 회식'도 대세다. 직장인들은 회식을 업무의 연장선상으로 생각한다. 그런데 점심 회식은 개인 시간을 보장해주는 만큼 직장인들에게 있어 긍정적인 회식 문화로 여겨지고 있다. 또한 음주보다 전시 관람, 운동, 취미 등을 선호하는 경향도 높아지고 있다.

월급 빼고 다 올랐다. '무지출 챌린지' 유행하는 이유

최근 MZ세대 등 젊은층에서 유행하고 있는 '무지출 챌린지'는 물가 상승으로 인한 경제적 어려움에 대처하려는 방법으로 등장한 움직임이다. 이 챌린지는 한 주 동안 생활비를 가능한 한 최소화하는 것을 목표로 하며, 물건을 사지 않거나 먹을 것을 구매하지 않는 등의 방식으로 지출을 줄이는 것을 내용으로 한다. SNS나 온라인 커뮤니티를 통해 이러한 챌린지에 많은 사람들이 참여하고 있으며 인증사진을 공유하는 등 자신의 무지출 성공을 공유하고 서로 응원하는 분위기가 이어지고 있다. 그런데 '무지출 챌린지'는 갑자기 나온 게 아니다. 개인의 소비·지출 내역을 메신저상에서 공유하고 평가하는 '거지방', 월급 또는 용돈의 과도한 지출을 막기 위해 서로를 독려하며 한 푼이라도 아끼는 '짠테크' 방법이 공유되기도 했다. 과거의 짠돌이 카페도 같은 맥락이다. 물가 상승 및 전기·가스 요금 인상 등으로 지출하는 게 부담스러워지자 소비를 극단적으로 줄이려는 모습이다. 일주일 동안 냉장고 속 음식으로 버티기, 친구들과의 모임 나가지 않기, 택시 타지 않기, 외식 줄이기, 중고 거래하기 등을 통해 지출을 최대한 줄이고 있다.

엔데믹 전환 속 출렁이는 채용 시장

한편 엔데믹으로 2023년 해외 여행 수요가 급증하면서 여행·숙박·항공업종의 신입 채용 계획이 늘어나고 있다. 인크루트가 기업 727곳의 인사 담당자를 대상으로 2023년 하반기 업종별 신입 사원 채용 계획을 조사한 결과, 여행·숙박·항공업종의 기업 중 88.9%가 신입 채용 계획이 늘어난 것으로 나타났다. 여행·숙박·항공업종의 경우 지난해 채용 계획을 밝힌 기업의 비율이 전년 대비 26.2%포인트 늘어난 데 이어 올해는 전년 대비 42.7%포인트 늘어나는 등 증가세를 이어가고 있다. 금융·보험업종(68.2%)의 채용 계획은 전년 대비 18.2%포인트 늘었다. 금융·보험업종은 그동안 경력 채용 위주로 이뤄졌고 신입 채용은 뜸한 모습을 보였으나, 올해 하반기부터 신입 채용이 재개된 것으로 보인다. 이어 의료·간호·보건·의약(65.1% → 82.6%), 교육·강의(61.9% → 71.0%), 예술·스포츠(70.6% → 75.0%) 등의 업종에서도 채용 계획이 있는 기업이 늘어났다. 코로나로 위축됐던 대면 서비스가 재개된 것이 영향을 미친 것으로 보인다. 이밖에 에너지·전기·가스(65.0% → 69.2%), 정유·화학·섬유(69.4% → 69.7%)도 채용 계획이 소폭 늘어났다.

지난해와 비교해 올해 채용 계획이 축소된 업종도 많다. 2023년 하반기 채용 계획이 가장 많이 줄어든 업종은 의류·신발·기타 제조(32.1%)로 전년 대비 39.7%포인트 떨어졌다. 2022년에 전년 대비 큰 폭(31.8%포인트) 올랐기 때문에 다소 주춤한 것으로 파악된다. 식음료(62.2%)의 하반기 채용 계획은 전년 대비 16.6%포인트 하락했고, IT·정보통신·게임(70.2%)은 11.5%포인트 하락했다. 이밖에 유통·물류(57.6% → 48.5%), 운수·육상·해상운송(78.9% → 70.0%), 자동차·부품(66.7% → 57.9%), 문화·미디어·방송·광고(68.6% → 60.0%), 전자·반도체(76.8% → 69.8%), 기계·금속·조선·중공업(68.9% → 62.2%), 건설·토목·부동산·임대업(64.5% → 60.2%) 등의 업종도 채용 계획이 줄었다.

직장 문화가 빠르게 재편되고 있다

재계에 조직 문화 혁신 열풍이 불고 있다. 재계 리더인 삼성전자의 대대적 인사 제도 개편이 결정적으로 작용하면서 인사 제도와 관련, 혁신의 바람이 불고 있다. 직급 연한 폐지는 젊고 능력 있지만 연공 서열에 부딪혀 대우받지 못하는 경우가 많은 것을 고려한 조항이다. 피어 평가는 등급 부여 형식이 아닌 기여도를 서술형으로 작성하는 방식을 활용한다. 우수한 인재는 정당한 평가와 보상을 받을 수 있도록 인사 평가 방식이 상대평가에서 절대평가로 바뀌었다. '부사장/전무' 직급을 '부사장'으로 전격 통합하고 임원 직급 단계를 과감히 축소하는 동시에 '직급별 표준 체류 기간'을 폐지했다. 승진의 기본 조건이었던 '직급별 표준 체류 기간'을 폐지하는 대신 성과와 전문성을 다각도로 검증하기 위한 '승격 세션'을 도입했다. 30대 임원도 얼마든지 생길 수 있다는 의미다. 상호존중과 배려의 문화를 확산시키기 위해 사내 공식 커뮤니케이션은 '상호 존댓말 사용'을 원칙으로 할 예정이다. 이 같은 인사제도 개편안은 임직원 60% 이상의 동의를 받았으며 2022년부터 순차적으로 적용되고 있다. 삼성전자는 인사 제도 개편을 통해 인사 적체를 해소하고 성과를 낸 젊은 직원들을 빠르게 승진시켜 '젊은 삼성'을 만들 것으로 보인다.

삼성전자의 조직 문화 개편을 두고 재계는 고심이 많았던 게 사실이다. 대기업들은 고도성장기에 대거 채용했던 베이비붐 세대 직원들이 나이가 들면서 적체 현상이 심화되고 있다. 이에 삼성전자의 조직 문화 혁신안이 발표된 이후 다른 대기업들도 조직 문화 혁신에 속도를 높이는 모습이다. LG에너지솔루션, 금호석화, CJ그룹, 롯데그룹 등이 수평적 조직 문화 혁신 방안을 줄줄이 발표하면서 이 같은 분위기가 확산되고 있다. LG에너지솔루션은 구성원 사이의 호칭을 '님'으로 통일했다. 직급이나 직책이 주는 심리적 부담감을 없애고, 자유로운 의견 교환이 가능한 수평 문화를 정착시키기 위해서다. 또한 임직원 스스로 출퇴근 시간을 자유롭게 정하는 '완전 플렉

스타임(Flextime) 제도'(탄력근무제)를 전면 도입한다. 불필요한 대면 보고 및 회의를 최소화하고 서면 보고를 원칙으로 한다. 월 1회 임원 및 팀장 없는 날도 운영한다. 임직원들이 업무 스트레스를 관리할 수 있도록 명상 및 요가, 원데이 클래스 등 다양한 힐링·문화 프로그램을 활용하는 한편, 격려와 배려, 칭찬이 넘치는 조직 문화를 만들기 위한 방안도 마련됐다.

CJ그룹도 파격적인 조직 개편으로 조직 문화 혁신에 나섰다. CJ그룹은 사장부터 상무대우까지 6개로 나뉘어 있던 임원 직급을 '경영리더' 단일 직급으로 통합했다. 이 조치로 CJ그룹은 임원의 대외호칭으로 대표이사, 부문장, 실장, 담당 등 직책을 사용할 방침이다. 단일 직급인 '경영리더'(임원)의 처우, 보상, 직책은 역할과 성과에 따라서만 결정된다. 성과를 내고 맡은 업무 범위가 넓을수록 더 많은 보상을 받고 더 빨리 주요 보직에 오르게 된다. 체류 연한에 관계없이 부문장이나 최고경영자(CEO)로 조기 성장할 수 있는 토대가 마련된 것으로, 역량 있는 인재의 조기 발탁 및 경영자 육성 시스템을 구축할 예정이다. 아울러 인재 육성 시스템을 개선하는 선도적인 조치로 임원 직급의 단일화를 시행하고, 이후 일반 직원들의 직급 체계를 단순화하는 방안을 계열사별 상황에 맞춰 추진할 계획이다.

고용정보원의 '2023년 하반기 주요 업종 일자리 전망'에 따르면, 전년 하반기 대비 기계·조선·철강·반도체·자동차업종 일자리는 증가하고 건설업종 일자리는 감소할 것으로 예상된다. 전자·섬유·디스플레이·금융 및 보험업종은 전년 동기 수준을 유지할 것으로 전망된다. 2024년 업종별 일자리 전망은 희비가 갈릴 것으로 보인다. 구직자들이 놓치고 있는 것 중 하나가 업종 분석이다. 기업을 선택하면 당연히 업종이 결정된다. 업종 분석을 간과한 결과, 입사 후 조직에 적응하지 못하고 시간을 허비하다가 퇴사하는 경우를 자주 만난다. 따라서 업종별 채용 트렌드를 철저히 분석하고 취업 준비를 해야 한다.

Job Trend

02 주요 업종별 채용 전망

(1) 전자업종 트렌드

2023년 전자업종은 전 세계적 경기 회복 지연, 우크라이나-러시아 전쟁 장기화, 금융시장의 불안정성 확산 우려 등 대외적인 불확실성이 지속되면서 감소세를 보일 것으로 예상된다. 2023년 전 세계 스마트폰 시장은 11억 6480만 대 규모로 전년 대비 2.8% 감소하면서 하락폭이 완화되고 있다. 올해 SSD 출하량은 소폭 반등하겠으나, 매출액은 SSD 가격 하락 등으로 크게 위축되며 3억 달러대를 하회할 것으로 예상된다.

PC 시장은 성장 동력의 감소 등으로 인해 전년 대비 12.0% 감소할 전망이다. 데스크톱 PC 시장은 전년 대비 11.4% 감소하며 감소폭이 0.5%포인트 늘어나고 노트북 시장은 전년 대비 12.2% 감소할 것으로 예상된다. 태블릿PC 시장은 전년 대비 5.2% 감소해 3년 연속 하락세를 나타낼 것으로 보인다. 코로나19의 확산으로 2020년 22.8% 반짝 성장했던 전 세계 태블릿PC 시장은 특수세가 끝나고

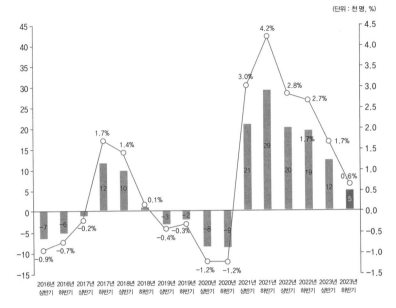

(단위 : 천 명, %)

전자업종 일자리 증감 추이

■ 일자리 증감(좌) —○— 일자리 증감률(우)

스마트폰과 노트북으로 수요가 이동하는 등 성장 요소가 부재해 코로나19 이전 같은 역성장 흐름이 장기간 이어질 전망이다. 다만, 소비심리 위축 등에 따른 역성장 전망 속에서도 게이밍 수요는 회복세를 보일 것으로 예상된다.

2023년 글로벌 모니터 시장은 전년 대비 9.8% 줄어들어 감소세가 지속될 것으로 전망된다. 스마트폰 시장은 러시아-우크라이나 전쟁, 중국 주요 도시 봉쇄 등의 여파로 부진할 것으로 예상되며, TV는 엔데믹 국면에서 전년 대비 수요가 줄어들 것으로 예측되나 국내 업체는 프리미엄 제품이 하반기 TV 시장을 주도할 것으로 전망된다.

전 세계적으로 경기 둔화에 대한 우려가 확대되고, 대외 여건의 불확실성이 심화되는 가운데도 전자업종은 수출 단가 상승, 디지털 전환 가속화 등의 영향으로 고용이 증가할 것으로 전망된다. 2023년 하반기 전자업종의 고용 규모는 전년 동기 대비 0.6%(5000명) 증가할 것으로 예상된다. 사업체 규모별로 보면 100~300인 규모의 사업체에서는 고용이 감소하지만 300인 이상 규모의 사업체를 중심으로 고용이 증가할 것으로 전망된다. 지역별로 보면 경남 등에서는 고용이 감소하지만 경기, 충남 등의 지역에서는 고용이 증가할 것으로 예상된다.

#엣지 컴퓨팅

엣지 컴퓨팅(Edge computing)은 사용자 또는 데이터 소스의 물리적인 위치나 그 근처에서 컴퓨팅을 수행하는 것을 말한다. 사용자의 단말 장치와 가까운 위치에서 컴퓨팅 서비스를 처리하면 사용자는 더 빠르고 안정적인 서비스를 제공받게 되며, 기업은 유연한 하이브리드 클라우드 컴퓨팅의 이점을 얻을 수 있다.

엣지 컴퓨팅의 이점은 무엇일까. 엣지 컴퓨팅은 더 빠르고 안정적이면서 저렴한 서비스가 가능하다. 사용자는 엣지 컴퓨팅을 통해 더 빠르고, 더 일관성 있는 경험을 할 수 있다. 기업과 서비스 제공업체는 엣지 컴퓨팅을 통해 실시간 모니터링으로 대기 시간을 단축하고 가용성 높은 애플리케이션을 구현할 수 있다. 그리고 네트워크 비용을 절감하고, 대역폭의 제약을 해소하고, 전송 지연과 서비스

장애를 줄이고, 민감한 데이터의 이동을 더욱 효과적으로 제어할 수 있다. 또한 로드 시간이 단축되고 사용자 가까이에서 배포되는 온라인 서비스를 통해 동적 및 정적 캐시 기능을 모두 지원할 수 있다. 증강현실 및 가상현실 애플리케이션같이 응답 시간이 짧을수록 좋은 애플리케이션은 엣지 컴퓨팅의 이점을 활용할 수 있을 것이다.

(2) 금융 및 보험업종 트렌드

2022년의 금리 상승세가 2023년에도 유지되면서 은행업의 수익성 개선이 지속되고 2023년 하반기에 은행권의 가계 대출은 증가하는 반면 제2금융권의 가계 대출은 감소할 것으로 전망되어 금융 산업은 안정세를 보일 것으로 예측된다. 고령화·저출산 등 인구구조의 변화로 생명보험 산업은 신규 판매가 줄어들고 보장성 보험 수요가 축소되면서 성장세가 위축될 것으로 보인다. 손해보험 산업은 경제 규모가 커짐에 따라 성장세가 이어지지만 경기 둔화로 인해 성장폭이 제한적일 것으로 전망된다. 신용카드 산업은 금리 상승, 조달 비용 상승의 영향으로 수익성이 하락할 것으로 예상된다. 증권 산업은 증권 시장이 회복되면서 수익성이 개선될 것으로 보인다. 금융 및 보험업종은 수익성이 개선되지만 성장세가 약화되면서 전년 동기와 고용 수준이 비슷할 것으로 전망된다. 2023년 하반기 고용 규모는 전년 동기 대비 0.3%(2000명) 증가할 것으로 예상된다.

#소비 디톡스

소비 디톡스는 소비를 무작정 줄이는 게 아니라 플랫폼을 이용해

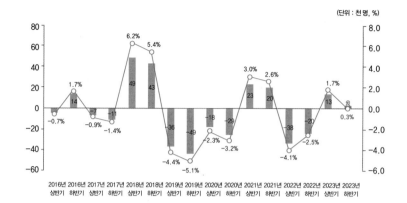

(단위 : 천 명, %)

금융 및 보험업종 일자리 증감 추이

효율적으로 소비하려는 것을 의미한다. 다양한 플랫폼을 활용해 재미있고 알뜰하게 소비하고 타인과 자원 및 비용을 나누는 등 새로운 알뜰 소비 생활의 모습이 나타나고 있다. 대표적으로 퀴즈, 이벤트, 설문조사, 영수증 모으기 등 리워드 형식의 서비스가 있다. 실제로 리서치 기업들은 설문조사에 참여하면 소요 시간이나 난이도에 따라 현금 또는 문화상품권을 구매할 수 있는 보상금을 제공하는 이벤트를 진행 중이다. SNS에서는 '무지출 챌린지'가 하나의 밈을 형성하면서 마치 놀이처럼 여겨지고 있다. 인스타그램에서 '#무지출챌린지' 게시물이 5000개가 넘어서는 등 무지출에 도전하는 일상과 그 팁을 유튜브로 공유하고 있다.

플렉스 시절 가고 무지출 전략이 뜬다

한국은행의 금융 시장 동향 조사에서 2022년 7월 은행에 유입된 정기예금액은 31조 7000억 원으로 20년 만에 최대치를 기록했다. 같은 시기 투자자 예탁금은 55조 3463억 원으로 6개월 만에 12조 원이 줄었고(금융투자협회), 하루 평균 거래 대금은 13조 3172억 원으로 전년의 절반에 그쳤다(한국거래소). 경기 침체가 지속되면서 부동산·투자 시장은 얼어붙었고, 기업들은 역성장하며 일자리를 줄여 나갔다. 물가는 오르고 소득은 정체되는 악순환에 사람들은 '짠테크'를 최선의 재테크 방법으로 삼고 있다. 경기 침체에 대응하기 위해 기업들이 채용을 줄이거나 구조조정에 나서며 서민들의 경제고통지수(일정 기간의 소비자물가 상승률과 실업률을 합하고 소득 증가율을 뺀 수치)는 증가할 전망이다.

(3) 반도체업종 트렌드

2023년 반도체 수출은 역대 1위를 기록한 2022년의 1292억 달러 대비 22.6% 감소한 1000억 달러 내외가 될 것으로 전망된다. 메모리 가격 하락세가 지속되고 재고가 증가하고 있지만 디지털 전환 및 비대면 경제의 확산으로 시스템 반도체 활용이 늘어나면서 시스템 반도체의 수출 비중이 확대될 것으로 예측된다. 2023년 전 세계 반도체 설비 투자는 감소하지만 고용량 제품과 첨단 공정 제품에 대한 업계의 수요가 지속적으로 증가함에 따라 국내 반도체 설비 투자는 늘어날 것으로 전망된다. 설비투자가 지속됨에 따라 반도체업종의 고용은 2023년 상반기에 이어 2023년 하반기에도 전년 동기 대비 증가세를 유지하지만 생산이 감소해서 증가폭은 축소될 것으로 보인다. 2023년 하반기 고용 규모는 전년 동기 대비 2.8%(4000명)

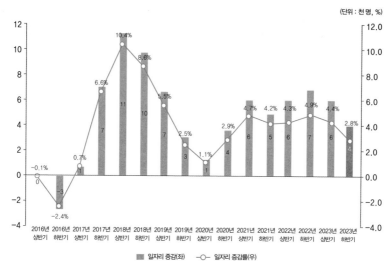

(단위 : 천 명, %)

반도체업종 일자리 증감 추이

증가할 것으로 예상된다.

#PIM

PIM(Process in Memory)은 하나의 칩 내부에 메모리와 프로세서 연산기를 집적한 차세대 AI 반도체다. 메모리와 프로세서가 분리되어 있는 기존 컴퓨팅 구조(폰 노이만 구조)에서 발생하는 데이터 병목 현상 및 과다한 전력 소모 문제를 해결할 수 있다. 폰 노이만 구조에서는 메모리와 연산장치 간에 전송되는 데이터가 많아지면 작업 처리가 지연됐다. 그러나 PIM은 메모리 영역에서 데이터 연산이 동시에 가능해 처리 속도를 높이고 전력 소모량도 30배 이상 줄일 수 있다. 메모리와 연산 작업을 가까운 곳에서 처리하는 것을 넘어 아예 한 장소에 배치해 데이터 병목 현상을 없앤 것이다. PIM은 높은 데이터 처리 성능과 저전력으로 인해 챗GPT 같은 초거대 AI 인프라를 위한 필수 하드웨어가 될 것으로 기대를 모으고 있다.

이와 관련, 한국과학기술원(KAIST) 유회준 교수 연구팀이 국내 최초로 D램 메모리 셀 내부에 연산기를 집적해 AI 연산을 수행하는 PIM 반도체 '다이나플라지아(DynaPlasia)'를 개발했다. D램 메모리 셀 내부에서 직접 AI 연산을 수행하며 연산 성능과 전력 효율을 높인 아날로그 PIM 기술이 국내에서 개발된 것이다.

⑷ 디스플레이업종 트렌드

전 세계 디스플레이 시장은 액정표시장치(LCD) 수요 위축 및 가격 하락으로 생산이 축소되지만 모바일, IT 제품, 자동차 등에서 프리미엄 제품 생산이 확대되면서 유기발광다이오드(OLED) 수요가 더욱 커질 것으로 예상된다. LCD 수요가 감소하는 가운데 공급 과잉과 재고 증가로 가격 하락세가 지속되면서 시장에서 차지하는 비중은 더욱 줄어들 것으로 보인다. LCD 생산은 축소되었지만 고부가가치 OLED 제품 생산이 증가함에 따라 디스플레이업종 고용은 전년 동기와 비슷한 수준을 유지할 것으로 전망된다. 2023년 하반기 고용 규모는 전년 동기 대비 0.1% 증가할 것으로 보인다.

#마이크로 LED

마이크로 LED는 마이크로미터(μm · 1μm=100만 분의 1m) 단위의 초소형 LED를 기판 위에 이어 붙이는 디스플레이를 말한다. LCD,

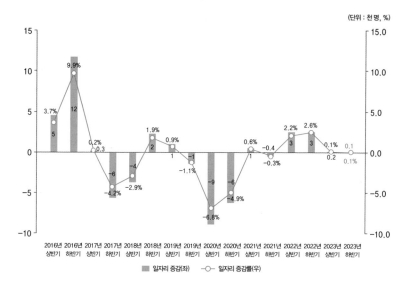

(단위 : 천 명, %)

디스플레이업종 일자리 증감 추이

OLED와 달리 개별 소자가 빛과 색을 동시에 낼 수 있어 더 선명하고 자연스러운 색상 표현이 가능하다. 무기물인 LED를 사용하기 때문에 화면을 꺼도 잔상이 남는 번인(Burn-in) 현상에서도 자유롭다. 다만 제품 자체의 수율(생산품에서 양품이 차지하는 비율)이 낮고 생산 시설이 많지 않아 가격이 비싸다는 단점이 있다. 80인치대 삼성 마이크로 LED TV 가격이 7000만 원을 넘는 것은 이런 이유에서다.

애플은 지난 10년간 마이크로 LED 디스플레이 개발에 10억 달러(약 1조 2670억 원) 이상을 투자했다. 직접 생산하기 위해 다양한 연구개발(R&D)과 시제품 제작에 공을 들인 것이다. 애플은 마이크로 LED의 양산 개발을 완료하면 직접 양산에 뛰어들 것으로 알려졌다. 애플이 마이크로 LED에 주목하는 것은 기존 디스플레이보다 전력 소모가 적고 OLED보다 얇게 만들 수 있기 때문이다. 낮은 전력 소모와 얇은 두께는 웨어러블 기기에 적합한 특성이다.

삼성, LG 등 국내 주요 IT 기업과 협력사들이 마이크로 LED 사업 확대를 위한 기술 개발에 적극 나서고 있는 가운데 국내 생태계 확장을 위해 기술 융합과 제품 표준화 선도, 핵심 기술인 광원 개발 등이 해결해야 할 주요 과제로 지목되고 있다. 이에 삼성, LG 등 국내 주요 IT 기업들은 마이크로 LED를 차세대 디스플레이 시장으로 주목하고 있다. 올해 중순 삼성전자는 89인치 4K 마이크로 LED TV를, LG전자는 136인치 마이크로 LED 사이니지를 각각 상용화했다. 보다 작은 픽셀을 요구하는 웨어러블용 마이크로 LED 시장도 각광 받는 추세다. 삼성디스플레이, LG디스플레이 등이 스마트워치, 증강현실 기기에 적용하기 위한 마이크로 LED 기술 개발을 검토 중인 것으로 알려졌다. 다만 마이크로 LED 시장은 이제 막 상용화에 접어들어 국내의 경우 산업 기반이 약하다는 평가를 받는다. 현재 국내 디스플레이업계는 유기물을 광원으로 하는 OLED에 중심을 두고 있다. 무기물을 활용하는 마이크로 LED 산업은 삼안광전, HC세미텍 등 중화권 기업이 두각을 나타내고 있다. 시장조사업체 트렌드포스에 따르면 세계 마이크로 LED 시장은 지난해 1400만 달러에서 2027년 5억 8000만 달러(약 7600억 원)로 연평균 136%의 성장세를 보일 것으로 전망된다.

(5) 자동차업종 트렌드
차량 대기 수요 및 부품 공급망의 불확실성이 해소되고 친환경차

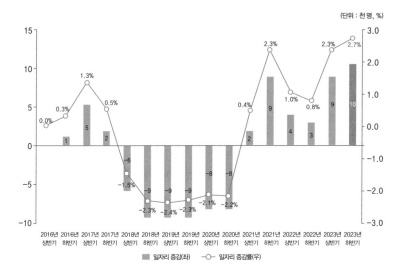

(단위 : 천 명, %)

자동차업종 일자리 증감 추이

■ 일자리 증감(좌) ─○─ 일자리 증감률(우)

수요가 증가하면서 2023년 하반기에도 자동차업종 생산은 증가할 것으로 전망된다. 그러나 전 세계적인 경기 회복 지연과 고금리에 따른 소비심리 위축으로 증가세는 소폭에 그칠 것으로 보인다. 주요 수출국의 경기 침체, 미국의 인플레이션 감축법(Inflation Reduction Act, IRA)으로 인한 전기차 수출 제약 가능성, 러시아 수출 중단 등 부정적 요인이 있으나, 친환경 차를 중심으로 국산 차의 상품성이 높은 데다 고환율이 지속되면서 가격경쟁력을 확보해 수출은 소폭 증가할 것으로 전망된다. 퇴직 인력의 대체 수요가 증가하면서 자동차업종 고용은 전년 동기 대비 늘어날 것으로 전망된다. 2023년 하반기 고용 규모는 전년 동기 대비 2.7%(1만 명) 증가할 것으로 예상된다.

#EV

최근 자원의 제약과 환경 문제에 대한 관심이 고조되면서 전기차 (Electric Vehicle, EV)는 시장의 몸집이 계속 커지며 호황을 누리고 있다. 떠오르는 해, EV 산업은 친환경 사회 구축을 위한 전기차의 상용화가 빠르게 진행되고 있는 가운데 주목받고 있다. 전 세계는 지금 전기 모빌리티 시대의 문턱에 서 있다. 지난해 국내 친환경차 등록대수가 40% 가까이 증가하고 누적 등록 대수 150만 대를 돌파하는 등 EV 시장의 발전은 가속화되고 있다. 이에 발맞춰 EV 충전 인프라도 확대되고 있다.

북미 시장과 달리 국내 EV 시장은 다소 다른 변화를 겪고 있다. IRA 법안의 영향으로 EV 수출 물량은 감소할 것으로 보인다. 환경부가 관리하는 완속 충전 시설 지원 예산은 2022년 740억 원 수준에서 2023년 1184억 원으로 크게 늘어났다. 이에 따라 7~11kW 완속 충전기 보급대수가 늘어날 것으로 보인다. 완속 충전 시설 지원 예산은 공동주택이나 사업장, 주차장 등에 완속 충전기를 설치할 때 지원하는 보조금이다. 정부는 2025년까지 완속 충전기 50만 대를 전국에 보급하는 것을 목표로 하고 있다.

⑹ 기계업종 트렌드

주요국의 인프라 투자 확대로 미국, 유럽 수출이 하반기에도 양호한 증가세를 이어 나가고 2차전지 등 수요 사업의 해외 생산 공장 증설 등으로 생산 장비 발주가 확대되면서 2023년 하반기 기계업종 수출은 증가할 것으로 예상된다. 에너지 및 친환경 인프라 투자

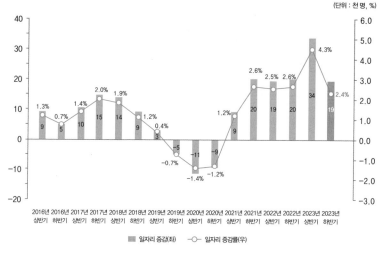

(단위 : 천 명, %)

기계업종 일자리 증감 추이

■ 일자리 증감(좌)　─○─ 일자리 증감률(우)

가 지속되고 생산 효율화를 위한 자동화 투자에 대한 수요도 증가할 것으로 전망된다. 우크라이나-러시아 전쟁의 장기화 등 전 세계 교역 환경의 불확실성이 확대되고, 중국 수출이 감소하는 등 수출 마이너스 요인도 상존한다. 수출과 내수가 증가하면서 기계업종 고용은 전년 동기 대비 증가세를 보일 것으로 예상된다. 2023년 하반기 고용 규모는 전년 동기 대비 2.4%(1만 9000명) 증가할 것으로 전망된다. 외국인 근로자가 유입되면서 공급 제약이 해소된 영향이 크다.

#그린 팩토리

'그린 팩토리(Green Factory)'는 친환경적인 공장을 말한다. 전 세계적으로 ESG의 E에 해당하는 '환경'에 대한 관심이 커지고 있다. 이에 따라 디지털 전환을 위해 정보통신기술(ICT)을 적용해 제품 생산 과정을 자동화하는 스마트 팩토리가 주목받고 있다. 첨단기술을 생산 라인에 도입해 불량률 관리는 물론 에너지 절감을 실현하면서 비즈니스는 물론 환경도 생각하는 그린 팩토리로의 지향이 이뤄지고 있는 것이다. ESG 경영 실천과 기후위기에 적극 대응하는 탄소중립을 바탕으로 여러 기업이 그린 팩토리를 구현하는 데 나서고 있다.

(7) 조선업종 트렌드

2023년 전 세계 선박 발주는 3890만 CGT로 전년 대비 13.7% 감소할 것으로 예상된다. 높은 선가 및 전 세계적인 경기 침체에 따른 투자 심리 위축으로 신규 선박 발주 투자는 축소될 것으로 우려된다. 2023년에도 국내 조선업종은 국제해사기구(IMO)의 탄소 배출 저감 규제가 강화되면서 친환경 연료 추진 선박의 수요가 증가한 데 따른 수혜를 얻을 것으로 예상된다. 또한 우크라이나-러시아 전쟁 이후 해양플랜트 발주 역시 국내 조선업종 생산에 긍정적으로 작용할 것으로 전망된다. 2023년 선박류 수출액은 210억 달러로 전년 대비 15.5% 증가하고, 조선업종 고용은 전년 동기 대비 증가할 것으로 전망된다. 2023년 하반기 고용 규모는 전년 동기 대비 6.4%(6000명) 증가할 것으로 보인다. 조선업종으로 외국인 근로자들이 유입되면서 인력 공급의 제약은 일부 해소될 것으로 기대된다.

#LNG선

LNG운반선은 액화천연가스(LNG)를 운반하는 선박으로, 선체 내

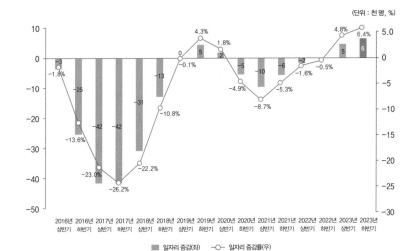

(단위 : 천 명, %)

조선업종 일자리 증감 추이

■ 일자리 증감(좌)   ─○─ 일자리 증감률(우)

부의 커다란 저온 단열 탱크에 극저온 LNG가 충전된다. LNG선 분야에서는 우리나라가 압도적인 우위를 지키고 있다. 최근에도 대규모 수주에 성공했다. LNG선은 우리나라의 수출 효자 상품으로 이미 정평이 나 있다. HD현대의 조선 중간 지주사인 HD한국조선해양은 지난달 말 LNG선 6척을 수주했다. 여기에 이번에 같이 수주한 6척까지 합하면 총수주 금액은 2조 8000억 원에 달한다. 이번에 수주한 LNG운반선에는 HD한국조선해양이 자체 개발한 최첨단 친환경 기술이 탑재될 예정이다. 이 기술 중 LNG 재액화 시스템이라는 것이 있는데, 이 시스템은 화물창에서 발생하는 증발 가스를 완전 재액화하는 기술이다. 공기 중 흔한 성분인 질소로만 냉매를 구성해 친환경적이며, 기존 시스템보다 20% 이상 에너지 효율을 높일 수 있다. 차세대 공기 윤활 시스템도 탑재되는데, 선체 표면에 공기를 공급해 마찰을 낮춰 연료 소모와 탄소 배출을 모두 줄일 수 있다. 전 세계적으로 환경 규제가 강화되면서 친환경 선박 수요는 더욱 커질 것으로 전망된다.

(8) 섬유업종 트렌드

최대 섬유패션 수요국인 미국의 민간소비가 줄어들 것으로 예상되는 데다 하반기 소비심리가 개선될 가능성도 미약해 섬유 수요는 감소할 것으로 전망된다. 국내 인건비 상승 등 생산 여건이 악화되고 있는 가운데 미국의 인접 국가인 중남미로 생산시설을 이동하는 등 해외 진출이 가속화되면서 국내 생산 감소세는 지속될 것으로 판단된다. 단, K-패션 선호 현상에 따라 중국으로의 의류 수출이 회복될 것으로 기대되면서 국내 섬유 생산은 소폭 감소할 것으로 전망된다. 전년 대비 기저 효과와 섬유 생산의 소폭 감소 등의 영향으로 2023년 하반기 고용 규모는 전년 동기 대비 0.1% 감소하는 데 그칠 것으로 보인다.

#올드머니룩

절제된 색상, 고급스러운 소재, 세련된 스타일. 최근 패션계 셀럽들이 추구하는 이미지를 활자로 옮기면 이 단어로 귀결된다. Z세대의 트렌드로 떠오른 '찐' 부자들의 패션, '올드머니룩'이다. '올드머니'의 사전적 정의는 유산이나 상속으로 물려받은 재산을 뜻한다. 여기서 파생된 '올드머니룩'은 세대를 거듭하며 부를 축적하고 명성

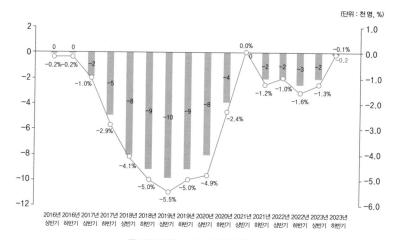

(단위 : 천 명, %)

섬유업종 일자리 증감 추이

을 쌓아온 상류층의 의상 또는 이를 통해 영감을 얻은 패션을 가리킨다. 흥미롭게도 국내 패션 시장에 스며든 올드머니룩은 '원조'의 것과는 미묘한 차이가 있다. 절제와 고급스러움을 내세우는 올드머니룩의 가치를 추앙하지만, 미학적인 관점에서 접근하는 분위기가 더 지배적이다. 고가 제품을 구매하는 것보다 그 뜻을 품은 신진 디자이너의 제품을 찾는 식이다.

가상현실에서도 올드머니룩의 향연은 이어진다. 올드머니룩의 파급력을 가장 빠르게 체감할 수 있는 것은 패션 리더들의 피드다. 올드머니룩을 모방하기 위한 움직임도 활발하다. 현재 인스타그램에 올라온 올드머니 관련 해시태그는 100만 건에 달한다. 틱톡과 유튜브 등 플랫폼을 확장하면 그 영향력은 가히 폭발적이다. 〈보

그〉, 〈얼루어〉 등 국내외 패션 잡지들도 올드머니 패션에 관한 기사에 꾸준히 지면을 할애하는 중이다. 코로나19 팬데믹 이후 달라진 소비 패턴 또한 올드머니룩의 가치를 높이고 있다.

엔데믹 후 해외여행 등 큰 지출을 동반하는 소비가 늘어나면서 패션업계는 2023년 2분기 부진한 성적을 냈다. 한정된 예산 안에서 여행 비용을 늘리다 보니 소비재인 의류 지출 금액이 줄어든 것이다. 여행 수요가 이어지는 한 패션업계의 매출 성장은 제한적일 것이란 예상도 있다. 실제로 올해 상반기 내국인 출국자 수는 지난해 대비 636% 급증했지만, 이는 2019년의 66% 수준에 불과하다. 하반기에도 가계 소비가 의류보다는 여행에 집중될 것이란 관측이 나오는 이유다. 패션 회사들은 해외 수입 브랜드를 론칭하는 등 올 상반기부터 투자에 적극적으로 나서고 있다.

(9) 철강업종 트렌드

철강업종은 2022년 하반기 공급 차질이 해소되면서 전년 동기 대비 생산량이 증가하고 조선업에서 수주한 선박의 본격적인 생산이 시작되면서 철강 수요가 증가할 것으로 예상된다. 하반기 전 세계적으로 철강 경기의 불확실성이 지속되는데도 불구하고 수출은 기저 효과로 전년 동기 대비 4.5% 증가할 것으로 예상된다. 단, 고금리, 정부의 사회간접자본(SOC) 예산 감축의 영향으로 건설 관련 내수는 부진할 것으로 보인다. 수출과 내수가 증가하면서 철강 생산이 늘어나 철강업종 고용은 증가할 것으로 전망된다. 2023년 하반기 고용 규모는 전년 동기 대비 2.9% 늘어날 것으로 보인다.

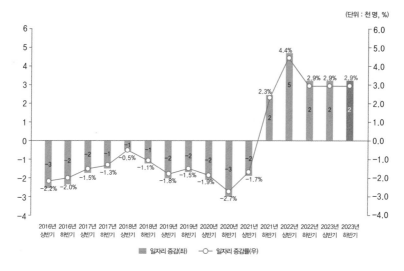

(단위 : 천 명, %)

■ 일자리 증감(좌)　　─○─ 일자리 증감률(우)

철강업종 일자리 증감 추이

#경량철강

경량철강은 알루미늄, 규소 등 경량 원소를 첨가해 기존 철강 소재보다 낮은 밀도를 구현한 것이 특징이다. 자동차 산업이 발달하면서 환경 보호를 위한 온실가스 배출 저감과 연비 향상을 위한 소재 경량화 연구가 각국에서 활발하게 진행되고 있다. 하지만 현재까지 철강 소재는 자동차 전체 무게의 절반을 차지할 정도다. 이에 따라 세계 각국은 알루미늄 합금 등 경량금속의 차량 적용 비율을 점차 늘리는 추세다. 특히 철·망간·알루미늄·탄소를 기본 성분계로 가진 경량철강 소재를 가장 활발하게 연구하고 있다. 해당 성분계를 가진 경량철강은 망간 함량에 따라 미세조직이 바뀐다. 현재까지 진행된 연구는 대부분 망간 함량 15~30wt%를 대상으로 한다. 망간 함량이 높아질수록 접합이 어려워 공정 비용이 상승하기 때문에 상업화되기까지는 한계가 있을 것으로 보인다.

　최근 산업 구조가 빠르게 변화하면서 수요 산업의 트렌드도 달라지고 있다. 고객이 요구하는 소재의 특성이 과거와 달라지고 있으며, 환경 문제가 갈수록 중요해지면서 에너지 효율이 높고 오염물질 배출을 줄일 수 있는 소재에 대한 수요가 커지고 있다. 국내 철강업체들은 이런 추세에 발맞춰 국제적 온실가스 감축 움직임에 대응하고 철강 부산물의 재활용 등을 위한 친환경 설비로 전환해 선제적으로 대응할 필요가 있다. 아울러 남북 관계 개선도 국내 철강업계에 기회가 될 것으로 예상된다. 원료를 100% 수입에 의존하는 국내 업체의 입장에서는 북한과의 경제 교류가 확대될 경우, 원료 확보가 가능해지고 향후 북한 경제 개발 과정에서 철강 수요가 증대되는 등 호재로 작용할 것으로 보인다.

⑽ 건설업종 트렌드

　2022년 하반기에는 전년 동기 대비 건설 수주가 증가했지만 건설 공사비가 상승한 것을 고려하면 실질 증가율은 높지 않았다. 정부의 SOC 예산이 2022년 대비 감소하면서 2023년 하반기 건설 수주는 전년 동기 대비 감소할 것으로 전망된다. 2023년 하반기에도 고금리 유지, 정부의 SOC 예산 축소, 부동산 프로젝트파이낸싱 (PF) 부실 우려 등의 영향으로 민간 주거용 건축 투자는 전년 동기 대비 감소할 것으로 예상된다. 건설 산업 수요가 감소하고 건설 투자도 감소하면서 2023년 하반기 건설업종 고용은 전년 동기 대비

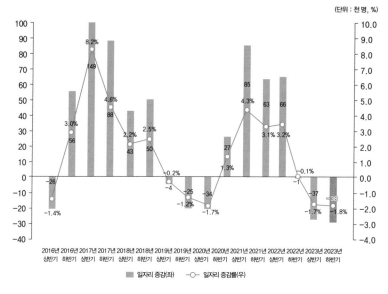

(단위 : 천 명, %)

건설업종 일자리 증감 추이

■ 일자리 증감(좌)   ─○─ 일자리 증감률(우)

감소할 것으로 전망된다. 2023년 하반기 고용 규모는 전년 동기 대비 1.8%(3만 8000명) 줄어들 것으로 예상된다.

#디지털 트윈

'디지털 트윈(Digital Twin)' 기술이란 현실 세계의 기계나 장비, 사물 등을 컴퓨터 속 가상세계에 구현한 것을 말한다. 이 기술은 실제 제품을 만들거나 실제 건설 프로젝트를 진행하기 전 모의시험을 해서 문제점을 파악하고 해결책을 마련하려는 차원에서 활용된다.

존 리키텔로(John Riccitiello) 유니티(Unity) 최고경영자(CEO)는 '유나이트 2022(Unite 2022)' 간담회에서 '디지털 트윈'에 대해 "가상현실과 현실 세계가 실시간으로 연동되는 디지털 트윈이 이미 작동하고 있다"고 강조했다. 디지털 트윈과 비슷하게 회자되는 용어로 '건축 정보 모델링(Building Information Modeling, BIM)'이 있다.

건설사들은 현재 컴퓨터 내에서 BIM을 통해 모델링된 3차원 건물을 바탕으로 다양한 출력 재료를 활용해서 건물을 짓고 있다. 전통 건설 산업에 AI, 로봇공학(Robotics), 사물인터넷, 가상현실, 증강현실, 탈현장건설(OSC) 등의 첨단기술을 융합해 생산성은 높이고 시공 오류는 낮추기 위해 노력하고 있다. 현장 관리자들의 스마트폰에 탑재돼 카메라, 드론, CCTV, 개소별 센서 등 스마트 안전기술로 모은 실시간 현장 정보를 동시에 확인하게 해주는 '스마트 상황판'부터 지게차 자동정지 기술, 실시간 복합 가스 감지기 '스마트 세이프티 볼', 수중 드론 등으로 현장의 안전도를 높이는 한편 디지털 전환기술 시대를 선도하고 있다. 건설사들이 디지털 트윈을 개발하는 이유는 견본주택에서 활용할 수 있을 뿐만 아니라 여러 상황을 미리 시뮬레이션해볼 수 있어 품질 관리와 위험 가능성 예측에 적용할 수 있기 때문이다. 이런 이유로 건설업종에서는 디지털 트윈 개발에 박차를 가할 전망이다.

참고문헌

- 고현경, 〈직장인 5명 중 3명 "이력서 상시 오픈"하는 '대(大)이직시대'〉, 에듀진, 2023.1.4.
- 김국헌, 〈삼성전자가 쏘아 올린 작은 공…재계는 지금 조직 문화 혁신 '열풍'〉, 뉴스저널리즘, 2022.1.3.
- 김지영, 〈[요즘 트렌드] "월급 빼고 다 올랐다"…'무지출 챌린지' 유행하는 이유〉, 시사캐스트, 2023.4.11.
- 김현진, 〈'거지방' 들어가고 '무지출 챌린지'…2030이 먼저 지갑 닫았다〉, 서울경제, 2023.7.28.
- 동효정, 〈올해 대졸 신입 사원 채용 가장 활발한 분야 '전장·석유'〉, 뉴시스, 2023.2.10.
- 안소현, 《코로나19 이후 주요 업종별 창업 추이의 변화와 시사점》, 산업연구원, 2022.10.28.
- 안준용, 〈[현장에서] "디지털 트윈? BIM?…디지털 전환 시대, 건설 현장이 바뀐다!"〉, 위키리크스한국, 2023.9.6.
- 윤유정, 〈"회식에서 술 강요는 이제 그만"…코로나 시대 후 변화한 직장인의 회식 문화 주목〉, 시빅뉴스, 2023.6.16.
- 윤희석, 〈[스페셜리포트] 한(韓) 연구진, '경량철강' 신기술 개발…"친환경 시대 대비"〉, 전자신문, 2023.8.15.
- 이석희, 〈한번 맛보면 돌아오기 힘들다는 '주 4일 근무'…실제 만족도는?〉, 뉴스웨이, 2023.5.4.
- 이세중, 〈삼성전자도 '주 4일제' 부분 도입…우리 회사는 언제쯤? [오늘 이슈]〉, 2023.6.1.
- 이재동, 〈술집 닫고 쇼핑몰 2.5배로…코로나가 바꾼 업종 지도〉, 연합뉴스TV, 2023.5.9.
- 이지혜, 〈"5년 이상 걸릴 전환을 1년 만에"…코로나가 바꾼 노동시장〉, 한겨레, 2022.1.25.
- 장경윤, 〈차세대 마이크로 LED 시장 '쑥쑥'…국내 업계 핵심 과제는〉, ZDNET Korea, 2023.9.5.
- 장하나, 〈하반기 업종별 신입 채용 계획 보니…여행·금융↑, 제조·IT↓〉, 연합뉴스, 2023.8.31.

· 추현우, 〈2023년 새해 전기차 시장에서 주목할 5가지 이슈〉, 디지털투데이, 2022.
12.31.

· 홍경표, 〈LNG선 휩쓰는 'K-조선'…중국과 '초격차' 커지는 이유〉, 연합인포맥스,
2023.5.11.

· 고용정보원, 《2023년 하반기 주요 업종 일자리 전망》, 고용정보원, 2023.